中国履行

《禁止化学武器公约》

报告

（2019）

国家履行《禁止化学武器公约》工作办公室/编

人民邮电出版社
北京

中国履行《禁止化学武器公约》报告
编委会

主　　任　金壮龙

副 主 任　马朝旭　徐晓兰　宋延超

编委会委员（按姓氏笔画排序）

万新恒	马运侠	马朝旭	马锦跃	王丹群	王有军	王黎红
厉　云	叶健松	师敬伟	吕　鸣	朱洪军	任世强	刘小宁
刘红宁	江明成	阮　力	李　强	李红兵	杨　坡	吴东文
吴苏海	吴育光	谷云彪	沈　健	宋延超	张　卫	张　德
张治平	张建明	陈　清	罗　莉	罗新军	金　鑫	金必煌
金壮龙	周仕飞	郑勇明	赵　刚	赵光梅	郝敬红	柳　奇
段国发	姚延岭	秦吉军	袁国书	索申敬	顾瑾栩	恩云飞
钱　昀	徐科华	徐晓兰	高　山	高　清	郭　涛	郭鸿涛
唐云翔	陶英平	彭晓雷	斯拉因·司马义		董继华	蒋文定
韩雪松	温　健	靖大伟	廖　强	翟　刚	穆可桢	

总　　编　徐晓兰

副 总 编　张　卫　沈　健　秦吉军　郭鸿涛　恩云飞　彭晓雷

执行主编　高志雷　刘力强　聂建军

执行副主编　李　茜　汤铭留

编辑撰稿（按姓氏笔画排序）

丁天佐	马　刚	马　勇	马力利	马宏伟	王　民	王　晶
王　雷	王晓玥	王海军	丹　江	方植彬	尹　玲	尹明皓
左　琪	龙　晗	卢　焱	田晓慧	冯彬传	朱　清	朱小庆
刘　伟	刘　昭	刘力强	刘元东	刘代联	刘国正	刘桂林
刘晓纯	刘基伟	刘敬东	刘景春	汤铭留	许永利	孙　鹊
孙卫红	孙凤霞	孙秀敏	孙雯婷	苏　凯	苏健梅	李　郁
李　茜	李　琴	李　蕾	李小军	李龙飞	李运灵	李忠进
杨浩祥	励　斌	时　钟	吴　凡	吴云波	何　斌	佘　准
余陈荣	邹钟嘉	宋召勤	宋晓明	张　星	张　萍	张　强
张　颖	陈　平	陈　亮	陈万明	陈忠明	陈学农	陈超群
武泽华	范雄斌	林建青	林慧蓉	罗　明	金　龙	金　楠
周　珊	周久建	周玉涛	周璐莎	郑　威	郑月峰	房增强
孟建华	赵亚茹	赵亦农	侯胜明	姜　勃	聂建军	夏必仙
夏存仁	殷卫华	高志雷	唐　旭	陶宏伟	黄　捷	黄秋鑫
黄琰童	戚东平	龚　武	盛明杰	梁孟佳	寇世平	董　伟
董　猛	韩中星	曾向军	谢秋云	樊小娟	戴兰林	

目 录

特 稿

综合篇

地方篇

企业篇

协会篇

履约支撑篇

附　录

Contents

Special Reports

General Reports

1

Local Efforts

Enterprise Efforts

Association Efforts

Implementation Support Efforts

Appendixes

China 特稿

中国履行《禁止化学武器公约》报告（2019）

苗圩主持召开《禁止化学武器公约》
履约工作部际联席会议*

2019年12月25日下午，《禁止化学武器公约》履约工作部际联席会议在工业和信息化部机关召开。总召集人、工业和信息化部部长苗圩主持会议并讲话。副总召集人、工业和信息化部副部长王志军作工业履约工作情况通报。副总召集人、中央军事委员会国际军事合作办公室副主任黄雪平，副总召集人、外交部代表分别发言通报有关情况。联席会议成员公安部副部长许甘露、国家铁路局副局长于春孝、中国国家铁路集团有限公司副总经理李文新及财政部、生态环境部、交通运输部、商务部、应急管理部、海关总署、国家市场监督管理总局、中国民用航空局等部际联席会议成员单位代表出席会议并发言。

苗圩在讲话中指出，在以习近平同志为核心的党中央坚强领导下，联席会议成员单位、地方各级政府及履约主管部门和相关企事业单位树

---

* 本文来源于工业和信息化部网站。

立"四个意识"，坚定"四个自信"，坚决做到"两个维护"，勇于担当作为，密切协调合作，圆满完成禁化武履约各项任务，有力维护了国家安全和发展利益，为维护世界和平与稳定做出了积极贡献。

苗圩强调，要按照习近平总书记关于领导干部要胸怀两个大局的要求，把中华民族伟大复兴的战略全局、世界百年未有之大变局作为谋划工作的基本出发点，保持战略定力，把自己的事情办好。面对新的形势和任务，联席会议成员单位要认真学习贯彻习近平新时代中国特色社会主义思想，按照习近平总书记总体国家安全观和习近平外交思想的要求，统筹国内国际两个大局，补短板、强弱项，以推进国家治理体系和治理能力现代化为统领，提升履约工作和监控化学品管理水平；以推进全球治理体系改革和建设为牵引，提升深度参与履约国际事务水平。

国家卫生健康委员会代表应邀通报相关情况。国家履行《禁止化学武器公约》工作办公室通报了增列《禁止化学武器公约》附表一化学品和拟进行国内立法情况。会议分析了国际国内履约形势，就进一步做好履约工作进行了研讨，调整确定了联席会议成员。

工业和信息化部办公厅、政策法规司、财务司、安全生产司、原材料工业司、装备工业司、消费品工业司、国际合作司、人事教育司，江苏省、山东省及新疆生产建设兵团工业和信息化主管部门相关负责同志列席会议。

Miao Wei Presides Over Inter–Ministerial Joint Conference on Implementation of *Convention*[*]

On the afternoon of 25 December, 2019, the inter-ministerial joint conference on the implementation of the *Chemical Weapons Convention* (hereinafter referred to as the "*Convention*") was held at the Ministry of Industry and Information Techonlogy (MIIT) Headquarters, Miao Wei, general convener and Minister of Industry and Information Technology, chaired the conference and delivered a speech. Wang Zhijun, deputy convener and Vice Minister of Industry and Information Technology, gave a briefing on the implementation of industry verification. Huang Xueping, deputy convener and Deputy Director of the Office for International Military Cooperation of the Central Military Commission, and other deputy conveners and representatives of the Ministry of Foreign Affairs gave briefings respectively. Members of the joint conference including Xu Ganlu, Vice Minister of Public Security, Yu Chunxiao, Deputy Director of the National Railway Administration, and Li Wenxin, Deputy General Manager of China State Railway Group Co., Ltd., as well as member units including the Ministry of Finance, Ministry of Ecology and Environment, Ministry of Transport, Ministry of Commerce, Ministry of Emergency Management, General Administration of Customs, State Administration for Market Regulation and Civil Aviation Administration of China, attended

---

* This article is taken from the website of the Ministry of Industry and Information Technology.

and addressed the conference.

Miao Wei pointed that under the strong leadership of the CPC Central Committee with Xi Jinping at its core, the member units of the joint conference, governments at all levels, competent departments for the implementation of the *Convention* and relevant enterprises and public institutions strengthened their consciousness of the need to maintain political integrity, think in big-picture terms, follow the core leadership and maintain alignment with the central Party leadership; remained confident in the path, theory, system and culture of socialism with Chinese characteristics; and upheld General Secretary Xi Jinping's core position on the Party Central Committee and in the Party as a whole, as well as the Party Central Committee's authority and its centralised, unified leadership. We shouldered our responsibilities and worked closely to fulfil all tasks for the implementation of the *Convention*, effectively safeguarding our national security and development interests, and contributing to world peace and stability.

Miao Wei stressed that we should regard the overall strategy of the great rejuvenation of the Chinese nation and the profound changes unseen in a century as the basic starting points for our planning as required by General Secretary Xi Jinping, maintain strategic focus and run our own affairs. Facing new conditions and tasks, all member units should study and implement *Xi Jinping Thought on Socialism with Chinese Characteristics for a New Era*, take into account both domestic and international situations, and take swift action to address problems and reinforce weak links in accordance with General Secretary Xi Jinping's holistic approach to national security and thought on diplomacy. With modernising our governance system and capabilities as the lead, we should promote the implementation of the *Convention* and the administration of controlled chemicals; and with advancing the reform and development of the global governance system as the traction, we should deepen our participation in international affairs related to the implementation of the *Convention*.

The representative of the National Health Commission was invited to give a briefing. The National Chemical Weapons Convention Implementation Office (National CWC Implementation Office) gave a briefing on the addition of Schedule I Chemicals of the *Convention* and proposed domestic legislation. At the conference, the representatives analyzed the implementation of the *Convention* at home and abroad, held discussions on further promoting the implementation of the *Convention* and determined the members of the joint conference.

The conference was attended by the heads of the General Office, Policy and Regulation Department, Finance Department, Production Safety Department, Raw Material Industry Department, Equipment Industry Department, Consumer Goods Industry Department, International Cooperation Department and Personnel and Education Department of the Ministry of Industry and Information Technology, as well as departments of industry and information technology of the Jiangsu, Shandong and Xinjiang Production and Construction Corps.

外交部副部长乐玉成会见禁止化学武器组织
总干事费尔南多·阿里亚斯 *

2019年9月2日，外交部副部长乐玉成会见应邀访华的禁止化学武器组织总干事费尔南多·阿里亚斯，双方就禁止化学武器组织工作、中国与禁止化学武器组织关系、日本遗弃在华化学武器销毁等问题交换了意见。

外交部副部长乐玉成（右一）会见禁止化学武器组织总干事费尔南多·阿里亚斯（左一）

---

* 本文来源于外交部网站。

Le Yucheng, Vice Minister of Ministry of Foreign Affairs, Meets with Fernando Arias, Director−General of Organisation for Prohibition of Chemical Weapons (OPCW)[*]

On 2 September, 2019, Le Yucheng, Vice Minister of Foreign Affairs, met with Fernando Arias, Director-General of the Organisation for the Prohibition of Chemical Weapons. They exchanged views on the work of the OPCW, the relation between China and the OPCW, and the destruction of Chemical Weapons Abandoned by Japan in China.

---

* This article is taken from the website of the Ministry of Foreign Affairs.

王志军出席《禁止化学武器公约》缔约国大会并
会见禁止化学武器组织总干事[*]

2019 年 11 月 25 日，工业和信息化部副部长王志军在荷兰海牙出席《禁止化学武器公约》第二十四届缔约国大会，并在一般性辩论中发言。工业和信息化部、外交部、国防部以及香港特别行政区代表参会。

王志军出席《禁止化学武器公约》缔约国大会

王志军表示，中国政府坚定支持《禁止化学武器公约》（以下简称"《公约》"）宗旨和目标，认真履行《公约》各项义务，积极支持禁止化学武器组织（以下简称"禁化武组织"）工作。王志军阐明了中国在禁化武履约方面的相关立场。一是平衡推进《公约》宗旨和目标，确保《公约》各项条款得到全面有效实施，尽快全面销毁库存化学武器和遗弃化学武器，切实推进化学领域国际合作和科技交流。二是严格依据《公约》规

---

[*] 本文来源于工业和信息化部网站。

定开展工作，防止禁化武组织成为地缘政治工具。三是坚持维护协商一致传统，努力通过对话协商解决分歧。四是坚持缔约国主导，稳妥推进《公约》转型。

王志军指出了日本遗弃在华化学武器（以下简称"日遗化武"）的现实危害性和解决这一问题的紧迫性，敦促日方切实履行《公约》义务，并呼吁各方继续关注和推动日遗化武问题的妥善解决。

会议期间，王志军会见了禁化武组织总干事费尔南多·阿里亚斯，双方就工业核查成效、技术秘书处职责等进行了交流。王志军表示，希望禁化武组织进一步重视广大发展中国家的诉求，在国家立法、宣布等能力建设方面予以支持，中国愿意继续支持禁化武组织工作，也愿意为技术秘书处输送更多优秀人才，为实现《公约》的宗旨和目标贡献中国力量。

Wang Zhijun Attends Conference of State Parties and Meets with Director–General of Organisation for Prohibition of Chemical Weapons (OPCW)*

On 25 November, 2019, Wang Zhijun, Vice Minister of Industry and Information Technology, attended the 24th Session of the Conference of State Parties at The Hague in the Netherlands, and addressed the general debate. Representatives of the Ministry of Industry and Information Technology, Ministry of Foreign Affairs, Ministry of National Defense and Hong Kong Special Administrative Region attended the conference.

Wang Zhijun stated that the Chinese Government firmly supports the purposes and objectives of the *Chemical Weapons Convention* (hereinafter referred to as the "*Convention*"), earnestly fulfils all obligations under the *Convention* and actively supports the work of the Organisation for the Prohibition of Chemical Weapons (hereinafter referred to as "OPCW"). He then expounded upon China's position on the implementation of the *Convention*. First, China will advance the purposes and objectives of the *Convention*, ensure the comprehensive and effective implementation of all its provisions and the complete destruction of stockpiled and abandoned chemical weapons as soon as possible, and earnestly promote international cooperation and scientific and technological exchange in chemistry. Second, China will strictly follow the provisions of the *Convention* in its work to prevent the OPCW from becoming a geopolitical tool. Third, China

---

* This article is taken from the website of the Ministry of Industry and Information Technology.

will uphold the tradition of consensus and strive to resolve differences through dialogues and negotiations. Fourth, China will ensure that state parties take the lead in steadily promoting the transformation of the *Convention*.

Wang Zhijun emphasised the actual harmfulness of Chemical Weapons Abandoned by Japan in China (hereinafter referred to as "JACWs") and the urgency of solving the problem. China urges Japan to earnestly fulfil its obligations under the *Convention* and calls on all parties to follow and promote the proper treatment of JACWs.

During the conference, Wang Zhijun met with Fernando Arias, Director-General of the OPCW. They exchanged views on the effectiveness of industry verification and the responsibilities of the Technical Secretariat. Wang Zhijun expressed his hope that the OPCW will focus more on the appeals of developing countries and further support national legislation, declaration and other capacity building. He also said that China is willing to further support the work of the OPCW and provide more excellent talents for the Technical Secretariat, thereby contributing its share to achieving the purposes and objectives of the *Convention*.

王志军在《禁止化学武器公约》第二十四届
缔约国大会一般性辩论中的发言

（2019 年 11 月 26 日）

主席先生：

　　首先，请允许我代表中国代表团，对你当选《禁止化学武器公约》第二十四届缔约国大会主席表示祝贺。中国代表团将与你和各国代表团充分合作，推动大会取得积极成果。

　　主席先生，

　　本次会议是《禁止化学武器公约》（以下简称"《公约》"）第四次审议大会（以下简称"四审会"）后举行的首次缔约国大会。我们对《公约》四审会未能达成实质性成果深表遗憾，对禁化武组织政治化倾向加剧深感关切。在国际安全形势发生深刻复杂变化、化学武器（以下简称"化武"）裁军迄未完全实现、指称使用化武事件频发、化学领域国际合作和科技交流亟待加强的背景下，作为《公约》缔约国，我们有责任、有义务加强沟通，勠力合作，切实维护和加强《公约》的权威和有效性。

　　中国代表团赞同阿塞拜疆贾法 · 胡赛扎打阁下代表"不结盟运动"和中国所作发言。下面，请允许我进一步阐述中方立场：

　　第一，平衡推进《公约》宗旨和目标，确保《公约》各项条款得到全面有效实施。化武裁军是《公约》核心目标，促进化学领域国际合作是《公约》重要宗旨。禁化武组织议程不应被个别争议问题劫持，尽快全面销毁库存化武和遗弃化武，切实推进化学领域国际合作和科技交流仍是本组织面临的紧迫任务。

　　中方敦促有关化武拥有国切实履行《公约》义务，按照缔约国大会关于化学销毁逾期的决定，在规定时限内尽早完成销毁。

今年 9 月，禁化武组织执行理事会（以下简称"执理会"）代表团访问了哈尔巴岭日遗化武销毁设施，中方相信此访有助于各方了解日遗化武销毁工作全貌，特别是销毁工作的重要性和紧迫性，有助于执理会、缔约国大会、审议大会继续审议和监督日遗化武销毁。就在上个月，中国黑龙江省鸡西市某居民区附近发现数百枚疑似日遗化武，这再次凸显日遗化武的现实危害和解决这一问题的紧迫性。中方敦促日方切实履行《公约》义务，遵守执理会决定，加大投入，确保按期完成销毁。我们也呼吁各方继续关注日遗化武埋藏信息缺失、污染土壤处理等问题，推动相关问题得到妥善解决。

第二，严格依据《公约》规定开展工作，防止禁化武组织成为地缘政治工具。《公约》是缔约国处理化武相关问题的根本遵循，对调查化武使用和确保遵约规定了具体、严格的方法和程序。中方对一些国家推动以投票方式通过所谓"化武使用追责"的决定存有严重关切。当务之急是规范"调查鉴定组"工作，确保相关决定的执行回归《公约》框架。

中方注意到，各方对杜马①等事件事实调查报告存在争议。技秘处应重视各方包括媒体报道的技秘处内部工作人员提出的疑点，对相关调查的工作方法、得出结论的程序做出必要澄清。只有各方基于事实，就报告开展充分质询和辩论，才能最大限度体现报告的公信力，维护禁化武组织权威。

第三，坚持维护协商一致传统，努力通过对话协商解决分歧。协商一致原则是确保各方合理关切得到平衡处理的必要保障。"唯票数论"、动辄付诸投票表决的做法只会导致禁化武组织分裂，加剧缔约国政治对抗。

目前，各方在化武使用追责问题上分歧依旧，并再次影响到禁化武组织工作方案和预算等涉及禁化武组织正常运行的问题。中方对执理会未经充分协调，再次以投票表决方式处理预算等问题表示关切。我们敦促缔约国相向而行，共同研究完善相关方案，确保禁化武组织正常运行。

---

① 杜马事件是指美西方指责 2018 年叙利亚空军在当时叛军控制的杜马投放了两瓶氯气。叙利亚强烈予以否认。

第四，坚持缔约国主导，稳妥推进《公约》转型。中方支持本组织顺应科技发展，对未来工作重点做出相应调整，这将是长期和渐进的过程。中方支持恢复现有协调机制的活力、以推进所有议题的倡议，主张应由缔约国主导相关进程。此外，中方支持进一步完善禁化武组织核查机制，但政策调整的相关讨论应按照缔约国主导、公开透明和协商一致原则开展工作。技秘处实行临时性措施，也应经过执理会或缔约国大会等决策机构授权。改进优化核查措施应以不增加工业界负担为原则。

主席先生，

中国政府坚定支持《公约》宗旨和目标，认真履行《公约》各项义务，致力于不断完善国内履约机制。

今年1月，经修订的《〈中华人民共和国监控化学品管理条例〉实施细则》（以下简称"《细则》"）开始施行，修订后的《细则》进一步加强和完善了国家履约措施，加大了对违规行为的处罚力度。今年4月，中方再次举行"4·29国际禁止化学武器组织日"年度宣传活动，加强面向国内社会公众的履约宣传，提升全民履约意识。

中方按时向禁化武组织提交各类国家宣布，宣布工业设施约占各缔约国宣布总数的28%，宣布和应接受视察总数居世界首位。今年1月至11月，中国已接受工业视察28次，近10年来年均28.6次。自《公约》生效以来，累计接受《公约》第六条视察460次。此外，中方每年还接受11次日遗化武视察，累计142次。

中方积极支持禁化武组织工作，已捐助3万美元用于支持禁化武组织化学实验室升级项目，期待该项目有助于加强发展中国家能力建设。中国积极开展化武领域的国际合作。今年9月，中方与禁化武组织在西安成功举办化学防护医疗培训班。中方还积极为禁化武组织研修项目提供培训企业。明年6月，中方计划在华与技秘处联合举办亚太地区履约高级别会议，聚焦加强化学领域国际合作面临的机遇和挑战，欢迎感兴趣的缔约国参加。

中国代表团要求将上述发言作为大会正式文件散发。

Statement by Vice Minister Wang Zhijun During the General Debate of the Twenty–Fourth Session of the Conference of the States Parties to the Chemical Weapons Convention

(26 November, 2019)

Mr. Chairman,

Please allow me to begin by congratulating you, on behalf of the Chinese delegation, on your election as the Chairman of the Conference of the States Parties to the *Chemical Weapons Convention* ("the *Convention*") for its Twenty-Fourth Session. The Chinese delegation will fully cooperate with you, and with all the other delegations, in an effort to bring this session to yield positive results.

Mr. Chairman,

This is the first session of the Conference of the States Parties since the Fourth Review Conference (RC-4). China expresses its deep regret over the failure of the RC-4 to produce substantive results, and feels gravely concerned about the increasing tendency towards politicisation in the Organisation for the Prohibition of Chemical Weapons (OPCW). At the time when the international security situation is undergoing profound and complex changes, the goal of chemical disarmament has not yet been fully attained, the alleged use of chemical weapons (CWs) has frequently occurred, and is the urgent need for strengthening international cooperation and science and technology exchanges in the chemical field, China, as a States Party to the *Convention*, has both the responsibility and the obligation to reinforce communication, conduct vigorous cooperation and work to maintain and strengthen the authority and effectiveness of the *Convention*.

The Chinese delegation associates itself with the statement made by His Excellency Jafar Huseynzada, Representative of Azerbaijan, on behalf of the Non-Aligned Movement and China. Now, please allow me to elaborate further on China's positions on some issues.

First, the objects and purposes of the *Convention* should be advanced in a balanced manner to ensure the comprehensive and effective implementation of all its provisions. While chemical disarmament is a core objective of the *Convention*, the promotion of international cooperation in the chemical field is its vital purpose. The agenda of the OPCW should not be hijacked by certain controversial issues. It remains to be urgent tasks of the OPCW to destroy all CW stockpiles and abandoned chemical weapons (ACWs) as soon as possible and to practically foster international cooperation and science and technology exchanges in the field of chemistry.

China urges the relevant CW possessor state to fulfil its obligation under the *Convention* and complete its destruction within the specified time limit as soon as possible, pursuant to guidelines set forth in the Sixteenth Session of the Conference of States Parties decision of the final extended deadline.

In September 2019, an Executive Council delegation visited the Harbaling JACW destruction facility. China believes that the visit has served to help all sides gain knowledge on the overall situation, especially on the importance and urgency of the destruction, and facilitated the

Executive Council, and the Conference and the Review Conference in carrying on with their review and monitoring of the destruction. Just last month, in a residential area in Jixi of Heilongjiang Province, hundreds of items of suspected JACWs were found. This once again highlighted the real harm posed by JACWs and the utmost urgency of resolving this problem. China urges Japan to honour its obligation under the *Convention* earnestly, implement the Executive Council's decision and increase its inputs, so as to ensure the timely completion of the destruction. China also appeals to all sides to pay continued attention to such issues as the lack of information on the burial sites of JACWs and the disposal of the contaminated soil to properly address the issues.

Second, work in the OPCW should be performed strictly according to the provisions of the *Convention* to prevent the OPCW from becoming a geopolitical tool. As the fundamental guideline for States Parties in dealing with CW-related matters, the *Convention* provides specific and stringent methodologies and procedures for the investigation of the use of CWs, and for ensuring compliance to the *Convention*. China is deeply concerned about the resort to voting, as pushed by some states, for the adoption of the decisions on the so-called "Addressing the Threat from Chemical Weapons Use". The top priority at the moment is to standardise the work of the "Investigation and Identification Team", and make sure that the implementation of the decision concerned reverts to the framework of the *Convention*.

China has noted the disputes among different parties on the fact-finding reports on the incidents in Douma[①], etc. The Secretariat should

---

① The Douma incident (2018 Douma chemical attack) refers to the United States and the West accusing the Syrian Air Force of dropping two bottles of chlorine gas in Douma, which was then controlled by the rebels, in 2018. Syria vehemently denies it.

19

attach importance to the doubts expressed by different sides, including its own staff as reported by news media, and should offer necessary clarifications on the working methodologies of the investigation and the procedures for drawing conclusions. Only when all the parties engage fully in questioning and debates on those reports on the basis of facts, can the credibility of the reports be displayed to the greatest extent possible, so as to preserve the authority of the OPCW.

Third, the tradition of consensus should be consistently maintained, and efforts should be made to resolve disagreements through dialogue and consultation. The principle of consensus constitutes a requisite guarantee for the reasonable concerns of all the parties to be addressed in a balanced manner. The approaches of "only the number of votes counts" and of the easy use of voting will only lead to the division of the OPCW and the intensification of the political confrontation among its member states.

Currently, disputes still exist among different parties with respect to the attribution of the responsibility for the CW use, which again exerts an impact on the plans, budget, and other issues concerned with the normal operation of the OPCW. China is concerned that the Executive Council again resorted to voting on budgetary issues without having full consultation beforehand. China urges States Parties to work jointly and discuss on how to improve the relevant plans to ensure the normal operation of the OPCW.

Fourth, States Parties should consistently lead the transition of the *Convention* in a safe and sound manner. China supports the OPCW in keeping abreast of science and technology developments and adjusting its future priorities accordingly, which will be a long-term and gradual process. China supports the initiative to revitalise the existing facilitation to promote progress on all assigned topics, the process of which should be driven by States Parties. In addition, China supports the further improvement of the verification regime of the OPCW, while the discussions on related policy changes should be led by the States Parties in an open, transparent, consensus-based manner. Interim measures taken by the Secretariat should also be authorised by the decision-making bodies such as the Executive Council or the Conference. The improvement and optimisation of the verification measures should be based on the principle that they will cause no extra burden to the industry.

Mr. Chairman,

The Chinese government has steadfastly upheld the objects and purposes of the *Convention*, faithfully implemented its obligations under the *Convention*, and committed itself to improving its national implementation mechanism.

In January this year, China officially implemented the revised *Rules of Implementation for the Regulations of the People's Republic of China on the Administration of Controlled Chemicals* ("the Rules"). The revised version of the Rules further strengthens and improves the national implementation measures, and enhance the punishment to violations. In April, China once again organised the annual outreach event of the OPCW Day to enhance national outreach and raise social awareness on the implementation of the *Convention*.

China has submitted its various national declarations to the OPCW on time. Its declared industry facilities account for 28% of the total declarations by all States Parties, leaving it in possession of the most declared and inspectable facilities in the world. From January to November in 2019, China has already received 28 industry inspections. In the past ten years, China has received 28.6 inspections on a yearly average. Since the *Convention* came into force, China has received 460 Article VI inspections in total. China has also received II JACW inspections every year, with a total of 142 so far.

China actively supports the work of the OPCW, and has donated USD 30,000 to support the upgrading project of the OPCW laboratory. China expects the project to enhance capacity building in developing countries. China has been actively engaged in international cooperation in the field of CWs. In September 2019, China and the OPCW jointly held a medical training course on the protection against CWs in Xi'an. China has also actively provided training enterprises for the OPCW research programme. China plans to co-host a high-level meeting with the Secretariat in China on the implementation of the *Convention* for the Asia-Pacific region. The meeting will focus on the opportunities and challenges for the strengthening of international cooperation in the field of chemistry. Interested States Parties are welcomed to participate.

The Chinese delegation requests the circulation of this statement as an official document of this session of the Conference.

4·29 国际禁止化学武器组织日宣传展成功举办*

2019 年 4 月 30 日上午，国家履行《禁止化学武器公约》工作办公室在部机关综合楼举办了"4·29 国际禁止化学武器组织日宣传展"，工业和信息化部党组成员、副部长王志军参加并观看了履约宣传小视频。

王志军（右三）参观 4·29 国际禁止化学武器组织日宣传展

在参观中，王志军同志指出，禁化武履约是关系到世界和平与国家安全的大事，要通过广泛宣传，使全社会认识到履约工作的重要意义，从而增强对履约工作的理解和支持，要重点加强对《中华人民共和国监控化学品管理条例》，特别是 2019 年 1 月 1 日开始施行的《〈中华人民共和国监控化学品管理条例〉实施细则》的宣贯，增强监控化学品企业的履约意识和守法意识，为做好履约工作打下了坚实的基础。履约宣传形式也要与时俱进，不断创新，既要用好传统的宣传载体，也要善于利

---

* 本文来源于工业和信息化部网站。

用新兴媒体，扩大宣传面，增强宣传效果。

为纪念第 4 个国际禁止化学武器组织日，国家履行《禁止化学武器公约》工作办公室在全国组织开展了宣传作品征集等一系列宣传活动，并设计制作了两张海报、三个宣传视频、一套宣传展板，供各地宣传使用。

工业和信息化部规划司、科技司、安全生产司、电子信息司、国际合作司、离退休干部局等司局负责同志参观了展览。

Outreach Exhibition of the International Day for the Foundation of the Organisation for the Prohibition of Chemical Weapons was Successfully Held*

On the morning of 30 April, the National CWC Implementation Office organised "the Outreach Exhibition of the International Day for the Foundation of the Organisation for the Prohibition of Chemical Weapons" ("OPCW Day") at the office complex. Wang Zhijun, Party group member and Vice Minister of Industry and Information Technology, visited and Watched a video publicising the implementation of the *Chemical Weapons Convention*.

During his visit, Wang Zhijun said that the implementation of the *Convention* is a major issue concerning world peace and national security. We should make all of society aware of the importance of the implementation of the *Convention* through extensive outreach, thereby enhancing the general public's understanding and support. We should strengthen efforts in the outreach and implementation of the *Regulations of the People's Republic of China on the Administration of Controlled Chemicals*, especially the *Rules of Implementation for the Regulations of the People's Republic of China on the Administration of Controlled Chemicals* which took effect on 1 January this year, and enhance the *Convention*-implementing awareness and law-abiding consciousness of enterprises engaged in controlled chemicals, thus laying a solid foundation

---

* This article is taken from the website of the Ministry of Industry and Information Technology.

for the implementation of the *Convention*. The forms of outreach for the implementation of the *Convention* should keep abreast of the times and be innovative. Both traditional and emerging media should be adopted to expand the scope and improve the effectiveness of outreach.

In order to mark the 4th OPCW Day, the National CWC Implementation Office organised a series of nationwide outreach activities including soliciting outreach works, and designed and produced two posters, three videos and a set of display panels for nationwide outreach.

The exhibition was visited by the heads of the Planning Department, Science and Technology Department, Production Safety Department, Electronic Information Department, International Cooperation Department and Bureau of Retired Officials of the Ministry of Industry and Information Technology.

2019 年安全生产与禁化武履约
工作座谈会在广东召开*

11 月 20 日，2019 年安全生产与禁化武履约工作座谈会在广东佛山召开。工业和信息化部党组成员、副部长王志军同志出席会议并讲话。

王志军指出，要深入学习贯彻落实习近平总书记关于安全生产工作的重要指示批示精神和关于总体国家安全观的重要论述，以对党和人民高度负责的态度，全力做好各项工作。

王志军表示，2019 年以来，从事工业信息化系统工作的同志们围绕工业和信息化中心工作，着力提升工业安全生产基础水平，多措并举培育安全产业，稳步推进民用爆炸物品行业高质量发展，扎实完成禁化武履约各项任务，虽然取得了一定成绩，但也要深刻认识到当前工作中出现的新情况，面临的新问题，提前谋划布局，坚定迎接新挑战。

王志军（左三）出席 2019 年安全生产与禁化武履约工作座谈会

---

* 本文来源于工业和信息化部网站。

王志军强调，下一步要从"强化管理，夯实工业行业安全生产基础；开拓进取，加快发展安全产业；攻坚克难，持续推进民用爆炸物品行业高质量发展；锐意进取，努力开创禁化武履约新局面"4个方面做好各项工作，并提出了"坚持依法行政，加强安全管理；强化队伍建设，提高履职水平；认真做好岁末年初安全生产工作"3点工作要求。

全国各省负责工业行业安全生产管理、民用爆炸物品行业管理以及禁化武履约工作的有关单位，工业和信息化部办公厅、科技司、原材料工业司、装备工业司、安全生产司有关领导参加会议。

Symposium on Production Safety and Implementation of *Convention* in 2019 was Convened in Guangdong

On 20 November, 2019, the Symposium on Production Safety and Implementation of the *Chemical Weapons Convention* (hereinafter referred to as the "*Convention*") was held in Foshan, Guangdong. Wang Zhijun, Party group member and Vice Minister of Industry and Information Technology, attended and addressed the symposium.

Wang Zhijun said that we should thoroughly study and implement General Secretary Xi Jinping's important instructions on production safety and important statements on the holistic approach to national security, maintain a high sense of responsibility for the Party and people, and achieve success in our work on all fronts.

Wang Zhijun said that since the beginning of the year, focusing on the work of the MIIT, officials in the industry and information technology sector have made great efforts to improve the foundation level of industrial production safety, taken multiple measures to foster the safety industry, steadily promoted the high-quality development of the civil explosives industry and made solid achievements in fulfilling tasks concerning the implementation of the *Convention*. In the meantime, we should be fully aware of the new conditions and problems in our current work, and make plans in advance to meet new challenges.

---

* This article is taken from the website of the Ministry of Industry and Information Technology.

Wang Zhijun stressed that our next step is to "strengthen management and consolidate the foundations of industrial production safety; press ahead with efforts and accelerate the development of industrial production safety; overcome difficulties and promote the high-quality development of the civil explosives industry; and forge ahead with determination and strive to open up new prospects for the implementation of the *Convention*". He also proposed three requirements: "adhere to administration according to the law and strengthen safety management; reinforce team building and raise the level of the fulfilment of obligations; and ensure production safety by the turn of the year."

The symposium was attended by the heads of units in charge of the administration of industrial production safety, administration of the civil explosives industry and implementation of the *Convention* in all provinces, as well as the heads of the General Office, Science and Technology Department, Raw Material Industry Department, Equipment Industry Department and Production Safety Department of the Ministry of Industry and Information Technology.

China 综合篇

中国履行《禁止化学武器公约》报告（2019）

一、政府对履约工作的组织领导

中国政府一贯支持《禁止化学武器公约》（以下简称"《公约》"）的目标和宗旨，为保证履约工作落到实处，建立了较为完备的履约法规体系和健全高效的履约工作机制。2019 年，全国各级履约主管部门和相关部门、单位以履行《公约》义务、维护负责任大国形象为核心目标，以宣贯落实《中华人民共和国监控化学品管理条例》（以下简称"《条例》"）和修订后于 2019 年 1 月 1 日施行的《〈中华人民共和国监控化学品管理条例〉实施细则》（以下简称"《细则》"）为主线，进一步加强组织协调、队伍建设、监督管理、宣传培训和国际合作，全面完成了履约各项任务。

各级领导高度重视禁化武履约工作，经常听取履约工作汇报，参与履约相关活动，给予工作指导，提出工作要求，协调解决问题。工业和信息化部时任部长苗圩主持召开《禁止化学武器公约》履约工作部际联席会议（以下简称"履约工作部际联席会议"）并讲话，工业和信息化部副部长王志军、中央军委国际军事合作办公室副主任黄雪平及外交部代表分别通报了工业履约工作情况、军队履约及协助处理日遗化武工作情况、履约外交工作情况。公安部副部长许甘露、国家铁路局副局长于春孝、中国国家铁路集团有限公司副总经理李文新及财政部、生态环境部、交通运输部、商务部、应急管理部、海关总署、国家市场监督管理总局、中国民用航空局等履约工作部际联席会议单位及特邀国家卫生健康委员会代表发言。会议通报了增列《公约》附表 1 化学品和拟进行国内立法情况，分析了国际国内履约形势，就进一步做好履约工作进行了研讨，调整确定了联席会议成员。中央军委国际军事合作办公室主任慈国巍在北京会见了应邀访华的禁止化学武器组织（以下简称"禁化武组织"）总干事费尔南多·阿里亚斯和禁化武组织执行理事会（以下简称"执理会"）主席贝鲁吉尼及俄罗斯、美国、英国、日本等 18 个国家驻该组织大使及官员组成的执行理事会代表团。外交部副部长乐玉成在北京会见了费尔南多·阿里亚斯，就双方共同关心的问题交换了意见。工业和信息化部副部长王志军出席《公约》第二十四届缔约国大会，在一般性辩论中发言阐明中国立场，并在会议期间会见了禁化武组织总干事费尔南多·阿里亚斯，就履约相关问题交换了意见；参观《4·29 国际禁止化学武器组织日宣传展》，对履约宣传工作进行指导；出席全国安全生产和禁化武履约工作座谈会并讲话，对开创禁化武履约工作新局面提出新的要求。

各部门切实履行职责，相互支持，通力合作，形成了履约工作合力。工业和信息化部将禁化武履约工作纳入工业和信息化部年度工作计划，列入重点任务和目标责任制考核。国家履行《禁止化学武器公约》工作办公室（以下简称"国家禁化武办"）按照工业和信息化部工作要求，印发《2019 年履行〈禁止化学武器公约〉工作要点》，召开全国综合性和专业性会议，研究部署全年履约工作；加强与履约工作部际联席会议各成员单位的沟通协调，全力做好国家宣布、接受国际视察、进出口管制和防扩散、行政许可审批和监督检查、宣传培训、政策研究以及队伍建设等工作；切实加强对全国履约工作的组织协调，明确部省分工，充分发挥地方履约主管部门作用，加强业务指导和监督检查，确保各项工作和措施落到实处。外交部积极协同国家履约主管部门和相关部门做好履约工作，并指导常驻禁化武组织代表团切实发挥桥梁纽带作用，加强与禁化武组织、各缔约国间交流合作；在《公约》框架内敦促日方加快日遗化武销毁；积极参与解决化武热点问题，发挥负责任大国作用；对禁化武组织转型施加积极影响，维护和平发展的国际环境。中央军委国际军事合作办公室认真组织军队履约工作，并协助日本政府销毁遗弃在华化学武器。公安部、财政部、生态环境部、交通运输部、商务部、应急管理部、海关总署、国家市场监督管理总局等履约工作部际联席会议单位各尽其职，积极参与、密切配合，为履约提供了有力支持。地方各级政府及其履约主管部门靠前指挥、奋战一线、狠抓落实，成为中国履约工作的坚强柱石。

二、向禁化武组织提交国家宣布

根据《公约》第六条及有关条款，中国向禁化武组织提交监控化学品国家宣布。2019 年 3 月，提交 2018 年监控化学品民用工业过去活动年度宣布、国家防备化学武器方案、第一类监控化学品合成实验室（以下简称"10 千克实验室"）过去活动年度宣布；4 月，提交 2019 年 10 千克实验室预计活动变更宣布；9 月，提交 2020 年 10 千克实验室预计活动年度宣布；10 月，提交 2020 年监控化学品民用工业预计活动年度宣布。2018 年监控化学品民用工业设施总数为 1393 个，约占全世界总数的 26%。其中，第二类监控化学品宣布设施 63 个，第三类监控化学品宣布设施 153 个，第四类监控化学品宣布设施 1177 个。2018 年过去活动年度宣布设施数量按地区分布如图 1 所示。2009—2018 年过去活动年度宣布设施数量按类别分布如图 2 所示。2018 年过去活动年度宣布设施数量按省份分布如图 3 所示。

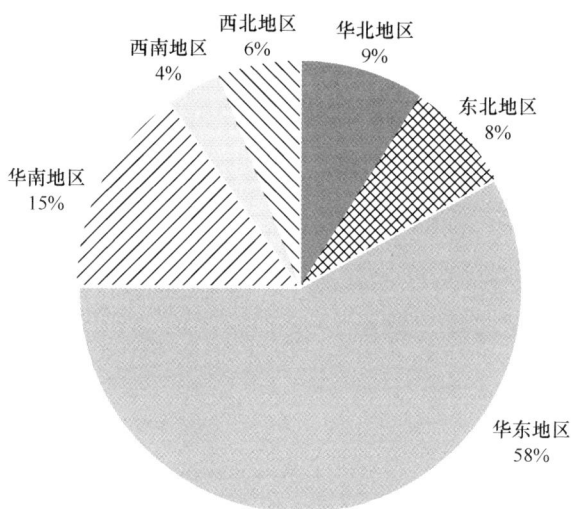

图1　2018年过去活动年度宣布设施数量按地区分布

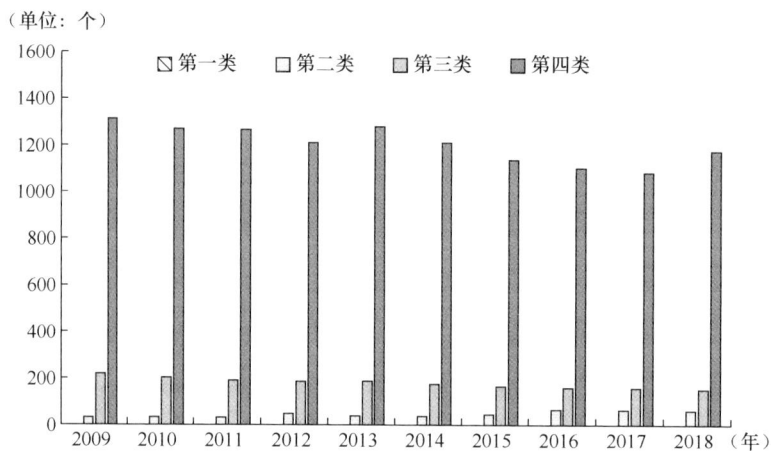

图2　2009—2018年过去活动年度宣布设施数量按类别分布

（单位：个）

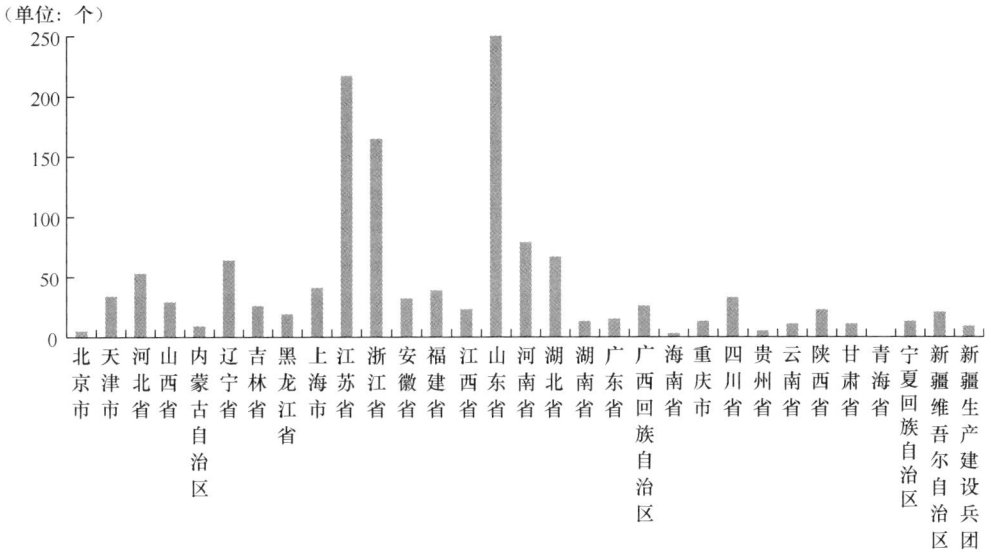

图 3   2018 年过去活动年度宣布设施数量按省份分布

根据《公约》有关遗弃化学武器的规定，中国向禁化武组织提交了日遗化武的宣布，主要包括新发现或销毁日遗化武的情况。2019 年 7 月，提交哈尔巴岭、哈尔滨 2 个日遗化武托管库和九江、当阳 2 个日遗化武临时托管库的更新宣布。2019 年 9 月，提交哈尔巴岭日遗化武托管库的更新宣布。2019 年 12 月，提交哈尔巴岭、哈尔滨、齐齐哈尔、宁安、佳木斯、南京 6 个日遗化武托管库，以及北安、当阳、碾子山 3 个日遗化武临时托管库的更新宣布。

三、接受禁止化学武器组织现场视察

截至 2019 年 12 月 31 日，中国累计接受禁化武组织各类现场视察 591 次。视察结果表明，中国严格履行了《公约》规定的义务。2010—2019 年中国接受禁化武组织各类视察如图 4 所示。

（单位：次）

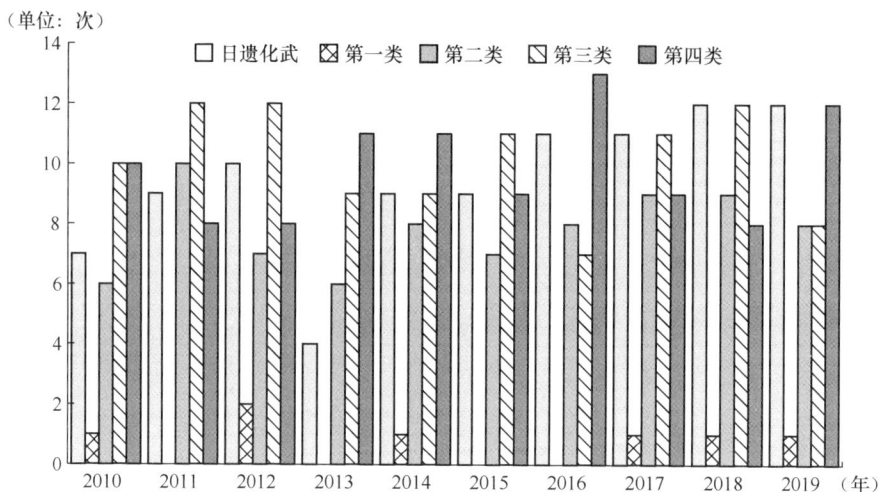

图4　2010—2019年中国接受禁化武组织各类视察数量

2019年，中国共接受禁化武组织各类视察41次。其中，第一类监控化学品生产设施视察1次；第二类监控化学品生产、加工、消耗设施视察8次（含附带现场取样分析的视察1次）；第三类监控化学品生产设施视察8次；第四类监控化学品生产设施视察12次；日遗化武视察12次。2019年中国接受禁化武组织视察数量如图5所示。

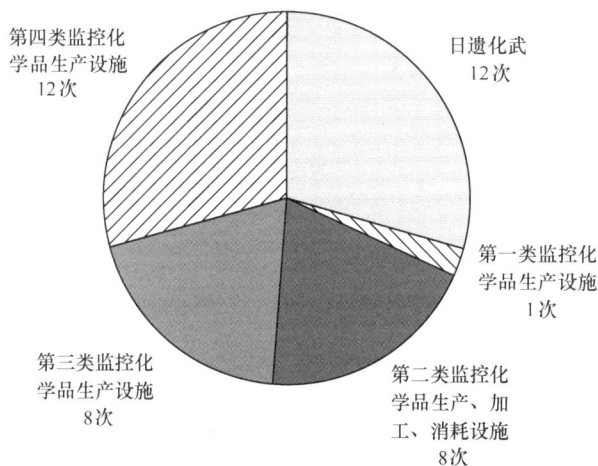

图5　2019年中国接受禁化武组织视察数量

2019 年，我国第二类、第三类、第四类监控化学品被视察设施分布在 12 个省、自治区及新疆生产建设兵团。其中，江苏省接受视察 5 次，浙江省和山东省各接受视察 4 次，河北省、内蒙古自治区、辽宁省、广东省和新疆生产建设兵团各接受视察 2 次，山西省、福建省、江西省、湖北省、四川省各接受视察 1 次，2019 年工业视察数量按省份分布情况如图 6 所示。

(单位：次)

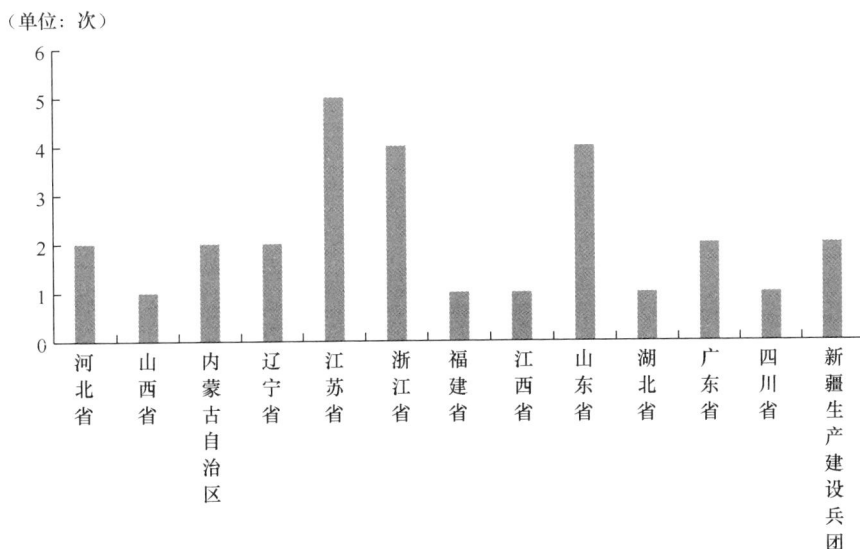

图 6　2019 年工业视察数量按省份分布情况

在禁化武组织视察过程中，中央政府相关部门、地方各级政府及其相关部门和被视察设施均给予了积极的配合和良好的后勤保障，保证了视察的顺利进行。

四、日本遗弃在华化学武器处理

根据《公约》有关条款的规定，中日两国政府先后于 1999 年 7 月和 2012 年 4 月签署了《中华人民共和国政府和日本国政府关于销毁中国境内日本遗弃化学武器的备忘录》和《中华人民共和国政府和日本国政府关于 2012 年 4 月 29 日后销毁中国境内日本遗弃化学武器的备忘录》。由于日方未能按照执理会第 67 届会议通过的决定完成 2016 年日遗化武销毁阶段性目标，2017 年中日双方商定了《2016 年以后日本遗弃在中国境内化学武器销毁计划》并经第 84 届执理会审议通过。日方将在 2022 年内完成包括哈尔巴岭埋藏日遗化武、2016 年 12 月 31 日前发现的日遗化武销毁工作。中国继续敦促日方遵守执理会的相关决定，按照中日双方商定的销毁计划尽早完成日遗化武销毁。

2019 年，中方监督协助日方继续实施哈尔巴岭日遗化武销毁作业，启动哈尔滨日遗化武移动式销毁作业，全年共销毁日遗化武 5079 枚（件）。此外，中方监督协助日方对黑龙江省哈尔滨市、牡丹江市、佳木斯市、鸡西市，吉林省敦化市，湖北省当阳市，江苏省南京市，江西省九江市等地新发现或保管的疑似日遗化武进行了 13 次调查作业，共确认并回收日遗化武 11845 枚（件）。

2019 年 7 月，中国、日本和禁化武组织技术秘书处第 30 轮日遗化武三方磋商在日本东京举行。三方就日遗化武销毁进展、年内后续视察安排等交换意见，并着重讨论了执理会代表团访问哈尔巴岭日遗化武销毁设施接待准备工作。

2019 年 12 月，中国、日本和禁化武组织技术秘书处第 31 轮日遗化武三方磋商在北京举行。三方就日遗化武销毁进展、2020 年视察计划等交换了意见。

2019 年 9 月，应中国、日本共同邀请，禁化武组织总干事费尔南多·阿里亚斯及执理会代表团访问吉林省哈尔巴岭日遗化武销毁设施，并参观军事医学研究院分析实验室。禁化武组织总干事费尔南多·阿里亚斯、禁化武组织执理会主席及美国、俄罗斯、巴基斯坦、印度尼西亚、伊朗、荷兰、罗马尼亚、尼日利亚、委内瑞拉等 16 个国家常驻禁化武组织代表或官员参加。

五、监控化学品进出口管制与防扩散

中国严格执行《公约》关于附表化学品转让规定，除采用国际通行的许可证管理、清单控制、最终用途证明等制度和标准外，还实行指定公司经营制度和生产源头管控措施，坚持从严管理，防范扩散风险。中国与其他缔约国合作，及时核实澄清《公约》附表化学品进出口数据的有关问题。

严格按照《条例》《细则》和《两用物项和技术进出口许可证管理目录》，开展监控化学品进出口审批工作，2019 年共批准进出口申请 673 项。更新海关商品编码，删除了氯化亚砜海关商品编码，将亚硫酰氯、氧氯化硫的商品名称修改为"亚硫酰氯；氯化亚砜；氧氯化硫"，确保同一化学品海关编码的唯一性，堵塞了制度漏洞，使监督更加精准。各级履约主管部门加强源头管控，对监控化学品生产经营企业持续开展进出口管制和防扩散宣传培训，引导企业建立自律机制，自觉履行《公约》义务。

六、监控化学品监督管理

中国自履约之初即开始施行监控化学品生产设施建设审批和生产特别许可制度，以确保企业从建设之初、生产之始即树立履约意识，在设施建设和企业管理等相关方面符合履约要求。2019 年，国家和地方履约主管部门依法行政，从严审批监控化学品生产设施建设项目，严格执行考核标准，加大生产特别许可考核力度。2019 年，审查批准监控化学品生产设施建设 40 项，其中，第二类监控化学品生产设施 2 项，第三类监控化品生产设施 14 项，含磷、硫、氟的第四类监控化学品生产设施 24 项；

审核颁发监控化学品生产特别许可证 130 个，其中，新颁发许可证 68 个，延续换证 62 个。

认真落实国务院"放管服"改革要求，开展行政许可清单梳理、证照分离、优化营商环境、公平竞争审查等相关工作。积极推进监控化学品"互联网＋审批""互联网＋监管"，进一步缩短行政审批时间，减少申请行政许可需要提供的资料，提高行政服务效率和水平，为企业减轻负担，提供便利。

贯彻落实国务院加强和规范事中事后监管的要求，国家禁化武办印发通知，继续推进监控化学品"双随机、一公开"抽查工作，召开"双随机、一公开"座谈会，对 2019 年抽查工作做出安排、提出要求，并进行动员部署。为统一执法尺度，组织省级履约工作人员到天津市工业和信息化稽查总队进行现场培训。2019 年，国家禁化武办采用"双随机、一公开"抽查方式对 6 个省（自治区、直辖市）及新疆生产建设兵团的10 家监控化学品企业进行了检查，各地结合本地实际对辖区内企业进行检查，并及时公示检查结果，明确整改时限，对企业改进履约工作起到了有力的促进作用。

七、履约宣传

国家禁化武办将向社会大众普及履约法规和知识作为重点工作，每年根据履约形势和工作需要确定不同主题，组织各级履约主管部门充分利用各种传统媒体和新兴媒体，面向行业和社会大众，开展形式多样的履约普法宣传活动，营造尊法、学法、守法、用法的浓厚氛围，促进全社会对履约工作的了解和支持。

国家禁化武办在全国重点组织开展了《公约》《条例》《细则》等法规的普法宣传工作。各地履约主管部门和企事业单位纷纷行动，使普法工作进园区、进企业、进大学，使重点人员和社会公众及时了解相关法规，增强履约意识。国家禁化武办在广州召开禁化武履约宣传工作暨年度报告五周年座谈会，总结交流履约宣传和年度报告编撰发行工作的经验，对全年履约宣传提出新的要求，重点研究部署了 4·29 国际禁止化学武器组织日（以下简称"国际禁化武组织日"）宣传活动等工作。国家禁化武办组织了 2019 年禁化武履约宣传作品征集活动，共收到来自 8 个省（自治区、直辖市）的 139 幅主题海报和 10 个宣传短片，从中选取 2 幅海报 1 个视频作为官方宣传海报和视频。在工业和信息化部机关综合楼举办国际禁化武组织日专题展览，宣传化学武器危害、《公约》成就和中国所做的贡献。各地履约主管部门通过在微信公众号、政府网站等媒体发布信息和举办展览、张贴宣传海报等多种形式开展履约宣传。企事业单位也结合实际开展了丰富多彩的宣传活动。西北大学积极开展禁化武履约教育普及活动研究，将国际禁化武组织日宣传纳入学生志愿者活动，探索在高校开展禁化武宣传教育的方式和途径。

国家禁化武办充分利用信息简报刊物和政府网站等媒体加强履约宣传和信息交流，组织各地禁化武办、相关企业、协会做好履约年度报告的组稿和报送工作，出版和发行了《中国履行〈禁止化学武器公约〉报告（2018）》，编印《履行〈禁止化学武器公约〉工作简报》12 期，在工业和信息化部官方网站发布信息 36 篇。

八、履约培训

履约工作专业性技术性强，国家和地方履约主管部门将履约业务培训作为每年的常规工作，纳入年度计划并保障培训所需经费。禁化武办坚持每年开展禁化武履约业务培训和岗位培训。各地禁化武办积极组织监控化学品企业开展宣布和接受视察等培训。

2019 年，国家禁化武办在湖北省武汉市举办了为期 3 天的全国禁化武履约综合培训班，各省（自治区、直辖市）59 名学员参加。为提高培训的针对性，根据参训干部履约工作经验，培训班将学员分为新训组和复训组。新训组旨在帮助学员建立国际国内相关法律法规体系，强化履约基础知识；复训组主要研讨了依法行政、人才队伍建设、第二类监控化学品监管、《企业履约培训教材》修订等问题。培训班还进行了学习效果测试，并向合格者颁发了培训证书。

2019 年 12 月 18 日，国家禁化武办在甘肃省兰州市翔鑫工贸有限责任公司进行了国家禁化武办第 10 次国际视察演练，甘肃省、兰州市履约主管部门和企业相关人员参加了演练。工业和信息化部办公厅、人事教育司、国际合作司等相关司局及部分省级履约主管部门和企业派员现场观摩。

北京市、河北省、山西省、内蒙古自治区、吉林省、江苏省、浙江省、安徽省、江西省、山东省、河南省、四川省、贵州省和新疆生产建设兵团分别组织了地市履约主管部门和企业履约培训班，不断提高地市级履约干部水平和企业相关人员履约意识和能力。

针对第四类监控化学品种类繁多、覆盖面广、识别困难的问题，国家禁化武办组织编写了含 8939 个化学品的《部分第四类监控化学品名录》，并在工业和信息化部门户网站发布，为企业提高申报数据的准确性、更好地履行公约宣布义务创造更多条件。

九、《公约》在港澳台的适用

中国政府高度重视《公约》在香港特别行政区、澳门特别行政区和台湾地区的适用问题。

中央政府遵循"一国两制"原则和《香港特别行政区基本法》，在与香港特别行政区政府充分协商后，确定了《公约》在香港特别行政区适用的模式。香港特别行政区于 2003 年通过《化学武器（公约）条例》，于 2004 年起开始实施。《化学武器（公约）条例》赋予香港特别行政区海关全面的执法权力，违反《化学武器（公约）条例》规定属于刑事犯罪，最高刑罚为终身监禁。香港特别行政区政府对履约相关化学品实行完备的许可证和呈报制度。2019 年 3 月，香港特别行政区通过中央政府，向禁化武组织提交了 2018 年过去活动年度宣布。按《公约》规定，香港特别行政区目前没有应向禁化武组织宣布的化学品设施，只有少量涉及《公约》附表化学品的进口贸易活动，主要用于本地科研或工业。中央政府与澳门特别行政区政府就《公约》在澳门特别行政区适用问题已举行数轮磋商，澳门特别行政区履约立法等筹备工作正在有序进行。

台湾是中国领土不可分割的一部分，必须在一个中国前提下履行《公约》义务。中国政府一直积极、务实地寻求妥善解决《公约》在台湾地区适用问题的途径。

十、国际合作

中国政府从各方面支持禁化武组织工作，积极参与禁化武组织重要事务，务实推进履约国际交流与合作，在推动《公约》普遍性、销毁化学武器、防止化学武器再现、援助与防护、经济和技术发展及促进化工国际贸易、使化学领域成就完全用于造福人类等方面发挥了建设性作用。

全面深入参与禁化武国际事务，坚决维护国家利益和国际公平正义。中国政府组团参加 2019 年禁化武组织历次执行理事会和特别执行理事会、第二十四届缔约国大会、第二十一届国家履约主管部门年度会议等重要国际会议。工业和信息化部副部长王志军出席禁化武组织第二十四届缔约国大会，在一般性辩论中发言和会见禁化武组织总干事费尔南多·

阿里亚斯时，阐述了中国政府关于平衡推进《公约》宗旨和目标、防止禁化武组织成为地缘政治工具、维护协商一致传统、坚持缔约国主导稳妥推进《公约》转型的原则立场，获得国际社会积极回应。

积极支持禁化武组织工作，发挥履约大国和化工大国的作用，为增强《公约》的普遍性、有效性贡献力量。克服困难为视察安排提供便利条件，同意其首次在我国对第二类和第四类监控化学品设施进行连续视察。鼓励推荐优秀人才参加禁化武组织国际职员竞聘，为禁化武组织输送优质人力资源。推荐专家担任禁化武组织科学咨询委员会委员、教育与外联委员会委员，派员参与解决保密争端委员会等机构的工作。我国一名专家因其对禁化武履约工作所做贡献荣获 2019 年"禁化武组织—海牙"奖。邀请禁化武组织总干事和执行理事会代表团访问吉林省哈尔巴岭日遗化武销毁设施。中国 2 个禁化武组织指定实验室参加了禁化武组织的环境样品、生物医学样品分析水平测试和生物毒素分析演练，承担了禁化武组织指称使用调查相关样品的分析任务。军事医学研究院分析实验室与禁化武组织签署了技术合作协议。与禁化武组织在西安联合举办第二届国际防化医学培训班，来自 20 个国家的 31 名学员参加了培训。派员参加禁化武组织或禁化武组织与相关缔约国合作在荷兰、英国、瑞士、捷克、卡塔尔、泰国、蒙古、韩国等地组织的相关会议、培训、演练和研修项目，并为禁化武组织研修项目提供实习企业。

积极开展与其他缔约国的交流与合作，分享履约共识和经验。赴德国、西班牙和瑞士，访问从我国进口监控化学品的企业，对最终用户和最终用途进行核实，与履约主管部门重点就工业履约问题进行双边磋商。

I. Organisation and Leading by the Chinese Government of the Implementation of the *Convention*

The Chinese Government has always supported the objectives and purposes of the *Chemical Weapons Convention* (hereinafter referred to as the *Convention*). In order to ensure the implementation of the *Convention*, a relatively complete legal system and a sound and efficient working mechanism for the implementation of the *Convention* have been gradually established. In 2019, departments, bureaus and authorities at all levels nationwide for the implementation of the *Convention* took fulfilling their obligations under the *Convention* and maintaining the image of a major responsible country as the core objectives, and outreach and implementation of the *Regulations of the People's Republic of China on the Administration of Controlled Chemicals* (hereinafter referred to as the *Regulations*) *and the revised Rules of Implementation for the Regulations of the People's Republic of China on the Administration of Controlled Chemicals* (hereinafter referred to as the *Rules*), effective on 1 January 2019, as the main tasks. They further strengthened organisation and coordination, team building, supervision and management, outreach and training and international cooperation, and comprehensively fulfilled all tasks for the implementation of the *Convention*.

Leaders at all levels paid attention to, often listened to the working progress reports on, and participated in activities related to the implementation of the *Convention*, so as to implement working guidance, launch new working requirements and solve problems. Miao Wei, the then Minister of the Industry and Information Technology presided over and addressed the Inter-ministerial Joint Conference on the Implementation of the *Chemical Weapons Convention* (hereinafter referred to as the Inter-ministerial Joint Conference on the Implementation of the *Convention*), and Wang Zhijun, Vice Minister of Industry and Information Technology, Huang Xueping, Deputy Director of the Office for International Military Cooperation of the Central Military Commission, and the representative of the Ministry of Foreign Affairs made a briefing on industrial affairs on the implementation of the *Convention*, the implementation of the *Convention* and assistance in handling the JACWs by the militaries, and foreign affairs on the implementation of the *Convention*, respectively. Xu Ganlu, Vice Minister of Public Security, Yu Chunxiao, Deputy Director-General of the National Railway Administration, Li Wenxin, Vice General Manager of China State Railway Group Co., Ltd, representatives of such member units of the Inter-ministerial Joint Conference as the Ministry of Finance, the Ministry of Ecology and Environment, the Ministry of Transport, the Ministry of Commerce, the Ministry of Emergency Management, the General Administration of Customs, the State Administration for Market Regulation and the Civil Aviation Administration, and specially invited representative of the National Health Commission delivered speeches. At the Conference, the addition of Schedule I chemicals to the *Convention* and the proposed domestic legislation were briefed, the implementation of the *Convention* at national and international levels was analysed, discussions on further improving the implementation of the *Convention* was conducted, and the members of the Inter-ministerial Joint Conference were adjusted and determined. Ci Guowei, Director of the Office for International Military Cooperation of Central Military Commission met with Director-

General Fernando Arias of the Organisation for the Prohibition of Chemical Weapons (hereinafter referred to as the OPCW) during his visit to China, Perugini, Chairperson of the OPCW Executive Council (hereinafter referred to as the Executive Council), and an Executive Council Delegation of ambassadors and officials from 18 countries, including Russia, the United States, the United Kingdom and Japan in Beijing. Le Yucheng, Vice Minister of Foreign Affairs met with Director-General Fernando Arias in Beijing, and exchanged views on issues of common concern. Wang Zhijun, Vice Minister of Industry and Information Technology attended the Twenty-Fourth Session of the Conference of the States Parties, clarified China's position in the general debate, met with Director-General Fernando Arias of the OPCW during the Conference, and exchanged views with him on issues related to the implementation of the *Convention*; visited the *outreach Exhibition of the International Day for the Foundation of the Organisation for the Prohibition of Chemical Weapons* (*OPCW Day*), and guided the *outreach* of the implementation of the *Convention*; attended and addressed the Symposium on Production Safety and Implementation of the *Convention*, and raised new requirements for opening up new prospects for the implementation of the *Convention*.

All departments earnestly performed their duties, supported each other and cooperated with each other, forming a joint force for the implementation of the *Convention*. The Ministry of Industry and Information Technology incorporated the implementation of the *Convention* into its annual work plan and the accountability assessment of key tasks and objectives. The National CWC Implementation Office, in accordance with the requirements of the Ministry of Industry and Information

Technology, issued the 2019 Guidelines of the Implementation of the *Convention*, held national comprehensive and professional conferences, and studied and made annual arrangements for the implementation of the *Convention*; strengthened communication and coordination among all member departments and bureaus of the Inter-ministerial Joint Conference; made every effort to ensure national declarations, received international inspections, import and export control and non-proliferation, administrative license examination, approval, supervision and inspection, outreach and training, policy research, and team building; and effectively strengthened the organisation and coordination of the implementation of the *Convention* nationwide, clarified the division of labor at the ministerial and provincial levels, gave full play to the role of local authorities for the implementation of the *Convention*, and enhanced operational guidance, supervision and inspection, to ensure the implementation of all work and measures. The Ministry of Foreign Affairs actively cooperated with national authorities and other relevant departments for the implementation of the *Convention*, and guided the delegation at the OPCW to play its role as a bridge and enhance exchanges and cooperation between the OPCW and States Parties. The Ministry of Foreign Affairs urged Japan to expedite the destruction of the JACWs within the framework of the *Convention*; actively participated in settlement of hot issues concerning chemical weapons, playing the role as a major responsible country; and exerted a positive influence on the transformation of the OPCW, safeguarding an international environment for peaceful development. The Office for International Military Cooperation of Central Military Commission earnestly organised the implementation work of the *Convention* by armed forces, and assisted the Japanese Government in destruction of the JACWs in China. Such units of the Inter-ministerial Joint Conference as the Ministry of Public Security, the Ministry of Finance, the Ministry of Ecology and Environment, the Ministry of Transport, the Ministry of Commerce, the Ministry of Emergency Management, the General Administration of Customs and State Administration for Market Regulation performed their respective duties, actively participated in the implementation of the *Convention*, cooperated closely with each other, and provided strong support for the implementation of the *Convention*. Local governments at all levels and their competent implementation departments handled the matters, struggled at the frontline and focused on the implementation, so they became pillars of China's implementation of the *Convention*.

II. Submission of the National Declarations to the OPCW

In accordance with Article VI and relevant provisions of the *Convention*, China has submitted various national declarations to the OPCW. In March 2019, China submitted the Annual Declarations on Past Activities of Controlled Chemicals in the Civil Industry in 2018, National Protective Progmme, Annual Declarations of Past Activities of the Synthesis Laboratory of Schedule I Controlled Chemicals (hereinafter referred to as the 10kg Laboratory). In April, China submitted the

Declaration of the Changes to Planned Events of the 10kg Laboratory for 2019. In September, China submitted the Declaration of the Changes to Planned Events of the 10kg Laboratory for 2020. In October, China submitted the Annual Declaration of Estimated Events of Controlled Chemicals in the Civil Industry in 2020.

In 2018, the declared civil industry facilities of controlled chemicals totalled 1393, accounting for 26% of the total of the declarations worldwide, including 63 declared facilities of Schedule II controlled chemicals, 153 declared facilities of Schedule III controlled chemicals and 1177 declared facilities of Unscheduled Discrete Organic Chemicals(DOCs). The Distribution of Declared Facilities by Schedule in Past Activities in 2018, the Distribution of Declared Facilities by Controlled in Past Activities from 2009 to 2018, and the Distribution of Declared Facilities by Province in Past Activities in 2018 are shown in Figure 1, Figure 2 and Figure 3 respectively.

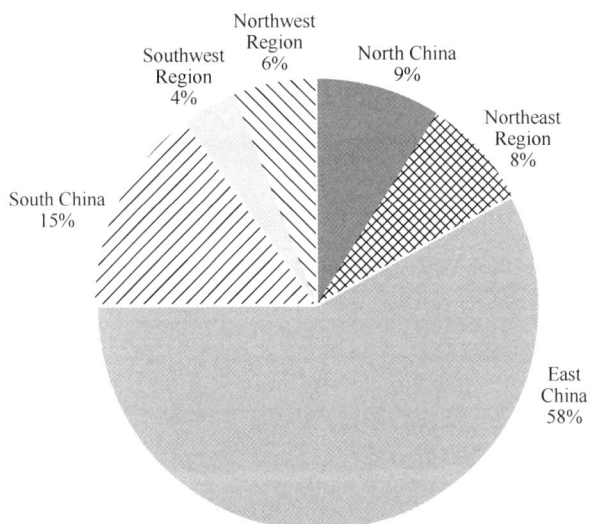

Figure 1 The Distribution of Declared Facilities by Region in Past Activities in 2018

(Unit: pcs.)

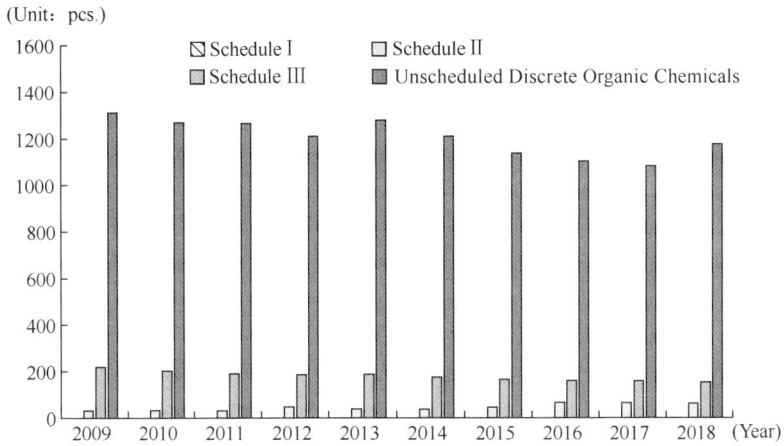

Figure 2 The Distribution of Declared Facilities by Schedule in Past Activities from 2009 to 2018

（Unit: pcs.）

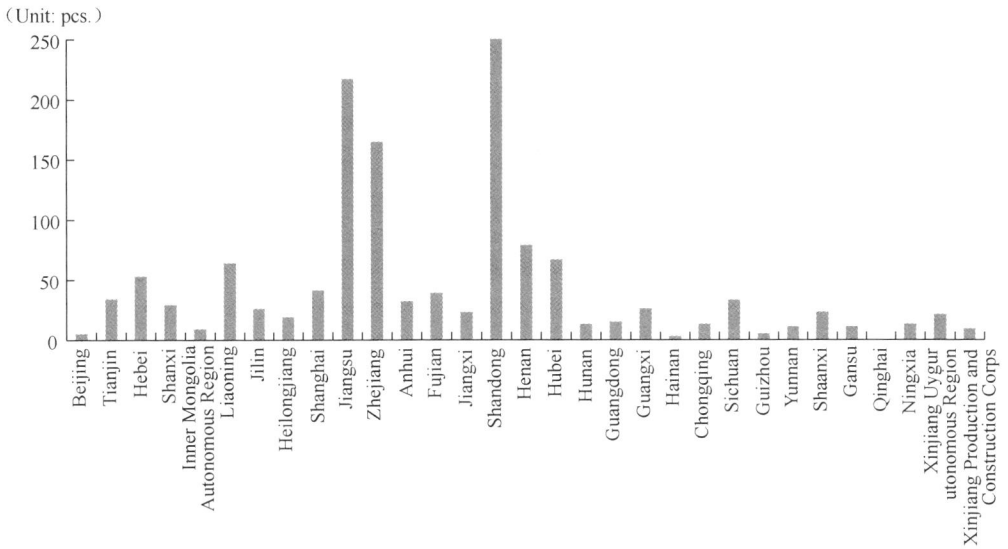

Figure 3 The Distribution of Declared Facilities by Province in Past Activities in 2018

In accordance with the provisions of the Convention on abandoned CWs, China submitted to the OPCW the Declaration of JACWs, mainly including the discovery or destruction of JACWs. In July 2019, China submitted the updated declarations of the trust warehouses of the JACWs in Haerbaling and Harbin, and temporary trust warehouses of the JACWs in Jiujiang and Dangyang. In September 2019, China submitted the updated declarations of the trust warehouse of the JACWs in Haerbaling. In December 2019, China submitted the updated declarations of the trust warehouse of the JACWs in Haerbaling, Harbin, Qiqihar, Ning'an, Jiamusi and Nanjing and temporary trust warehouses of the JACWs in Bei'an, Dangyang and Nianzishan.

III. Receive OPCW Inspections

As of 31 December 2019, China has received 591 on-site inspections by the OPCW. The inspection results showed that China had strictly fulfilled its obligations under the *Convention*. Inspections by the OPCW Received by China from 2010 to 2019 are shown in Figure 4.

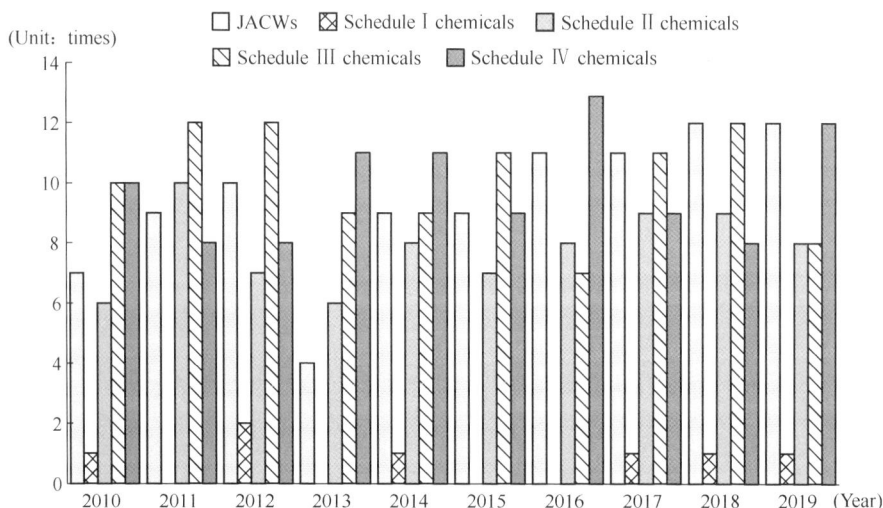

Figure 4 Number of Inspections by the OPCW Received by
China from 2010 to 2019

In 2019, China Received 41 inspections by the OPCW, including one inspection for production facility of Schedule I controlled chemicals; eight inspections for production, processing and consumption facilities of Schedule II controlled chemicals (including one inspection with on-site sampling for analysis); eight inspections for production facilities of Schedule III controlled chemicals ; 12 inspections for Other Chemical Production Facilities(OCPFs); and 12 inspections for the JACWs. Inspections by the OPCW Accepted by China in 2019 are shown in Figure 5.

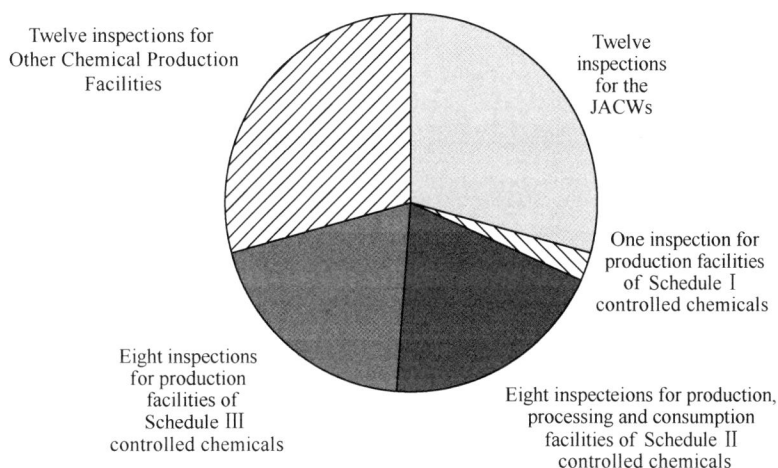

Figure 5 The Number of Inspections by the OPCW Accepted by China in 2019

In 2019, facilities of Schedule II and III controlled chemicals and Unscheduled Discrete Organic Chemicals inspected in China were distributed in 12 provinces and autonomous regions and Xinjiang Production and Construction Corps. Five inspections in were conducted in Jiangsu Province, four inspections in Zhejiang Province and Shandong Province respectively, two inspections in Hebei Province, Inner Mongolia Autonomous Region, Liaoning Province, Guangdong Province and Xinjiang Production and Construction Corps respectively, and one inspection in Shanxi Province, Fujian Province, Jiangxi Province, Hubei Province and Sichuan Province respectively. The Distribution Industrial Inspections by Province in 2019 is shown in Figure 6.

（Unit: pcs）

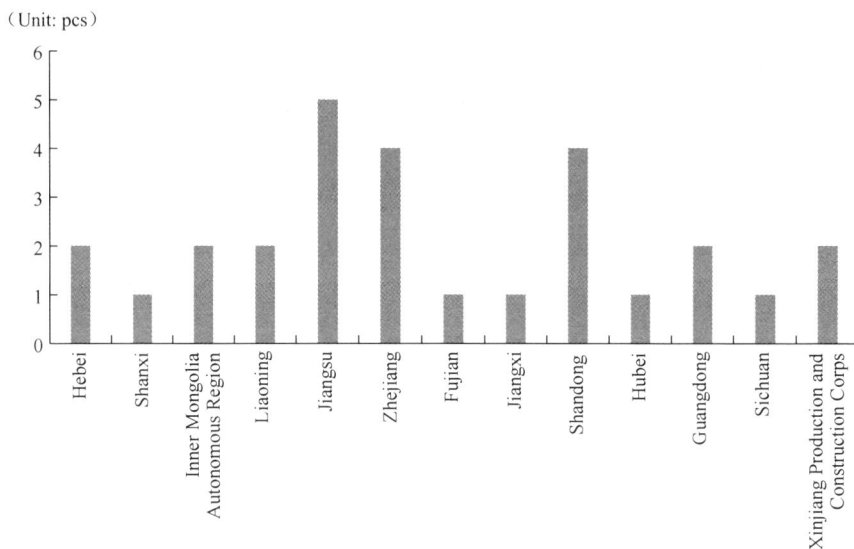

Figure 6 The Number Industrial Inspections by Province in 2019

During the inspections by the OPCW, relevant departments of the central government, local governments at all levels and their relevant departments, as well as the inspected facilities, provided active cooperation and good logistical support to ensure the excellent conduct of inspections.

IV. Disposal of Chemical Weapons Abandoned by Japan in China

In accordance with relevant provisions of the *Convention*, the governments of China and Japan signed the *Memorandum of Understanding between the Government of the People's Republic of China and the*

Government of Japan on the Destruction of the Chemical Weapons Abandoned by Japan in China in July 1999 and the *Memorandum of Understanding between the Government of the People's Republic of China and the Government of Japan on the Destruction of the Chemical Weapons Abandoned by Japan in China after 29 April 2012* in April 2012. As Japan failed to complete the phased target of the destruction of the JACWs by 2016 in accordance with the decision adopted at the 67th Session of the Executive Council, China and Japan agreed in 2017 on the *Plan for the Destruction of Chemical Weapons Abandoned by Japan in the People's Republic of China after 2016*, which was deliberated and passed at the 84th Session of the Executive Council. Japan will complete the destruction of the JACWs, including those buried in Harbaling and those discovered before 31 December 2016, by 2022. China will continue to urge Japan to complete the destruction of the JACWs as soon as possible in accordance with relevant decisions of the Executive Council and the *Plan for Destruction* agreed upon by both parties.

In 2019, China supervised and assisted in Japan's continued destruction of the JACWs in Haerbaling, and started the mobile destruction of the JACWs in Harbin. A total of 5079 JACWs were destroyed throughout the year. In addition, China supervised and assisted in Japan's investigation on suspected JACWs found or kept in Harbin, Mudanjiang, Jiamusi and Jixi in Heilongjiang Province, Dunhua in Jilin Province, Dangyang in Hubei Province, Nanjing in Jiangsu Province, and Jiujiang in Jiangxi Province for 13 times, with a total of 11845 JACWs confirmed and recovered.

In July 2019, the 30th Trilateral Consultation among China, Japan and the OPCW Technical Secretariat was held in Tokyo, Japan. The three parties exchanged views on the progress of the destruction of the JACWs and arrangements for follow-up inspections within the year. They focused on the preparation for the reception of a delegation representing the OPCW's Executive Council visiting the Haerbaling JACW Destruction Facility.

In December 2019, the 31st Trilateral Consultation among China, Japan and the OPCW Technical Secretariat was held in Beijing. The three parties exchanged views on the progress of the destruction of the JACWs and the plan for inspection in 2020.

In September 2019, at the joint invitation of China and Japan, Fernando Arias, Director-General of the Organisation for the Prohibition of Chemical Weapons (OPCW) and a delegation representing the Executive Council of the OPCW visited the Haerbaling JACW Destruction Facility and the Analytical Laboratory at the Academy of Military Medical Science. Fernando Arias, Director-General of the OPCW, Chairperson of the OPCW Executive Council and permanent representatives or officials of 16 countries including the United States, Russia, Pakistan, Indonesia, Iran, the Netherlands, Romania, Nigeria and Venezuela to the OPCW participated in the visiting activities.

V. Import and Export Control and Non−proliferation of Controlled Chemicals

China strictly implemented the provisions of the *Convention* on transfers of Scheduled chemicals. In addition to applying internationally accepted systems and standards such as licensing management, list control and end-use certification, China also adopted the management system of designated company and production source control measures, and adhered to strict management to prevent the risk of proliferation. China cooperated with other States Parties to promptly verified and clarified issues concerning the import and export data of Scheduled chemicals of the *Convention*.

National CWC Implementation Office, in strict accordance with the *Regulations, the Rules and the Catalogue of Dual-Use Items and Technologies Subject to Import and Export License Administration*, conducted examination and approval for import and export of controlled chemicals, and approved a total of 673 applications for import and export in 2019. It improved and updated the HS codes, deleted the HS code of sulfoxide chloride, changed the commodity names of thionyl chloride and sulfuryl chloride into "thionyl chloride; sulfoxide chloride; and sulfuryl chloride", ensured the unique HS code of the same chemical, blocked the loopholes in the system and made the supervision more accurate. Authorities at all levels responsible for the implementation of the Convention strengthened control at source, continuously conducted Outreach and training on import and export control and non-proliferation for producers and traders of controlled chemicals, guided enterprises to establish self-discipline mechanisms and conscientiously fulfill their obligations under the *Convention*.

VI. Supervision and Management of Controlled Chemicals

China has implemented the approval system for the construction of production facilities of controlled chemicals and the system for special production licenses since the beginning of the implementation of the *Convention*, so as to ensure that enterprises have an awareness of the implementation of the *Convention* from the beginning of the construction and production and meet the requirements for the implementation of the *Convention* in terms of facility construction and enterprise management. In 2019, national and local authorities for the implementation of the *Convention* exercised administration in accordance with the law, conducted strict examination and approval on the construction projects of production facilities of controlled chemicals, strictly implemented assessment standards, and intensified the assessment of special production licenses. In 2019, 40 construction projects of production facilities of controlled chemicals were reviewed and approved, including 2 production facilities of Schedule II controlled chemicals, 14 production facilities of Schedule III controlled chemicals, and 24 OCPFs containing phosphorus, sulphur and fluorine; and 130 special licenses for the production of controlled chemicals were reviewed and issued, including 68 new licenses and 62 renewed licenses.

The National CWC Implementation Office further implemented the State Council's reform requirements of "streamlining administration, delegating power, strengthening regulation and improving service", collated the lists of administrative licensing, separated operating permits and business licenses, optimised business environment, and ensured fair competition and review. It actively promoted the "Internet + approval" and "Internet + supervision" of controlled chemicals, further shortened the time for administrative review and approval, and reduced materials for the application for administrative review and approval, so as to improve the efficiency and level of administrative services, reduce the burden of enterprises and provide convenience for them.

To thoroughly implement the requirements of the State Council for standardising operational and post-operational oversight in random inspection, the National CWC Implementation Office issued notices to continue conducting supervision on chemicals subject to supervision and control through the "random selection of both inspectors and inspection targets and the prompt release of results" and held a symposium in this regard, made arrangements and set forth requirements for the inspection work in 2019, and mobilised deployments. To unify the scale of law enforcement, the National CWC Implementation Office organised provincial *Convention* implementation personnel to participate in on-site training in Tianjin Supervision Corps of Industry and Information Technology. In 2019, the National CWC Implementation Office conducted inspections in 10 enterprises engaged in controlled chemicals in 6 provinces (autonomous regions or municipalities) and Xinjiang Production and Construction Corps through the "random selection of both inspectors and inspection targets and the prompt release of results", and all regions inspected the enterprises under their jurisdiction on the basis of their actual situations. Inspection results are promptly released to define the time limit for rectification and promote enterprises to improve the implementation of the Convention.

VII. Outreach of the Implementation
of the *Convention*

The National CWC Implementation Office took popularising the laws, regulations and knowledge related to the implementation of the *Convention* to the public as the key work and determined different themes annually according to the situation and needs of the implementation of the *Convention*, and organised departments and bureaus at all levels for the implementation of the *Convention* to carry out various forms of publicity activities for the industry and the general public by making full use of traditional and new media, so as to create a strong atmosphere of respecting, studying, abiding by and applying laws to promote the understanding and support of the whole society for the implementation of the *Convention*.

The National CWC Implementation Office especially publicised the laws and regulations such as the *Convention*, the Regulation and the *Rules* nationwide. Local authorities for the implementation of the *Convention*, enterprises and public institutions took actions to publicise the *Rules* in industrial parks, enterprises and universities, so as to enable key personnel and the public to be timely informed of relevant laws and regulations and to enhance their awareness of the implementation of the *Convention*. The National CWC Implementation Office held a symposium in Guangzhou on outreach for the implementation of the *Convention* and the fifth anniversary of its annual report. In the symposium, the experience in the outreach for the implementation of the *Convention* and the compilation and issuance of annual reports were summarised and exchanged; new requirements for the annual implementation of the *Convention* were raised; and the Outreach Exhibition of the International Day for the Foundation of the Organisation for the Prohibition of Chemical Weapons (hereinafter referred to as the OPCW Day) were studied and deployed. The National CWC Implementation Office launched the soliciting of outreach works for the implementation of the *Convention* in 2019, and a total of 139 posters and 10 promotional videos were received from 8 provinces (autonomous regions and municipalities directly under the Central Government). Two posters and one video were selected as the official promotional posters and video. A special exhibition on the OPCW Day was held in the office complex of the Ministry of Industry and Information Technology to publicise the dangers of chemical weapons, the achievements of the *Convention* and China's contribution. Local authorities for the implementation of the *Convention* publicised the implementation of the *Convention* by posting information on media platforms such as official WeChat accounts and government websites, holding exhibitions and posting outreach posters. Enterprises and public institutions also launched a variety of promotional activities according to their actual situation. Northwest University actively carried out the research on education and popularisation of the implementation of the *Convention*, included the outreach of the OPCW Day in student volunteer activities, and explored ways and approaches to carry out the outreach and education of the implementation of the *Convention* in colleges and universities.

The National CWC Implementation Office made full use of media platforms such as information newsletters and government websites to strengthen outreach and information exchange on the implementation of the *Convention*, organized local CWC implementation offices, relevant enterprises and associations to solicit and submit contributions to the annual report on implementation, compiled and printed the 12 editions of the *Briefing on the Implementation of the Chemical Weapons Convention*, and published 36 pieces of information on the implementation of the Convention on the official website of the Ministry of Industry and Information Technology.

VIII. Training on the Implementation
of the *Convention*

In view of the professional and technical nature of the implementation of the *Convention*, national and local authorities for the implementation of the *Convention* regarded the training on the implementation of the *Convention* as routine work every year, incorporated it into the annual plan, and guaranteed the funds for the training. The National CWC Implementation Office adhered to conducting operational and on-the-job trainings on the implementation of the *Convention* every year. Local CWC Implementation Offices actively organised enterprises engaged in controlled chemicals to carry out trainings on declarations and received inspections.

In 2019, the National CWC Implementation Office held a 3-day comprehensive training course on the national implementation of the *Convention* in Wuhan, Hubei Province. Fifty-nine students from all provinces (autonomous regions and municipalities directly under the Central Government) participated in the training. In order to improve the targeted training effect, the trainees were divided into a new training team and a refreshment team according to their experience in *Convention* implementation. The new training team aimed to help trainees establish a system of relevant domestic and international laws and regulations, consolidating basic knowledge points of the implementation of the *Convention*; while the refreshment team mainly discussed such issues as administration according to law, talent team building, supervision of Schedule II controlled chemicals and revision of Training Materials for Enterprises' Implementation of the *Convention*. Furthermore, a test was conducted for all participants to test the learning effects after the training, and the certificates of training were issued to qualified trainees.

The National CWC Implementation Office conducted its 10th drill on international inspection in Lanzhou Xiangxin Industry & Trade Co., Ltd.. Relevant personnel from authorities for the implementation of the *Convention* and enterprises in Gansu Province and Lanzhou Municipality participated in the drill. The General Office of the Ministry of Industry and Information Technology, Production Safety Department, Personnel and Education Department and International Cooperation Department of the Ministry of Industry and Information Technology, some provincial authorities for the implementation of the *Convention*, and enterprises assigned staff to watch the drill on site.

Beijing, Hebei, Shanxi, Inner Mongolia Autonomous Region, Jilin, Jiangsu, Zhejiang, Anhui, Jiangxi, Shandong, Henan, Sichuan, Guizhou and Xinjiang Production and Construction Corps organised trainings for their local authorities for and enterprises involved in the implementation of the *Convention* respectively, to constantly enhance the *Convention* implementation standard of cadres at the prefecture level and the awareness and ability of the implementation of the *Convention* of relevant enterprise staff.

In view of the various kinds, wide coverage and difficult identification of the DOCs, the National CWC Implementation Office organised to compile the *List of Some Unscheduled Discrete Organic Chemicals* (containing 8939 chemicals), which was published on the portals of industry and information technology departments, creating more conditions for enterprises to improve the accuracy of data declaration and better fulfill their obligations under the Convention.

IX. Application of the Convention in Hong Kong, Macao and Taiwan

The Chinese Government paid attention to the application of the Convention in Hong Kong Special Administrative Region, Macao Special Administrative Region and Taiwan.

Following the "One Country, Two Systems" principle and the *Basic Law of the Hong Kong Special Administrative Region*, the central government determined the mode of application of the Convention in the Hong Kong SAR after full negotiation with the Hong Kong SAR Government. In 2013, Hong Kong SAR passed the *Chemical Weapons (Convention) Ordinance*, which came into force in 2004. The *Chemical Weapons (Convention) Ordinance* entitled Hong Kong Customs to the full power of law enforcement. Violation of the *Chemical Weapons (Convention) Ordinance* is deemed as a criminal offence, with a maximum penalty of life imprisonment. Hong Kong SAR

Government implemented comprehensive licensing and reporting systems for chemicals related to the implementation of the *Convention*. In March 2019, Hong Kong SAR submitted the annual declarations on past activities in 2018 to the OPCW through the central government. In accordance with the *Convention*, there is no declared chemical facilities to the OPCW in Hong Kong SAR, and there are only a few import trade activities involving scheduled chemicals of the *Convention*, mainly for local research or industry.

The central government and the Macao SAR Government have held several rounds of consultations on the application of the *Convention* in Macao SAR, preparatory work, such as the legislation for the implementation of the *Convention* in Macao SAR is proceeding orderly.

Taiwan is an inseparable part of China, and must fulfil its obligations under the *Convention* on the premise of the one-China principle. The Chinese Government has been actively and pragmatically seeking a proper solution to the application of the *Convention* in Taiwan.

X. International Cooperation

The Chinese Government supported the work of the OPCW in all aspects, actively participated in significant affairs of the OPCW, pragmatically promoted the international exchanges and cooperation in the implementation of the *Convention*. China has played a constructive role in promoting the universality of the *Convention*, destroying CWs, preventing the re-emergence of CWs, assistance and protection, economic and trade development, promoting international trade of chemical industry, and contributing the achievements in chemistry to mankind.

China was deeply and comprehensively involved in the international affairs concerning the prohibition of CWs, and firmly upheld its national interests and international fairness and justice. The Chinese Government organised delegations to participate in Executive Councils and Special Executive Councils of the OPCW Executive Council in 2019, and attend important international conferences such as the 24th Session of the Conference of the States Parties and the 21st Annual Meeting of National Authorities for the Implementation of the *Convention*. When Wang Zhijun, Vice Minister of Industry and Information Technology, attended the Twenty-Fourth Session of the Conference of the States Parties, addressed the general debate, and met with Director-General Fernando Arias of the OPCW, he expounded that the Chinese Government promoted the realisation of the aims and objectives of the *Convention* in a balanced manner, strived to prevent the OPCW from becoming a geopolitical tool, upheld the tradition of consensus, and adhered to the principle that the state parties take the lead in steadily promoting the transformation of the *Convention*. China received positive responses from the international community.

China actively supported the work of the OPCW, played its role as a great power and a chemical power for the implementation of the *Convention*, and made contributions to enhancing the universality and effectiveness of the *Convention*. China strived to overcome difficulties to facilitate the OPCW's inspection arrangements, and allowed it to conduct continuous inspections on the facilities of Schedule II and OCPFs in China for the first time. China encouraged and recommended excellent talents to participate in the competition for posts in the OPCW, and contributed quality human resources to the OPCW. China recommended experts to serve as members of the Scientific Advisory Board, the Advisory Board on Education and Outreach and the Confidentiality Commission of the OPCW. A Chinese expert was awarded the OPCW – The Hague Award in 2019 for his contribution to the implementation of the *Convention*. China invited Director-General of the OPCW and a delegation representing the OPCW's Executive Council to visit the Haerbaling JACW Destruction Facility. Two OPCW-designated laboratories in China participated in the OPCW's proficiency tests of environmental samples and biomedical sample analysis and exercises for the analysis of biologically derived toxins, and undertook the task of analysing investigation-related samples alleged use of chemical weapon samples. The Analytical Laboratory at the Academy of Military Medical Science signed a technical cooperation agreement with the OPCW. The Chinese Government and the OPCW jointly organised the Second Course on Medical Aspects of Assistance and Protection Against Chemical Weapons in Xi'an. Thirty-one trainees from twenty countries attended the training. The Chinese Government assigned experts to the Netherlands, the UK, Switzerland, Czech Republic, Qatar, Thailand, Mongolia and South Korea to participate in relevant conferences, trainings, drills and fellowship programs organised by the OPCW alone or by both the OPCW and States Parties, and provided enterprises for internship for OPCW fellowship programs.

China actively carried out exchanges and cooperation with other States Parties to share consensus and experience on the implementation of the *Convention*. China visited enterprises that import controlled chemicals from China in Germany, Spain and Switzerland to verify their end-users and end-uses, and conducted bilateral consultations on industrial issues with their authorities for the implementation of the *Convention*.

China 地方篇

中国履行《禁止化学武器公约》报告（2019）

北京市

组织协调

2019 年，北京市禁化武办按照国家禁化武办的部署要求，围绕禁化武履约和监控化学品管理开展了一系列工作：一是不断加强与有关部门的沟通协调，明确任务分工，积极推进宣布、接受视察等日常履约工作；二是加强监控化学品生产设施建设、生产、经营、使用行政许可及日常监管工作，夯实履约基础；三是持续做好履约宣传和培训工作，为履约创造良好环境。

数据宣布与接受视察

2019 年，在我国向禁化武组织提交的 2018 年过去活动年度宣布中，北京市有宣布设施 5 个。

2019 年，禁化武组织没有对北京市进行国际视察。

监督管理

2019 年，北京市禁化武办共完成 2 家企业、2 种监控化学品进口许可审查工作，2 种监控化学品分别是三乙醇胺和甲基二乙醇胺。

宣传

认真落实国家禁化武办《关于做好 2019 年禁化武履约宣传作品征集活动组织工作的通知》精神，北京市禁化武办组织企业及社会公众积极参与征集活动，充分利用北京市经济和信息化局门户网站、内部办公网站、微博、微信等渠道，大力宣传，达到了预期效果。

培训

2019 年 2 月，北京市禁化武办动员辖区内企业积极参加中国监控化学品协会在哈尔滨市举办的禁化武履约培训班。2019 年 9 月，组织召开北京市监控化学品年度宣布培训会，指导企业进行数据宣布。2019 年 12 月，北京禁化武办履约相关工作人员参加了国家禁化武办在武汉市举办的全国禁化武履约综合培训班。

专项工作

2019 年，北京市禁化武办对 3 家企业开展了专项监督检查，主要检查企业遵守相关监控化学品法律法规情况、接受视察准备情况、有无违规经营监控化学品情况、相关管理制度情况等。

天津市

组织协调

为进一步加强监控化学品全流程管理，按照要求，天津市工业和信息化局根据工作实际，对禁化武工作机制进行完善调整。禁化武履约工作由天津市工业和信息化局经济运行处负责，监控化学品相关行政审批事项由政务服务处负责，并委托天津市工业和信息化稽查总队开展监控化学品行政执法工作。通过调整完善，进一步提升了监控化学品管理水平，加强了监控化学品全流程管理力度，为做好监控化学品管理工作打下了扎实的基础。

数据宣布与接受视察

2019 年，在我国向禁化武组织提交的 2018 年过去活动年度宣布中，天津市有宣布设施 34 个。

2019 年，禁化武组织没有对天津市进行国际视察。

监督管理

2019 年，天津市工业和信息化局共完成 7 项监控化学品行政许可审核，包括 1 项新建第四类监控化学品生产设施的许可申请，5 项含磷、硫、氟的第四类监控化学品生产特别许可的申请，1 项使用第二类监控化学品的许可申请。

2019 年，天津市工业和信息化稽查总队深入天津市监控化学品企业开展"两个全覆盖"执法检查，即执法职权的全覆盖和宣布生产企业的全覆盖。全年累计出动执法人员 228 人次，检查企业 53 家，对 1 家企业下达《责令整改通知书》，对 20 余家企业提出整改建议 30 余项。通过执法检查，进一步促进企业依法履约，合法合规开展生产经营活动。

宣传

为纪念"4·29 国际禁止化学武器组织日"，加强宣传禁化武履约知识和相关法律法规，2019 年 4 月 11 日，天津市禁化武办邀请了国家禁化武办有关负责同志对天津市各区工业和信息化主管部门和全市监控化学品企业开展履约宣传工作培训，全面介绍我国禁化武履约工作情况和履约工作取得的新进展，重点就监控化学品法律法规作了讲解和培训，要求各企业充分认识当前履约新形势，进一步强化守法意识和规范意识，严格按照相关法律法规进行年度宣布、网上信息管理和生产经营活动，做好接受视察的各项准备工作。

培训

2019 年 5 月 28 日～29 日，天津市禁化武办履约相关工作人员参加了国家禁化武办在天津市召开的监控化学品"双随机、一公开"检查暨行政许可工作座谈会，认真学习"双随机、一公开"执法检查、行政执法证发放计划及行政审批改革有关工作要求，并积极参与交流研讨，同时做好会议各项保障工作。

专项工作

2019 年 6 月 17 日～20 日，按照国家禁化武办的要求，天津市工业和信息化局指派专人参加对江苏省 2 家监控化学品企业的"双随机、一公开"执法检查。2019 年 12 月 9 日～13 日，天津市工业和信息化稽查总队指派专人参加对辽宁省和湖北省 2 家监控化学品企业的"双随机、一公开"执法检查。通过检查，督促有关企业认真查找问题并及时整改，提高了企业依法生产经营的意识，学习了兄弟省（自治区、直辖市）的先进经验和方法，为天津市有力开展"双随机、一公开"执法检查提供了重要指导。

河北省

组织协调

2019 年，河北省高度重视禁化武履约工作，以履行《公约》义务、维护我国负责任大国形象为核心目标，严格执行《条例》《细则》，认真落实国家禁化武办的工作部署，较好地完成了全年履约工作任务。

数据宣布与接受视察

2019 年，在我国向禁化武组织提交的 2018 年过去活动年度宣布中，河北省有宣布设施 53 个。

2019 年，河北省共接受禁化武组织的国际视察 2 次。其中，2019 年 3 月 3 日～10 日，禁化武组织视察组对河北威远动物药业有限公司

的第二类监控化学品消耗设施进行现场视察；2019 年 11 月 25 日～29
日，禁化武组织视察组对沧州大化股份有限公司聚海分公司第三类监
控化学品生产设施进行现场视察。这 2 家企业均顺利通过了国际视察。

监督管理

河北省禁化武办认真贯彻《条例》《细则》，依法加强对监控化学品
的管理。2019 年，审核上报新建监控化学品生产设施许可申请 3 项，新
建监控化学品生产设施竣工验收 1 项，监控化学品生产特别许可换证申
请 1 项，办理第二类监控化学品使用许可申请 6 项。

宣传

按照国家禁化武办要求，以学习宣贯《条例》《细则》为主题，开
展河北省履约宣传工作。在 "4·29 国际禁止化学武器组织日" 期间，
河北省禁化武办与各市禁化武办密切配合，采取微信推送、张贴海报、
悬挂横幅、摆放展板、发放宣传册等方式开展了形式多样的宣传活动。
活动期间共发放宣传册 3000 份，制作展板 10 余套，悬挂张贴条幅、
海报 100 余条。通过宣传，提高了履约工作的影响，普及了履约知识，
扩大了公众对履约工作的认知度，为履约营造了良好的社会环境和氛
围，达到了预期的效果。

培训

为宣传贯彻《细则》，提高河北省禁化武履约工作人员的责任担当和
履约能力，增强监控化学品企业自觉履约、守法经营的意识，2019 年 7 月
11 日～12 日河北省禁化武办在石家庄市举办了全省禁化武履约培训班，
各市禁化武履约工作负责同志、监控化学品企业代表等 110 余人参加了
培训。通过培训，全体参训人员加深了认识、强化了责任、提高了能力，
培训达到了预期的效果。

专项工作

认真落实监控化学品"双随机、一公开"执法检查工作，全年对 6 家监控化学品企业开展了"双随机、一公开"执法检查。通过检查，提高了企业的履约意识、守法意识、责任意识，规范了企业的生产经营行为，营造了良好的履约环境。

山西省

组织协调

为加强机构改革后履约组织工作，山西省禁化武办 2019 年及时协调有关单位，调整补充了履行《禁止化学武器公约》事务领导小组成员单位，履约成员单位达 23 个，有效提高了部门间沟通协调、履约宣传、接受国际视察等能力，为履约创造了良好的条件。

数据宣布与接收视察

2019 年，在我国向禁化武组织提交的 2018 年过去活动年度宣布中，山西省有宣布设施 29 个。

2019 年，山西省共接受禁化武组织的国际视察 1 次。2019 年 9 月 1 日～7 日，禁化武组织视察组对国药集团威奇达药业有限公司的第四类监控化学品生产设施进行现场视察，该企业顺利通过了国际视察。

监督管理

按照《条例》《细则》规定，加强山西省监控化学品生产设施建设、生产、经营、使用等活动的管理，全面摸清山西省监控化学品生产、加工、使用情况，深入检查企业履约情况，严把监控化学品生产关。通过组织专家进行现场考核，审核上报监控化学品生产特别许可换证申请 1 项，审批第二类监控化学品使用许可申请 1 项，均按照行政审批要求按时办结。办结 1 家企业拆除第四类监控化学品生产设施申请，按照规定流程办理宣布退出手续。

宣传

2019 年是《公约》正式生效 22 周年，2019 年 4 月 29 日是第 4 个国际禁止化学武器组织日，在国家禁化武办统一部署下，山西省禁化武办组织各市、履约企业和高校开展了形式多样的宣传活动。通过印发手册、播放宣传片、悬挂横幅、张贴海报、摆放展板、街头宣讲和大学授课等方式，广泛深入地开展了履约宣传，扩大了履约社会影响，提高了全省各层级的履约意识和守法意识。

培训

2019 年 3 月，山西省禁化武办履约相关工作人员参加国家禁化武办在广州市举办的禁化武履约宣传工作暨年度报告五周年座谈会；2019 年 5 月，参加国家禁化武办在天津市举办的监控化学品"双随机、一公开"检查暨行政许可工作座谈会；2019 年 12 月，参加国家禁化武办在武汉市举办的全国禁化武履约综合培训班。

2019 年 7 月 3 日～4 日，山西省禁化武办在太原市举办了山西省《〈监控化学品管理条例〉实施细则》宣贯暨禁化武履约工作能力提升培训，来自履约领导小组各成员单位、省履约专家及履约企业的 110 人参加了培训，对《细则》的基本内容、履约业务知识、数据宣布系统使用等进行了详细讲解。通过培训交流，山西省禁化武办的履约相关工作人员强化了履约意识，提升了专业能力，进一步提高了履约工作的整体水平。

专项工作

2019 年 5 月 8 日～10 日，国家禁化武办、山西省禁化武办对临汾市山西焦化集团有限公司、运城市山西晋丰煤化工有限责任公司闻喜分公司的第四类监控化学品生产设施开展国际视察演练，重点检查了企业接受国际视察的准备情况，听取了设施代表的《视察前情况介绍》，检查了监控化学品生产车间、实验室等设施，查阅了监控化学品的生产数据台账。座谈会上，模拟国际视察组及时指出企业存在的问题，并提出了具体的工作建议。企业及时进行了整改，夯实了履约基础。

内蒙古自治区

组织协调

2019 年 7 月和 9 月，内蒙古自治区禁化武办组织协调相关盟市、部门、企业接受并顺利通过禁化武组织 2 次现场视察。内蒙古自治区禁化武办被国家禁化武办评为 2019 年禁化武工作先进集体。

数据宣布与接受视察

2019 年，在我国向禁化武组织提交的 2018 年过去活动年度宣布中，内蒙古自治区有宣布设施 9 个。

2019 年，内蒙古自治区共接受禁化武组织的国际视察 2 次。其中，2019 年 7 月 8 日～12 日，禁化武组织视察组对内蒙古紫光化工有限责任公司的第三类监控化学品生产设施进行现场视察；2019 年 9 月 3 日～7 日，禁化武组织视察组对内蒙古三爱富万豪氟化工有限公司的第四类监控化学品生产设施进行现场视察。这 2 家企业均顺利通过了国际视察。

监督管理

2019 年，内蒙古自治区禁化武办审核上报新建第三类监控化学品生产设施许可申请 1 项，新建第四类监控化学品生产设施许可申请 2 项，第四类监控化学品生产特别许可申请 1 项，第三类监控化学品生产特别许可和第四类监控化学品生产特别许可换证申请各 1 项，并组织专家对企业开展了现场审核，针对企业存在的问题提出整改意见，帮助企业进一步规范和完善监控化学品内部管理工作，进一步促进内蒙古自治区监控化学品监督管理工作规范化、科学化、程序化，提高监控化学品管理水平。

宣传

组织开展 "4·29 国际禁止化学武器组织日" 系列宣传活动。精心组织，积极部署，充分利用报刊、电视台、网站、微信等媒体平台，开展形式多样的宣贯活动，提高了全社会的履约意识，增强了履约工作影响力。

培训

一是开展专题培训。2019 年 6 月 20 日，在呼和浩特市举办了全区禁化武履约培训班，各级履约工作人员和企业履约负责人 100 余人参加了培训。通过培训，进一步增强了企业的履约意识，提高了履约能力和水平。

二是不定期组织召开宣布、视察、监管培训。通过调研、检查、专家现场指导等多种方式，深入宣贯《公约》《条例》《细则》，对履约基础管理工作、视察前资料准备情况、监控化学品管理规章制度、数据申报、接受国际视察等方面进行培训，进一步提升企业履约的能力和水平。

辽宁省

组织协调

2019 年 4 月，辽宁省禁化武办印发了《辽宁省 2019 年履行〈禁止化学武器公约〉工作要点的通知》，向各市禁化武办部署了 2019 年禁化武履约重点工作。

数据宣布与接受视察

2019 年，在我国向禁化武组织提交的 2018 年过去活动年度宣布中，辽宁省有宣布设施 64 个。

2019 年，辽宁省共接受禁化武组织的国际视察 2 次。2019 年 3 月 17 日～ 22 日，禁化武组织视察组对佳化化学股份有限公司的第三类监控化学品生产设施和盘锦鸿鹤化工有限公司的第四类监控化学品生产设施进行现场视察。经过各方努力，企业顺利通过了国际视察。

监督管理

2019 年，按照《条例》《细则》要求，辽宁省禁化武办积极组织开展行政许可工作，审核上报第三类监控化学品生产特别许可申请 2 项，含磷、硫、氟的第四类监控化学品生产特别许可申请 3 项。

宣传

2019 年 4 月 29 日是《公约》生效 22 周年纪念日、第 4 个国际禁止化学武器组织日。辽宁省禁化武办于 2019 年 4 月 29 日在辽宁省工业和信息化厅网站首页发布了题为"2019 年 4 月 29 日——中国履行《禁止化学武器公约》22 周年"的宣传报道，同时组织各市禁化武办将国家禁化武办制作的宣传手册、宣传海报、宣传短片等通过各单位的官方网站、微信、微博等进行积极宣传。

沈阳市禁化武办组织工业和信息化局相关处室人员和企业负责人开展座谈会，深入宣传履约。大连市、锦州市、营口市禁化武办分别组织各市重点企业进行了履约宣传学习。抚顺市组织召开了全市履约工作会议，对各重点企业进行了履约宣传学习。

培训

2019 年 2 月，辽宁省禁化武办组织省内有关专家、各市禁化武办及重点监控化学品企业共 25 人参加了中国监控化学品协会在哈尔滨市举办的禁化武履约暨接受国际视察培训班。参训学员均表示这次培训紧紧围绕《细则》开展，内容丰富、针对性强，是禁化武履约从业人员一次极好的学习机会。

2019 年 8 月，辽宁省禁化武办赴阜新市对市（县、区）及重点监控化学品企业开展了禁化武履约宣传和培训。通过这次宣传培训，阜新市履约工作人员以及重点监控化学品企业的履约意识得到进一步增强，履约工作的积极性得到进一步提升，阜新市履约管理工作基础得到进一步夯实。

专项工作

2019 年 12 月 9 日～11 日，国家禁化武办赴辽宁省 1 家企业开展监控化学品"双随机、一公开"执法检查。检查组通过查看生产现场、检查文件材料、核对生产记录、询问企业人员等方式，围绕履约基础管理、接受视察资料准备、贯彻《条例》《细则》3 个方面 22 个子项进行了现场检查，并针对检查中发现的问题要求企业积极整改，完善相关工作，进一步夯实了企业履约的基础管理工作。

吉林省

组织协调

2019 年 12 月 20 日，吉林省工业和信息化厅召开了全省监控化学品 2018 年过去活动年度宣布座谈会。

数据宣布与接受视察

2019 年，在我国向禁化武组织提交的 2018 年过去活动年度宣布中，吉林省有宣布设施 26 个。

2019 年，禁化武组织没有对吉林省进行国际视察。

监督管理

为切实加强监控化学品管理工作，吉林省禁化武办于 2019 年 7 月 22 日～ 11 月 30 日联合吉林省工业和信息化厅行政审批办公室，组织专家开展了全省监控化学品管理普法工作。普法范围为县级以上地方人民政府工业和信息化主管部门或地方人民政府确定的监控化学品管理部门、各类化工园区、在建监控化学品项目。

宣传

组织开展"4·29 国际禁止化学武器组织日"宣传活动，编撰吉林省 2018 年度履约报告。

培训

2019 年 5 月 9 日～ 10 日，吉林省禁化武办在长春市举办了全省禁化武履约培训班。

专项工作

按照《国家禁化武办关于邀请参加监控化学品"双随机、一公开"执法检查的函》的要求，2019 年 6 月 2 日～5 日，吉林省禁化武办派人员赴 2 家企业进行"双随机、一公开"执法检查。

黑龙江省

组织协调

按照国家禁化武办要求，黑龙江省禁化武办在 2019 年年初召开禁化武履约专题会议，总结分析了 2018 年黑龙江省监控化学品管理的各项工作，安排部署了全省 2019 年禁化武履约重点工作。制定了《黑龙江省监控化学品行政处罚自由裁量基准》（试行），夯实履约基础。加强与有关部门沟通协调，做好宣布、接受视察等日常履约工作，落实履约责任。组织各市（地）禁化武履约主管部门及相关企业学习《条例》《细则》等相关法规，提高禁化武工作负责人的履约工作能力，增强监控化学品企业的履约主体意识。

数据宣布与接受视察

2019 年，在我国向禁化武组织提交的 2018 年过去活动年度宣布中，黑龙江省有宣布设施 19 个。

2019 年，禁化武组织没有对黑龙江省进行国际视察。

监督管理

组织对全省监控化学品企业开展执法检查，督促企业规范履约管理工作。

宣传

积极组织地市及相关企业开展"4·29国际禁止化学武器组织日"宣传活动，增强企业履约意识和守法意识，增加社会对履约工作的理解和支持。

培训

一是参加国家禁化武办在广州市举办的禁化武履约宣传工作暨年度报告5周年座谈会，进一步认识加强履约宣传工作的重要性、必要性和紧迫性；二是参加国家禁化武办在武汉市举办的全国禁化武履约综合培训班，进一步加强履约学习，提高自身履约能力；三是组织市（地）工业和信息化主管部门、重点企业参加了中国监控化学品协会在哈尔滨市举办的禁化武履约培训班，增强监控化学品生产企业接受国际视察的能力，提高禁化武履约工作水平。

上海市

组织协调

2019年，上海市禁化武办积极协调各履约成员单位，深入贯彻国家禁化武办的工作部署，全面推进落实各项履约工作。深化行政审批改革，优化审批流程，推动办理时限、提交材料"双减半"，切实提升企业开办便利度。做好行政服务，通过提前介入、专家指导、全程跟踪等方式，积极帮助禁化武履约基础薄弱的12家监控化学品企业熟悉履约法规政策，合法合规开展各项履约工作。

数据宣布与接受视察

2019年，在我国向禁化武组织提交的2018年过去活动年度宣布中，上海市有宣布设施 41 个。

2019 年，禁化武组织没有对上海市进行国际视察。

监督管理

依法加强对监控化学品生产设施建设、生产、经营、使用活动的管理，及时组织专家对企业提交的行政许可申请进行审核。全年审核上报改建和扩建监控化学品生产设施许可申请各 1 项，监控化学品生产特别许可证延续申请 2 项；核发第二类监控化学品经营许可证 1 个、使用许可证 3 个；督查 1 家企业依法补办监控化学品生产设施建设手续；对 6 批次监控化学品进口申请进行审核，并根据合同对企业销售、使用等原始记录台账进行定期检查，切实把好防扩散关口。

强化日常监管，督促企业做实日常管理基础工作。会同专家对企业《视察前情况介绍》、生产记录、数据台账、物料平衡核算、厂区标识等履约管理情况进行现场检查和指导，帮助企业提升履约能力。

宣传

认真贯彻法治政府建设理念，深入开展禁化武履约普法教育宣传工作。落实"谁执法谁普法"责任，结合日常执法检查、专项执法行动进行普法，向行政相对人发放法规读本，现场普法释理，提高遵纪守法意识。突出阶段普法重点，在"4·29 国际禁止化学武器组织日"期间，以电子屏滚动播放、张贴宣传海报、发放宣传品等多种形式，在上海市政府集中办公点进行普法宣传。通过上海市经济和信息化委员会官方网站、微信公众号向社会广泛宣传《公约》相关知识和上海市履约工作的情况。积极动员履约企业参与宣传活动，进一步强化各履约成员单位和企业的履约工作责任感和自觉性。

培训

注重履约能力建设，积极扩充禁化武履约人才队伍。12 月，组织全市监控化学品企业举办了禁化武履约培训班，了解国内外最新履约动态，交流履约管理及接受视察准备经验做法，研究讨论履约重难点问题，全面提高企业履约从业人员的业务技能。

专项工作

积极配合国家禁化武办开展"双随机、一公开"执法检查，通过听取《视察前情况介绍》、现场查看、核实资料、询问了解等方式，对随机抽取的 2 家监控化学品企业开展了 3 个方面 22 个子项的检查，指出并及时纠正了企业存在的问题。

江苏省

组织协调

2019 年，江苏省禁化武办认真开展履行《公约》工作。组织召开全省禁化武履约工作会议，举办履约专家和重点监控化学品企业培训班。

数据宣布与接受视察

2019 年，在我国向禁化武组织提交的 2018 年过去活动年度宣布中，江苏省有宣布设施 217 个。

2019 年，江苏省共接受禁化武组织的国际视察 5 次。其中，1 月 6 日～ 11 日禁化武组织对盐城利民农化有限公司的第四类监控化学品和响水雅克化工有限公司的第四类监控化学品生产设施进行现场视察；2 月 17 日～ 22 日，对宜兴市中正化工有限公司第四类监控化学品生产设施进行现场视察；4 月 24 日～ 27 日，对南京化学试剂股份有限公司的第四类监控化学品生产设施进行现场视察；7 月 22 日～ 26 日，对盐城市大明化工有限公司第三类监控化学品生产设施进行现场视察。这 5 家企业均顺利通过了国际视察。

监督管理

2019 年，江苏省禁化武办加强对监控化学品企业行政审批指导服务，全力做好监控化学品企业"事中事后"监管。开展日常监督管理工作，促进监控化学品企业持续改进管理方式，不断提升企业履约主体责任意识和履约能力。2019 年，江苏省禁化武办共受理监控化学品生产设施建设许可申请、生产特别许可申请、使用许可申请等事项共 27 项，受理监控化学品进口许可申请审查事项 23 项。

宣传

开展系列宣传活动，在江苏省工业和信息化厅网站和视频系统播放禁化武履约宣传片，组织省内企业、协会、学校参加履约作品征集活动。

培训

2019 年 12 月，江苏省禁化武办在无锡市举办全省禁化武履约培训班，邀请国内履约专家，围绕国内外履约形势、国家履约工作概况、接受视察、数据宣布等内容，对全省各市禁化武办负责人、专（兼）职工作人员、监控化学品企业负责人、履约专家近百人进行了培训。各市（县、区）分别结合实际情况，开展了形式多样、内容丰富的履约宣传和技能培训活动。

专项工作

2019 年 6 月，根据国家禁化武办统一部署，配合国家禁化武办组织专家组对江苏省 2 家企业进行了"双随机、一公开"执法检查。各设市（县、区）履约主管部门按照职责规定，利用监控化学品生产设施建设项目审查和生产特别许可考核、日常调研等方式，帮助企业解决履约工作中的问题，督促企业自觉履行《公约》。

浙江省

组织协调

为确保浙江省履约各项工作顺利开展，浙江省禁化武办年初转发了《国家禁化武办关于印发 2019 年履行〈禁止化学武器公约〉工作要点的通知》，并结合浙江省实际，布置年度宣布、接受视察、履约宣传、培训、日常监管等重点工作。6 月，调整充实浙江省履行《禁止化学武器公约》工作领导小组，并于《浙江省人民政府办公厅关于公布省政府议事协调机构名单的通知》文件中公布。浙江省履约工作领导小组组长由分管工业的副省长担任，副组长分别由分管工业的副秘书长、省经济和信息化厅厅长、省军区办公室副主任担任，成员由省经信、公安、国安、财政、外办、市场监督管理局、海关、机场集团等单位组成，领导小组办公室设在省经信厅。

以推动制造业产业高质量发展和深化供给侧结构性改革为主线，把履约工作和推进产业优化升级相结合，重点抓好 3 个方面的工作。一是推动传统产业改造提升，促进行业转型升级。落实省政府重点工作任务，谋划绿色石化产业集群发展，制定绿色石化产业集群实施方案。关注和协调浙江石化一期项目投产，推进临港产业发展。二是确定全省县域危险化学品产业发展定位。根据区域安全风险的承载能力，在调查评估的基础上，审核提出危险化学品鼓励、限制和退出发展的市（县、区）名单，并经地方评估，明确 36 个拟承接的主要化工园区及承接的主要产业。三是成功举办第十届中国国际石油化工大会。9 月，浙江省与中国石油和化学工业联合会联合举办的第十届中国国际石油化工大会在浙江省杭州市举办，来自石油化工行业的跨国巨头、国内知名石化企业及园区高层等近 2000 名代表参会。本次大会对石油化工行业拓宽发展思路，对接国际知名企业开展交流合作，推动浙江省石油化工行业向高端化、国际化方向迈进，实现高质量发展具有十分重要的意义。

数据宣布与接受视察

2019 年，在我国向禁化武组织提交的 2018 年过去活动年度宣布中，浙江省有宣布设施 165 个。

2019 年，浙江省共接受禁化武组织的国际视察 4 次。其中，2019 年 2 月 20 日～22 日，禁化武组织视察组对浙江龙盛集团股份有限公司的第四类监控化学品生产设施进行现场视察；2019 年 5 月 5 日～11 日，禁化武组织视察组对浙江巨化股份有限公司氟聚厂的第二类监控化学品生产、消耗设施进行现场视察；2019 年 6 月 23 日～29 日，禁化武组织视察组对浙江九洲药业股份有限公司椒江外沙分公司的第四类监控化学品生产设施和浙江太平洋化学有限公司的第四类监控化学品生产设施进行现场视察。这 4 家企业均顺利通过了国际视察。

监督管理

浙江省认真贯彻执行《条例》《细则》，依法加强对监控化学品生产设施建设、生产、使用和经营等活动的管理。审核上报新建监控化学品生产设施许可申请 3 项、监控化学品生产特别许可申（换）证申请 13 项，完成第二类监控化学品使用许可审批 6 项，监控化学品处置方案批准 1 项。

根据"最多跑一次"和"证照分离"改革要求，做好监控化学品行政审批改革和监管事项的标准化、规范化工作。依据法规、规章认真梳理监控化学品行政审批事项 3 项、行政处罚事项 6 项、审核转报事项 2 项及其他权力事项 1 项，明确办事依据，细化内外部工作流程，精简申报材料，简化办事环节，压减办事时限，形成标准、规范的监控化学品行政审批事项清单和办事指南，并在浙江政务服务网"浙里办"公布。制定《监控化学品行政处罚裁量基准》，构建责任边界范围明确的"事中事后"监管制度。

宣传

积极开展普法宣传，结合 4 月 29 日《公约》生效日和国际禁止化学武器组织日，加强省市县宣传工作联动，利用新媒体和传统媒体，在浙江省经济和信息化厅微信平台推送《禁化武：一年一次的约定来了，宣传作品亮出来》主题征文，征集履约宣传作品。推送《携手共创一个永无化学武器的世界》主题文章，开展履约宣传。在浙江省经济和信息化厅门户网站主页设立履约专栏，布置"易拉宝"，面向社会公众普及《公约》知识，宣传履约政策法规。

培训

2019 年是新修订的《细则》正式实施第一年，浙江省禁化武办高度重视，积极开展宣贯工作。在面向各市和重点园区普法教育的基础上，组织省履约专家赴杭州市、湖州市、温州市等市开展宣贯和履约业务培训，帮助企业进一步增强社会责任意识、履约主体意识、安全意识和依法经营意识，指导和督促企业加强生产管理和制度建设，提升企业履约能力。组织杭州市、宁波市、湖州市、绍兴市、衢州市、金华市、丽水市 7 个地市履约工作人员参加国家禁化武办在武汉市举办的全国禁化武履约综合培训班，帮助地方履约工作主管部门及时了解国内外履约新动态，掌握履约法律法规，提升浙江省履约管理水平。

专项工作

深入推进浙江省监控化学品"双随机、一公开"执法检查工作，运用"互联网＋监管"，在浙江省行政执法平台建立全省监控化学品抽查对象名录库和禁化武履约执法检查人员名录库。8月5日，会同浙江省经济和信息化厅法规处、机关纪委，在平台中随机抽取12家监控化学品企业和相关执法检查人员。8月～11月，应用"掌上执法"，开展监控化学品"双随机、一公开"执法检查工作，对11家企业提出整改意见，并将检查结果在平台上公示，11家企业均在规定时限内完成整改，做到该项工作操作透明、程序规范、公开及时，切实把"双随机、一公开"抽查机制落到实处。浙江省监控化学品"双随机、一公开"执法检查工作的经验，在国家禁化武办组织的全国监控化学品"双随机、一公开"执法检查培训会议上作大会交流。

安徽省

组织协调

2019年3月，经安徽省人民政府同意，建立了安徽省履行《禁止化学武器公约》工作联席会议制度，召开了联席会议成员单位联络员座谈会，明确了禁化武履约工作责任和分工，制定了《安徽省接受国际禁止化学武器组织现场视察工作规范（试行）》。3月28日，安徽省禁化武办在池州市召开了全省禁化武履约工作会议，会议总结了2018年禁化武履约工作的情况，安排部署了2019年禁化武履约的重点工作。

数据宣布与接受视察

2019年，在我国向禁化武组织提交的2018年过去活动年度宣布中，安徽省有宣布设施32个。

2019年，禁化武组织没有对安徽省进行国际视察。

监督管理

2019 年，安徽省禁化武办先后组织专家对 2 家监控化学品企业开展了国际视察演练，对 4 家监控化学品企业开展了监督检查，帮助企业规范内部管理、理顺管理机制、完善各类台账，帮助企业进一步做好接受禁化武组织现场视察的各项准备工作。全年审核上报监控化学品生产特别许可申请事项 2 项。对行政审批事项相关内容予以补充，把原先的 3 项行政审批事项扩展到 6 项，完善了审批程序和内容。

宣传

2019 年 4 月 29 日是第四个"国际禁止化学武器组织日"，根据国家禁化武办的工作部署，安徽省禁化武办在全省范围内开展了禁化武履约宣传，通过 QQ、微信、微博等平台适时发布履约最新动态，继续为企业订购《监控化学品通讯》《中国履行〈禁止化学武器公约〉报告》《宣布手册》等期刊和图书。中安在线、《安徽经济报》等媒体对安徽省禁化武履约工作进行了宣传报道。

培训

为提升各地禁化武主管部门履约监管水平，增强企业履约意识和履约能力，安徽省禁化武办于 2019 年 3 月 28 日～ 29 日举办全省禁化武履约工作培训，各市、履约重点区县经济和信息化主管部门分管履约工作的负责人和承担履约工作的工作人员，以及全省监控化学品企业的设施代表和负责数据宣布的工作人员共 100 余人参加了培训，国家禁化武办有关负责同志和履约专家到会进行了指导和授课，会议宣贯了《细则》，解读了宣布和接受视察工作的相关问题，并组织 2018 年接受禁化武组织现场视察的企业和所在市（县）主管部门交流接受现场视察的心得，培训取得了良好的效果。

专项工作

协助国家禁化武办调研安徽省 2 家监控化学品企业履约工作情况。

福建省

组织协调

2019 年 4 月 29 日，福建省禁化武办在福州市组织召开了全省监控化学品工作商讨和政策宣贯会，向各设区市工业和信息化局传达了国家禁化武办的工作要点和要求，提升各设区市工业和信息化局依法履约的意识，明确了工作要求。

数据宣布与接收视察

2019 年，在我国向禁化武组织提交的 2018 年过去活动年度宣布中，福建省有宣布设施 39 个。

2019 年，福建省共接受禁化武组织的国际视察 1 次。4 月 7 日～14 日，禁化武组织视察组对福建三农新材料有限责任公司的第二类监控化学品生产、消耗设施进行现场视察，该企业顺利通过了国际视察。

监督管理

在日常监督管理方面，福建省突出抓好 3 个方面工作。一是完善行政许可审批制度，更新监控化学品行政许可申请办事指南。为适应 2019 年 1 月 1 日起实施的《细则》要求，第一时间对涉及监控化学品的 8 项（共 13 个子项）行政许可与公共服务事项申请指南进行重新汇编，并在福建省网上办事大厅公开。二是积极服务企业，指导企业做好行政许可和备案申请工作。通过在线指导、现场帮助等多种方式，辅导企业做好行政许可事项材料准备工作，实现网上办事"一趟不用跑"，提升企业的满意度。三是积极做好防扩散工作。对省内1家监控化学品进口经营企业加强进口第三类监控化学品管理，指导企业加强监控化学品流向登记管理，规范监控化学品经营活动。

2019年，审核上报新建第三类监控化学品生产设施许可申请1项，新建含磷、硫、氟的第四类监控化学品生产设施许可申请3项，扩建含磷、硫、氟的第四类监控化学品生产设施许可申请1项。审批第二类监控化学品使用许可申请2项，第二类监控化学品经营许可申请1项。完成2家企业含磷、硫、氟的第四类监控化学品生产设施建设竣工验收的现场考核工作。指导1家企业新建和1家企业扩建第四类监控化学品生产设施备案。

宣传

一是面向政府、企业、学校开展形式多样的宣传。在"4·29国际禁止化学武器组织日"，通过在福建省工业和信息化厅网页、微信平台发送相关履约信息，并在政府办公区、大学、企业等地张贴画报，在福建省工业和信息化厅办公区用电视播放履约宣传视频等，广泛开展宣传，普及履约知识，提升相关政府部门和企业履约意识。二是上门普及履约相关法规和知识。2019年5月～6月，福建省禁化武办组织相关负责同志赴南平市和龙岩市，向有关市县工业和信息化局、园区和生产企业宣贯《细则》，进一步宣传履约相关法规，提高属地政府和企业主动履约的意识。

专项工作

按"双随机、一公开"执法检查工作要求，加强对企业的监督检查。2019年9月在监控化学品抽查对象名录库和执法检查人员名录中随机抽取了2家企业和2名执法检查人员，开展监控化学品"双随机、一公开"执法检查，对检查发现的问题，发出书面整改单，责令并监督企业限期完成整改。

江西省

组织领导

江西省人民政府分管领导高度重视禁化武履约工作，多次对国家禁化武办印发的通知、简报以及接受国际视察有关情况等做出批示。江西省工业和信息化厅主要领导多次强调要认真做好禁化武履约工作，建立长效机制。

数据宣布与接受视察

2019 年，在我国向禁化武组织提交的 2018 年过去活动年度宣布中，江西省有宣布设施 23 个。

2019 年，江西省共接受禁化武组织的国际视察 1 次。8 月 5 日～9 日，禁化武组织视察组对乐平市大明化工有限公司的第三类监控化学品生产设施进行现场视察，该企业顺利通过了国际视察。

监督管理

2019 年，江西省禁化武办进一步贯彻落实"互联网＋政务服务"，推进审批服务便民化，将监控化学品生产设施建设审核、生产特别许可证书发证和换证审核、第二类监控化学品使用和经营审批等行政许可事项纳入全省行政审批"只跑一次"办理事项。

2019 年，江西省禁化武办强化监控化学品生产特别许可审核，组织专家赴现场审查企业履约及生产管理情况，查找企业存在的问题，指导企业切实增强履约能力和提高管理水平。全年审核上报第二类监控化学品生产特别许可换证申请 1 项、第三类监控化学品生产特别许可换证申请 3 项、第四类监控化学品生产特别许可换证申请 5 项，第三类监控化学品生产设施异地搬迁改造许可申请 1 项。

宣传

2019 年，按照国家禁化武办统一部署，江西省禁化武办下发了《关于做好 2019 年禁化武履约宣传作品征集活动的通知》，积极组织监控化学品企业、高校、院所报送履约宣传作品。将南昌大学化工学院 13 幅宣传海报，九江市、赣州市、新余市工业和信息化局的 3 条宣传口号被上报到国家禁化武办，报送数量居全国前列。同时在江西省工业和信息化厅门户网站、全省履约微信群、QQ 群宣传禁化武履约的相关知识和工作。

培训

2019 年 7 月 12 日，江西省禁化武办在南昌市召开全省禁化武履约培训会议，研讨当前禁化武履约新形势以及江西省禁化武履约工作面临的新挑战，对企业和地市履约主管部门开展了《公约》《条例》《细则》等法律法规、生产特别许可、接受视察、数据宣布等方面的培训。江西省各设区市工业和信息化局禁化武工作分管同志及科室负责人、禁化武履约专家、监控化学品企业负责人及经办人共计 80 余人参加了会议。通过此次会议，提高了参训人员的履约意识和履约能力。

江西省禁化武办积极参加国家禁化武办举办的培训班，掌握国内外禁化武履约动态，进一步提高履约水平。

山东省

组织协调

2019 年，山东省禁化武办组织各市、区县及监控化学品企业，履行《公约》义务，贯彻《条例》《细则》规定，按照国家禁化武办工作部署开展各项履约工作。积极参加国家禁化武办举办的会议、培训及专项检查工作。召开省履约工作领导小组成员单位会议，协调有关成员单位，认真组织并顺利通过禁化武组织对企业的现场视察。

数据宣布与接受视察

2019 年，在我国向禁化武组织提交的 2018 年过去活动年度宣布中，山东省有宣布设施 295 个。

2019 年，山东省共接受禁化武组织的国际视察 4 次。其中，1 月 20 日～26 日，禁化武组织视察组对青岛联美化工有限公司第二类监控化学品生产设施进行现场视察；4 月 24 日～27 日，对聊城煤泗新材料科技有限公司的第四类监控化学品生产设施进行现场视察；10 月 13 日～20 日，对山东胜利生物工程有限公司第二类监控化学品消耗设施进行现场视察；11 月 11 日～15 日，对山东远捷农化科技有限公司第三类监控化学品生产设施进行现场视察。该 4 家企业均顺利通过了国际视察。

监督管理

按照《条例》的要求，认真开展监控化学品日常监管工作，为企业办理监控化学品生产设施建设和生产特别许可提供便捷服务。全年审核上报监控化学品生产设施建设许可申请 14 项，监控化学品生产特别许可申请 36 项，审批第二类监控化学品使用许可申请 4 项，第二类监控化学品经营许可申请 1 项。协助国家禁化武办及有关单位处理历史遗留监控化学品问题。认真受理监控化学品进出口事项，有效管控各类监控化学品用于和平目的，防止监控化学品扩散。

宣传

积极参与国家禁化武履约宣传主题活动，印发宣传手册，充分利用有关会议、培训、调研、现场考核等机会发放宣传材料，宣传国际国内有关履约情况。充分调动基层履约机构加强履约宣传，积极参与国家禁化武办履约宣传征稿活动。

培训

2019 年 12 月 16 日，山东省禁化武办在潍坊市召开全省禁化武年度工作会议，举办全省履约工作综合培训班，邀请国家禁化武办有关负责同志和履约专家进行授课。培训深入学习了《细则》《接受禁化武组织现场视察工作规范（试行）》，印发了《禁化武履约工作文件汇编》，多层面交流了履约日常工作和数据宣布、接受视察工作中遇到的问题，探讨解决方案。专家还与基层、企业人员互动，共同解决实际问题。

山东省禁化武办充分利用对企业进行现场考核和"双随机、一公开"执法检查等工作机会，深入基层，为区县、企业人员进行现场培训，一对一、手把手，服务、辅导同步完成。

专项工作

按照国家、省级人民政府和各级工业和信息化主管部门的要求，对监控化学品企业进行"双随机、一公开"执法检查，敦促加强管理，提高履约水平。

河南省

组织协调

2019 年 4 月 25 日，河南省禁化武办在郑州市组织召开全省禁化武履约工作会议。会议总结了 2018 年履约工作情况，分析了当前国际国内履约新形势，部署了 2019 年重点工作，表彰了 2018 年履约先进集体及先进个人，会议还对《公约》生效 22 周年纪念宣传活动、监督检查等有关工作进行了安排和部署。印发了《河南省 2019 年履行〈禁止化学武器公约〉工作要点》，要求各省辖市做好全年禁化武履约工作。

数据宣布与接受视察

2019 年，在我国向禁化武组织提交的 2018 年过去活动年度宣布中，河南省有宣布设施 79 个。

2019 年，禁化武组织没有对河南省进行国际视察。

监督管理

认真宣传贯彻《细则》。一是邀请河南省工业和信息化厅政策法规处同志对全省 18 个省辖市（区）开展行政许可培训。二是贯彻落实河南省委和省政府推进行政审批制度改革的重大决策，配合相关部门进一步做好监控化学品行政许可改革的相关工作，完善相关行政许可制度和程序，严格执行许可标准，强化"事中事后"监管。

严格监控化学品生产设施建设管理。依据《条例》《细则》和产业政策，密切关注新（改、扩）建监控化学品生产设施情况，对拟建企业提前做好宣传工作，指导企业依法依规申报。全年审核上报新建第三类监控化学品生产设施许可申请 1 项，完成第三类监控化学品生产设施竣工验收 1 项。针对监控化学品企业的兼并重组、搬迁和关闭的情况，要求企业妥善做好宣布和接受禁化武组织现场视察等履约工作。加大生产特别许可审核工作力度。充分发挥专家作用，对企业申报材料及现场进行严格审查，全年组织专家对 9 家企业进行了现场审核，以此夯实企业宣布和接受现场视察的基础。

强化第二类监控化学品使用许可管理。对 2 家使用第二类监控化学品的企业经现场考核合格后，颁发使用许可证，防止不法分子违规使用。

做好监控化学品进出口审查工作，严防转让风险。全年审查进口经营第三类监控化学品的申请共 5 批次。

加强履约信息监管，夯实履约基础。一是继续组织监控化学品企业进行互联网发布信息自查与排查，对虚假信息进行了清理。二是做好接受视察前的准备工作，组织地市对《接受国际禁化武组织现场视察方案》进行了年度更新。

宣传

加强履约宣传，凝聚社会共识。以学习宣传贯彻《条例》《细则》为主题，结合 4 月 29 日《公约》生效日、国际禁止化学武器组织日，召开了全省动员会，宣传《公约》和履约的相关法律法规，形成尊法学法守法用法的浓厚氛围，促进全社会对履约工作的了解和支持。

全省上下联动，开展了形式多样、内容丰富的宣传活动。统筹宣传资料、创新宣传方式，充分利用网站、微博、微信、短信等媒体平台，开辟宣传专栏、悬挂横幅、张贴海报、举办展览、发放宣传品、播放宣传片、举办培训、专题研讨会，走进校园、走入企业、走上街头，开展了大规模宣传活动，扩大了履约工作的传播面和影响力，对履约工作起到了有效的推动作用。

培训

认真贯彻落实《细则》，强化岗位培训，提高履约人员素质。一是 12 月 24 日～ 25 日，河南省禁化武办在开封市召开了全省禁化武履约综合培训会，邀请了国家禁化武办有关负责同志及履约专家到会授课，参会人员近 200 人。二是派员参加国家禁化武办在武汉市举办的全国禁化武履约综合培训。三是对各省辖市履约机构及人员状况进行了调查。

专项工作

对企业开展履约工作监督检查。河南省禁化武办于 8 ～ 9 月组织专家对 5 家监控化学品企业进行了现场检查。检查组从履约基础管理、接受视察资料准备及贯彻《条例》《细则》3 个方面进行检查，对发现的问题用书面的形式告知企业并提出整改意见。同时通过现场会的形式，组织当地所属区县禁化武主管部门及企业到现场观摩，起到了以点带面的宣传效果。通过检查，企业对履约工作的认识得到了进一步的提高，履约主动性得到进一步增强。

湖北省

组织协调

2019 年 1 月，在湖北省经济和信息化工作会议上印发了全省禁化武履约工作要点，部署了 2019 年全省禁化武履约工作。

数据宣布与接受视察

2019 年，在我国向禁化武组织提交的 2018 年过去活动年度宣布中，湖北省有宣布设施 67 个。

2019 年，湖北省共接受禁化武组织的国际视察 1 次。6 月 10 日～15 日，禁化武组织视察组对湖北泰盛化工有限公司第三类监控化学品生产设施进行了现场视察，该企业顺利通过了国际视察。

监督管理

进一步加大监控化学品日常监管力度。完成 8 家企业的监控化学品生产特别许可换证现场考核，审核上报新建监控化学品生产设施许可申请 4 项，审批第二类监控化学品使用许可申请 1 项，指导省内 1 家企业加强对第三类监控化学品的出口管理工作。

扎实做好接受禁化武组织国际视察准备工作。深入荆州市、宜昌市、荆门市、仙桃市等相关地市履约主管部门和监控化学品企业开展履约工作监督检查，检查各地禁化武办和企业落实接受禁化武组织国际视察各项工作准备情况。组织专家按《公约》的要求和接受国际视察的程序、办法和规定，对 2 家企业开展国际视察演练，提出整改和完善意见，帮助企业夯实履约基础，提高企业履约水平和能力。

加强对企业的服务指导和省际互助交流。组织专家赴 6 家监控化学品企业开展技术指导。受国家禁化武办调配、广西壮族自治区工业和信息化厅邀请，组织 3 位专家赴广西壮族自治区的 1 家监控化学品企业进行生产设施竣工验收和生产特别许可现场考核。受陕西省工业和信息化厅邀请，组织 2 位专家在陕西省禁化武履约业务培训班上授课，工作得到两厅（局）、企业和参训人员好评。

宣传

将《细则》《18 种监控化学品行政许可表格格式和内容要求》编印成册发放给各市禁化武办、监控化学品企业及有关单位，指导禁化武履约工作。

培训

创新培训方式，汇编《2019 湖北省禁化武履约工作培训教材》，印发给各市经济和信息化局和相关企业，由各市经信局组织各县市区经信局负责人、企业负责人和设施代表及数据申报人参加履约培训。湖北省禁化武办、履约专家分别到各市培训授课，从《视察前情况介绍》撰写、数据采集和宣布、物料平衡和生产能力核定、国际禁化武履约形势等方面进行了讲解。

专项工作

按照国家禁化武办《关于开展 2019 年监控化学品"双随机、一公开"

抽查工作的通知》精神，湖北省禁化武办印发了《省禁化武办关于在全省开展监控化学品专项监督检查工作的通知》，组织专家配合国家禁化武办对 1 家监控化学品企业开展了"双随机、一公开"执法检查，进一步夯实企业履约工作基础。

创新监督检查方式方法，加大监督检查力度。组织宜昌市和荆州市经济和信息化局、履约专家对 3 家监控化学品企业进行履约专项监督检查，从企业履约基础管理工作情况、接受视察资料准备情况、贯彻落实《条例》《细则》情况 3 个方面进行检查，并提出了整改意见。

湖南省

组织协调

2019 年 4 月，湖南省禁化武办召开湖南省禁化武履约专题会议，对 2019 年禁化武履约工作进行了全面的安排和部署。

加强对市（州）禁化武工作的指导和对省内监控化学品企业的监管，认真做好年度宣布、接受视察的准备工作。注重加强履约工作和行业管理的结合，规范企业生产经营行为，提升监控化学品企业的技术装备水平和管理水平，支持企业采用先进生产技术、装备和新产品，推进监控化学品生产企业转型升级和绿色发展。

数据宣布与接受视察

2019 年，在我国向禁化武组织提交的 2018 年过去活动年度宣布中，湖南省有宣布设施 13 个。

2019 年，禁化武组织没有对湖南省进行国际视察。

监督管理

湖南省禁化武办严格按照《条例》《细则》规定，依法加强监控化学品生产设施建设、生产、经营、使用等活动的管理，进一步规范全省禁化武履约工作。

落实《条例》的各项职责，严格监控化学品生产设施新（改、扩）建项目管理。按照《条例》《细则》的要求，审核上报新建第三类监控化学品和新建含磷、硫、氟的第四类监控化学品生产设施许可申请1项，第三类监控化学品和含硫的第四类监控化学品生产设施搬迁建设许可申请1项。

做好监控化学品生产特别许可申请的上报和证后抽查管理工作。对申请监控化学品生产特别许可的企业，严格按照工作流程，严格执行考核标准，组织专家赴现场考核，审核上报第三类监控化学品生产特别许可申请3项。

指导企业做好接受禁化武组织国际视察的准备工作。一是对市州工业和信息化局分管领导、工作人员和重点监控化学品企业就《接受禁止化学武器组织现场视察工作规范（试行）》进行了培训，明确了相关部门和地市禁化武办的工作职责。二是组织专家团队对第三类监控化学品生产企业进行现场指导，帮助企业核实有关宣布数据、台账，并对《视察前情况介绍》进行修改完善，对接受视察方案、生产现场和相关设施进行指导，进一步确保企业接受视察的各项准备工作得到全面的落实。

积极做好防扩散工作。对省内监控化学品进出口企业加强指导，指导企业加强监控化学品流向登记管理，规范监控化学品经营活动。

推进禁化武行政审批。根据《湖南省加快推进"互联网＋政务服务"工作实施方案》和湖南省人民政府的统一部署，湖南省工业和信息化厅对涉及禁化武履约工作的5项行政审批和初审事项，实行政务公开，加快推进政务服务事项网上办理。

宣传

2019 年 4 月 29 日是第 4 个"国际禁止化学武器组织日"。根据国家禁化武办的要求，湖南省禁化武办高度重视，进行了周密的安排部署，在湖南省工业和信息化厅门户网站刊登《不忘初心、牢记使命，严格履行〈禁止化学武器公约〉，促进化学领域的成就完全造福人类》等文章。各市州工业和信息化主管部门结合各地实际情况，围绕《公约》《条例》内容及履约相关工作，自上而下，开展了多种形式的宣传活动。通过系列宣传活动，企业和社会公众更加深刻地认识到化学武器的危害、禁化武组织在销毁化学武器方面发挥的重要作用及履行《公约》的严肃性和政治敏锐性，进一步增强了企业做好履约工作的自觉性。

2019 年，湖南省禁化武办利用湖南省工业和信息化厅门户网站对履约政策法规进行了网上宣传，重点介绍了履约相关活动、履约工作要求，主动公开监控化学品行政许可事项依据、程序和审批时限，建立高水平的行政效能和服务质量。

培训

为夯实履行《公约》的工作基础，认真做好接受禁化武组织国际视察的准备工作和《公约》规定的宣布义务，进一步提高企业的履约意识和履约能力。2019 年 4 月和 8 月，湖南省禁化武办分期举办了湖南省禁化武履约专题培训，对《公约》基本内容、《细则》修订情况、数据宣布系统的使用进行了详细的培训讲解。

专项工作

按照国家禁化武办开展监控化学品专项监督检查工作的统一部署，湖南省工业和信息化厅通过培训等方式，要求各市州工业和信息化主管部门及有关单位按照检查要求制定工作方案，开展监控化学品专项监督检查。

广东省

组织协调

2019年，广东省禁化武办向各地级以上城市的工业和信息化主管部门转发了《国家禁化武办关于印发2019年履行〈禁止化学武器公约〉工作要点的通知》，并结合广东省的实际进行了工作部署。广东省禁化武办完成了2018年过去活动年度宣布和2020年预计活动年度宣布工作，全年接受禁化武组织国际视察2次。根据国家禁化武办要求，开展了禁化武履约宣传培训、履约专家人才队伍建设等工作。严格履行属地监管责任，依据《公约》和履约相关法律法规加强对监控化学品的监督管理，始终把促进企业增强履约意识、提升企业履约工作的自觉性和主动性、夯实履约基础摆在突出位置。广东省禁化武履约工作得到国家禁化武办的充分肯定，被评为"2019年度禁化武履约先进单位"。

数据宣布与接受视察

2019年，在我国向禁化武组织提交的2018年过去活动年度宣布中，广东省有宣布设施15个。

2019年，广东省共接受禁化武组织的国际视察2次。其中，5月19日～25日，禁化武组织视察组对茂名云龙工业发展有限公司第二类监控化学品生产、消耗设施进行了现场视察；10月27日～11月1日，禁化武组织视察组对广东众和化塑有限公司天行高新技术分公司第二类监控化学品生产设施进行了现场视察。这2家企业均顺利通过了国际视察。

监督管理

根据《条例》《细则》的要求，落实属地监管责任，组织做好本省监控化学品生产设施建设、生产、经营、使用和进口的监督管理工作，不断提高履约能力。

2019 年，审核上报新建第三类监控化学品生产设施建设许可申请 1 项，第二、第三类监控化学品进口许可申请 4 项，核发第二类监控化学品经营和使用许可证书 3 个。

宣传

根据国家禁化武办要求，积极开展禁化武履约宣传作品征集工作。加强对《条例》《细则》和履约政策文件的宣贯工作，重点对履约重点地区和监控化学品企业开展宣贯。在"4·29 国际禁止化学武器组织日"期间，利用广东省工业和信息化厅机关大厅大屏幕、厅公众网、微信公众号、宣传手册、宣传视频、电子海报等多种渠道，向厅机关、省市履约相关单位、企业及公众开展了禁化武履约宣传。

培训

结合接受禁化武组织现场视察、监控化学品行政审批事项现场核查和日常监督检查等工作，通过专家解读、业务培训、工作交流等方式，进一步规范企业提交监控化学品年度宣布和行政许可申报材料的流程，规范各级履约主管部门的工作流程。

专项工作

2019 年 11 月 12 日～ 13 日，广东省工业和信息化厅根据《细则》和《广东省人民政府办公厅关于印发广东省全面推行"双随机、一公开"监管工作实施方案的通知》要求，对广东省 2 家监控化学品生产企业开展监督检查工作。通过检查，进一步强化了企业的履约意识，增强了企业的履约能力。

广西壮族自治区

组织协调

广西履行《禁止化学武器公约》工作领导小组办公室设在广西壮族自治区工业和信息化厅，由石化建材处承担广西禁化武履约日常工作。2019 年，按照国家禁化武办工作要求，强化贯彻落实、严抓履约监管，切实做好宣布、接受视察、防扩散和行政许可、监督检查等履约重点工作。

数据宣布与接受视察

2019 年，在我国向禁化武组织提交的 2018 年过去活动年度宣布中，广西壮族自治区有宣布设施 26 个。

2019 年，禁化武组织没有对广西壮族自治区进行国际视察。

监督管理

加强对监控化学品生产设施建设、生产、经营、使用等活动管理，严格执行《条例》《细则》有关规定，完成新建第三类监控化学品生产设施竣工验收 1 项。规范新（改、扩）建监控化学品生产设施等涉及自治区级的行政许可审批行为，按照《行政许可法》《条例》《细则》的规定，组织编制监控化学品审批操作规范流程、监控化学品行政权力事项的权责清单及运行流程。

宣传

2019 年，广西禁化武办精心准备、认真筹划"4·29 国际禁止化学武器组织日"宣传活动，积极通过多种有力渠道，创新宣传方式，丰富宣传内容，扩大宣传范围，向社会各界宣传《公约》知识和履约法律法规，以实际行动真正体现履行《公约》，维护世界和平与安全，进一步提高社会对化学武器危害和履约重要性的认识，增强监控化学品企业履约责任感，取得了良好的效果。

培训

广西禁化武办积极参加国家禁化武办在武汉市举办的全国禁化武履约综合培训班，掌握国际国内禁化武履约形势，学习日常监管和接受国际视察准备等相关知识。

海南省

组织协调

2019 年，海南省禁化武办多次组织专题会议对禁化武履约年度工作进行研究和部署，加强组织领导，加强省市县三级联动，落实属地监管责任，加强企业主体责任意识，确保全省履约各项工作顺利推进。

数据宣布与接受视察

2019 年，在我国向禁化武组织提交的 2018 年过去活动年度宣布中，海南省有宣布设施 3 个。

2019 年，禁化武组织没有对海南省进行国际视察。

监督管理

根据国家禁化武办的工作部署，进一步加强"事中事后"监管。结合海南省履约工作特点，采取企业自查、市（县）复查、省级抽查的方式，重点组织对全省监控化学品企业进行监督检查，督促企业加强履约管理，规范生产经营行为。4月，印发了《关于加强监控化学品生产监督管理，切实做好 2019 年禁化武履约工作的通知》，对全省监控化学品企业加强监督管理。

宣传

深入开展纪念《公约》生效 22 周年纪念日、第 4 个"国际禁止化学武器组织日"系列宣传活动。2月，根据国家禁化武办工作部署，开展禁化武履约宣传作品征集活动。4月，围绕宣传主题及时制定印发宣传工作方案，在政府网站、海南工信微报等媒体平台开辟宣传专栏，在政府办公区等人流密集区张贴宣传海报、发放宣传册页，在企业举办履约知识竞赛，将宣传活动深入政府机关、履约企业及社会大众。活动期间，共开辟新媒体专栏学习 10 余次，制作各类墙报、板报 30 余块，组织 300 余人次参加履约知识学习竞赛。

培训

加强履约队伍建设，积极参加国家禁化武办组织召开的工作研讨和业务培训，提高履约业务能力。针对海南省目前只有 1 家监控化学品企业的特点，积极创造条件，采取"走出去"的方式，组织市（县）履约机构相关负责人到岛外参加相关学习培训和业务交流，提高履约能力和水平。加强对国家禁化武办禁化武工作有关规范的学习和宣贯，认真学习吸收其他兄弟省市的先进经验，有针对性地加强企业视察前情况介绍等相关重点环节的指导。

重庆市

组织协调

组织重庆市监控化学品企业学习《公约》《条例》《细则》《接受禁化武组织现场视察工作规范（试行）》等履约法规。

数据宣布与接受视察

2019年，在我国向禁化武组织提交的2018年过去活动年度宣布中，重庆市有宣布设施13个。

2019年，禁化武组织没有对重庆市进行国际视察。

监督管理

完成监控化学品生产设施建设竣工验收1项，审核上报新建第四类监控化学品生产设施许可申请1项。

宣传

2019年4月29日，利用重庆市经济和信息化委员会微信公众号开展履约22周年宣传，充分利用企业的报刊、广播、电视、微博、微信等平台，通过宣传专栏、组织访谈、视频展播、悬挂横幅、播放电子滚动屏、张贴海报、发放宣传品、举办专题研讨会、履约知识竞赛等多种形式，宣传了禁化武履约工作的成就和履约工作者的精神风貌。

培训

2019年3月，参加国家禁化武办在广州市举办的禁化武履约宣传工作暨年度报告五周年座谈会。12 月，参加国家禁化武办在武汉市举办的全国禁化武履约工作培训班。通过学习和培训，进一步增强了履约意识，提高了履约能力，对进一步做好履约工作起到了推进作用。

专项工作

开展"双随机、一公开"执法检查。组织 2 名执法人员和随机抽选 2 名专家分别对 2 家企业进行了现场检查，通过检查，未发现企业有违反《公约》的行为，检查结果在重庆市经济和信息化委员会网站和信用中国（重庆）网站进行了公示。

2019 年 10 月，接待湖北省禁化武办一行来渝调研，共同探讨禁化武履约工作方式以及如何扩大禁化武工作的影响。

四川省

数据宣布与接受视察

2019 年，在我国向禁化武组织提交的 2018 年过去活动年度宣布中，四川省有宣布设施 33 个。

2019 年，四川省接受禁化武组织的国际视察 1 次。8 月 19 日～22 日，禁化武组织视察组对四川省乐山和邦农业科技有限公司的第三类监控化学品生产设施进行现场视察，该企业顺利通过了国际视察。

监督管理

按照《条例》《细则》，加强监控化学品生产设施建设、生产、经营、使用等活动的管理。审核上报新建第四类监控化学品生产设施许可申请 1 项，第四类监控化学品生产特别许可变更申请 1 项，办理第二类监控化学品使用许可申请 1 项。

宣传

以"4·29 国际禁止化学武器组织日"为契机,通过网站、报刊、专栏等多种形式,广泛宣传《公约》《条例》《细则》。

培训

2019 年 10 月 30 日,在成都市举办全省禁化武履约综合培训班,全省市(州)经济和信息化主管部门、重点化工园区和监控化学品企业相关负责人和具体经办人员参加了培训。通过培训,进一步提升了禁化武履约队伍业务能力和监管水平。

专项工作

组织开展"双随机、一公开"执法检查,对 2 家监控化学品生产企业开展监督检查。

贵州省

组织协调

2019 年,根据国家禁化武办印发《2019 年履行〈禁止化学武器公约〉工作要点》的通知,结合贵州省实际,印发了《贵州省禁化武办 2019 年履约工作要点的通知》。年初对全省数据宣布工作进行了安排部署,组织各市州禁化武履约主管部门做好监控化学品年度数据宣布工作,并按时上报国家禁化武办。下发了在机构改革期间做好禁化武履约工作的通知,向国家禁化武办上报了贵州省"双随机、一公开"执法检查人员名单。

数据宣布与接受视察

2019 年，在我国向禁化武组织提交的 2018 年过去活动年度宣布中，贵州省有宣布设施 5 个。

2019 年，禁化武组织没有对贵州省进行国际视察。

监督管理

2019 年 4 月，按照监控化学品生产特别许可延续有关规定要求，对 1 家监控化学品企业试生产延期申请进行了现场考核。因企业停产时间长，现场暂不具备监控化学品生产条件，企业未获通过。

宣传

组织相关市（州）禁化武履约主管部门，开展"4·29 国际禁止化学武器组织日"宣传活动。各地结合实际，利用微博、微信等媒体，紧扣宣传主题，采取张贴宣传画、开辟专栏、悬挂横幅、发放宣传资料和宣传品等方式进行了广泛宣传，取得了良好的宣传效果。

培训

一是进一步提高市（州）禁化武履约主管部门及相关企业的履约意识和履约能力。8 月 26 日，贵州省禁化武办在贵阳市举办了 2019 年禁化武履约培训班，邀请了国家禁化武办有关负责同志和履约专家进行授课，各市（州）、区（县）禁化武办及全省禁化武履约企业相关负责人共计 104 人参加了培训，发放了《贵州省禁化武履约工作使用手册》200 余份。二是积极参加国家禁化武办举办的各类会议和培训。组织省禁化武办和部分市州履约工作人员参加国家禁化武办在武汉市举办的全国履约综合培训班，取得良好的学习效果。

云南省

组织协调

2019 年，云南省禁化武办在国家禁化武办的指导下，加强上下联动，内外沟通，认真落实履约各项工作。一是及时制定下发《云南省 2019 年履行〈禁止化学武器公约〉工作要点的通知》，提出 7 个方面的重点工作和 3 个方面工作要求，指导全省开展履约工作。二是组织企业学习《禁止化学武器组织宣布手册（2013）》《全国监控化学品统计报表制度》，全面准确掌握宣布要求，熟练数据宣布系统的使用，圆满完成了云南省监控化学品 2020 年度预计活动年度宣布。

数据宣布和接受视察

2019 年，在我国向禁化武组织提交的 2018 年过去活动年度宣布中，云南省有宣布设施 11 个。

2019 年，禁化武组织没有对云南省进行国际视察。

监督管理

组织专家对 1 家第二类监控化学品生产企业的生产特别许可换证申请进行了现场核查和初步审查。印发《关于进一步做好监控化学品生产、使用企业（单位）情况排查工作的通知》，开展监控化学品生产、使用企业（单位）情况排查，督促州市和企业及时报送有关情况。

宣传

为切实做好"4·29 禁止化学武器组织日"宣传活动，印发了《关于认真做好 2019 年禁化武履约宣传作品征集活动的通知》，组织征集履约宣传口号、公益短信、宣传画，制作宣传挂图 20 幅，印制了 60 份《4·29 云南省履约宣传手册》并发放给州（市）、企业及厅内有关处室，采用在云南省工业和信息化厅办公大厅显示屏、制作宣传展板等形式对《公约》《细则》开展为期一周的宣传，通过微信转发企业宣传情况。

专项工作

按照《公约》和《细则》的有关要求，云南省禁化武办于 2019 年 10 月 24 日和 12 月 11 日，2 次深入昆明市高新区、宜良县、红河州，重点对 4 家企业进行了专项监督检查。通过座谈、查阅资料、现场查看的方式检查企业按照监控化学品生产特别许可和经营许可范围开展生产经营情况，宣布数据是否与实际生产经营情况相吻合，管理体系、制度执行情况以及《公约》履约情况等。及时纠正个别台账记录不规范、凌乱，没有严格按时间顺序、内容进行归类等问题，限期整改，达到预期目的。

按照国家禁化武办的工作安排，派员参加国家禁化武办对上海市 2 家监控化学品企业的"双随机、一公开"执法检查。

西藏自治区

无监控化学品宣布设施。

陕西省

组织协调

组织召开全省禁化武履约工作会。2019 年 11 月，陕西省禁化武办在西安市召开陕西省禁化武履约工作会议，通报了 2018 ～ 2019 年陕西省履约工作情况，并对 2020 年履约工作进行了安排部署。

组建禁化武履约专家人才库。一是组建履约专家队伍和后备人才库。目前入库专家 32 人，后备人才 52 人，人员来自全省各大高校、科研院所、实力企业，基本满足了陕西省履约专家队伍规模要求。二是继续加强西北大学志愿者团队建设。通过设置选修课、统一服装等方式吸引更多学生加入志愿者队伍中，在履约宣传活动中充分发挥志愿者队伍的积极作用，相关工作得到了国家禁化武办的肯定。

表彰履约先进集体和个人。对 2018 年度表现出色的 5 个先进集体和 12 名先进个人予以通报表扬，并颁发荣誉证书，以资鼓励。

数据宣布与接受视察

2019 年，在我国向禁化武组织提交的 2018 年过去活动年度宣布中，陕西省有宣布设施 23 个。

2019 年，禁化武组织没有对陕西省进行国际视察。

监督管理

按照《条例》《细则》等履约法规规定，陕西省禁化武办加大行政许可监管力度，认真做好监控化学品管理工作。一是审核上报含磷、硫、氟的第四类监控化学品生产特别许可换证申请 1 项，办理第二类监控化学品使用许可申请 1 项，受理新建第二类监控化学品生产设施许可申请 1 项。二是及时填报"一网通办"，完善禁化武行政许可事项的各项要素资料，确保按时上网运行。

宣传

成功组织履约宣传作品征集活动。2019 年 3 月，按照国家禁化武办的要求，组织开展履约宣传作品征集活动，全省共征集选送履约宣传作品 100 件，其中 2 幅海报被评选为国家禁化武办官方主题海报，13 件作品入选全国优秀宣传作品，约占全国优秀宣传作品总数的 50%。

认真编写陕西省 2018 年度履约报告。按照国家禁化武办的要求，完成 2018 年度陕西省履约报告编写工作，并按时提交给国家禁化武办。

履约工作获得宣传报道。一是于 5 月在国家禁化武办《履行〈禁止化学武器公约〉工作简报》（2019 年第 3 期）刊登了陕西省西北大学开展履约宣传工作专刊，详细介绍了陕西省的各项履约工作。二是《中国化工报》头版以《陕西省禁化武履约工作获好评》为题刊登了陕西省履约工作情况。三是中国监控化学品协会官网、《西北信息报》等多家媒体对陕西履约工作进行了多次报道。

培训

组织召开禁化武履约培训会。2019 年 11 月，陕西省禁化武履约培训会在西安市召开，培训内容涵盖履约责任、数据宣布、接受国际视察等方面，各地市禁化武办负责人及相关企业履约专员等 80 余人参加培训。培训会专门安排半天时间，由授课老师对日常工作和数据统计与宣布中出现的常见问题进行答疑，学员们反映良好，培训也取得了实实在在的效果。

组织参加国家禁化武办举办的会议和培训。3 月，参加国家禁化武办在广州市举办的禁化武履约宣传工作暨年度报告五周年座谈会，学习会议精神，提升履约业务能力。12 月，参加国家禁化武办在武汉市举办的全国禁化武履约综合培训班，并作为履约典型省份发言。

专项工作

接待国家禁化武办调研。2019 年 1 月，国家禁化武办对陕西省禁化武履约工作情况进行了调研。调研组听取了陕西省禁化武办、榆林市禁化武办的工作汇报，走访了 2 所大学、2 家监控化学品企业，召开了 3 场座谈会，并为榆林市和西北大学在履约宣传作品征集活动中获奖的选手颁发了证书和奖金。国家禁化武办对陕西省履约工作予以充分肯定，对下一步工作提出了要求，有力促进了陕西省履约工作。

进一步了解履约企业当前的生产、运营、履约状况。分别于 2019 年 5 月、7 月和 11 月，先后走访西安市、延安市、榆林市 3 个重点地市，对 9 家监控化学品企业开展调研，并对企业在履约工作中遇到的实际问题，进行针对性指导。

甘肃省

数据宣布与接受视察

2019 年，在我国向禁化武组织提交的 2018 年过去活动年度宣布中，甘肃省有宣布设施 11 个。

2019 年，禁化武组织没有对甘肃省进行国际视察。

监督管理

一是认真做好数据宣布工作。及时下发通知，提出工作要求，在数据宣布过程中，严抓落实，认真审核企业的宣布数据。二是认真做好监控化学品生产特别许可延续考核工作。审核上报第三类监控化学品和第四类监控化学品生产特别许可延续申请 1 项。三是组织开展对监控化学品企业的履约专项检查。对省内监控化学品企业下达通知，对企业履约工作提出明确的要求，在企业自查自纠的基础上，组织专家对 6 家企业开展履约专项检查。

宣传

在"4·29 国际禁止化学武器组织日"期间，采用向全社会发送公益短信的形式，宣传《公约》知识和履约工作。

青海省

组织协调

青海省履行《禁止化学武器公约》工作办公室设在青海省工业和信息化厅，负责青海省履行《公约》的组织协调和日常工作。

数据宣布与接受视察

2019 年，在我国向禁化武组织提交的 2018 年过去活动年度宣布中，青海省无宣布设施。

2019 年，禁化武组织没有对青海省进行国际视察。

监督管理

要求省内监控化学品企业认真学习《细则》，指导有关企业提交《第二类监控化学品使用许可申请表》和相关资料，联合所在地区的市级工业和信息化主管部门对申请资料内容进行现场核实，顺利完成 2019 年度第二类监控化学品使用许可证照的发放工作。

宣传

按照国家禁化武办的工作要求，加强各级工业和信息化主管部门对《细则》的宣贯和履约政策的解读，并积极组织市（州）工业和信息化主管部门参加国家禁化武办举办的禁化武履约培训班和工作会议。

培训

积极争取省级禁化武履约专项资金支持，并将资金用于支持全省监控化学品企业履约人才队伍建设和专家队伍培训等。

专项工作

会同属地工业和信息化主管部门对 1 家第四类监控化学品生产企业和 1 家第二类监控化学品使用企业的在建项目开展现场检查，督促企业加强学习《细则》，指导企业按照履行《公约》工作要求，完善视察前情况介绍、生产原始记录、原材料出入库台账等相关接受视察的准备工作。

宁夏回族自治区

组织协调

2019 年，宁夏回族自治区禁化武办组织召开全区禁化武年度工作会议，总结 2019 年履约工作，传达全国禁化武履约工作座谈会议精神，安排部署了 2020 年全区重点履约工作任务，并对各市工业和信息化局相关工作人员开展了工作培训，宣贯《新修订的细则》，有效提高了业务人员的工作能力，进一步夯实了履约的工作基础。

数据宣布与接受视察

2019 年，在我国向禁化武组织提交的 2018 年过去活动年度宣布中，宁夏回族自治区有宣布设施 13 个。

2019 年，禁化武组织没有对宁夏回族自治区进行国际视察。

监督管理

严格执行行政审批制度。按照《细则》，进一步完善监控化学品生产设施新（改、扩）建的初审、竣工验收和生产特别许可考核工作，规范工作流程，明确工作程序。一是认真抓好监控化学品新建设施审核工作。2019 年，审核上报新建含磷、硫、氟的第四类监控化学品生产设施许可申请 8 项。二是认真做好新建设施的竣工验收工作。组织专家对新建监控化学品生产设施竣工验收申请进行实地审查，现场考核，完成 1 项监控化学品生产设施竣工验收事项。三是认真做好设施拆除期间的资料保存工作。对 1 家搬迁拆除第二类监控化学品使用设施的企业，通过下发文件和现场指导的方式，指导企业做好设施拆除期间有关监控化学品生产数据、影像资料等保存工作，在设施拆除完毕后及时报告国家禁化武办。

依法加强监督管理。一是进一步加大日常监管力度。按照《条例》《细则》规定，宁夏禁化武办对区内监控化学品企业的生产、加工、消耗，进行定期统计监测，对引入化工项目较多的市县进行了专项业务指导，进一步强化了各市工业和信息化部门的属地监管职责，提高了业务人员的业务技能。二是指导企业建章立制、健全履约架构。责成各相关企业成立禁化武履约工作机构，明确专人负责，按《公约》《条例》要求做好履约工作，包括完善基础资料、生产报表、出入库台账等原始资料的保存和记录，指导企业制定监控化学品管理制度和《接受禁化武组织现场视察工作预案》等，将履约工作融入日常生产工作中，规范了企业的生产运营，推进了企业履约水平的提高，强化了企业的基础管理能力。三是强化服务意识，简化行政审批流程。在自治区层面开展行政审批流程简化工作，按照《细则》，将涉及监控化学品的行政审批事项进行了全面梳理，规范行政审批程序，精简需要企业提供附件资料，整合行政审批事项，删减不必要的环节，提升行政审批效率。在日常审批过程中，一次性告知企业所有需要完善和补充的资料，主动帮助企业进行整改，确保申报资料的质量并坚持特事特办，重大项目争取国家禁化武办和相关单位的支持，将管理与服务相结合，在做好监管工作的同时，做好服务企业的工作。

宣传

将普法与宣传相结合,提高企业履约意识。编印《履行〈禁止化学武器公约〉文件汇编》,将《公约》《条例》《细则》等履约法律法规和相关文件汇编成册,发放给各市工业和信息化主管部门和相关企业。《文件汇编》内容详实,实用性强,成为履约工作人员经常随身携带的工具书。通过《文件汇编》的发放,以普法促履约,扩大了履约工作的影响,提高了有关企业的履约意识。

高质量完成履约宣传作品征集活动。经过精心组织,广泛宣传,在全区范围内开展履约宣传工作。区内 1 家企业制作的履约宣传动画片连续两年被国家禁化武办评为官方宣传短片,在全国范围内进行宣传推广。

积极开展"4·29 国际禁止化学武器组织日"宣传。开展形式多样的宣传活动,组织区内监控化学品生产企业积极参与,采用微信工作群、企业网站、电子屏、展板、海报等方式开展履约宣传,进一步增强社会公众的履约意识及对履约工作的理解和支持,取得了良好的宣传效果。

培训

组织开展禁化武专项培训。10 月,宁夏工业和信息化厅化工处(自治区禁化武办)组织开展了化工行业绿色发展高质量研修班,参训人员多为企业高层管理人员,在此次研修班中,专门设置了为期一天的禁化武课程,并邀请国家禁化武办有关负责同志为企业授课,讲解了《公约》历史、履约意义以及数据宣布、接受视察、监控化学品管理和防扩散等内容,进一步强化和提高了企业的履约意识和履约责任感。

积极参加履约综合培训班。组织各市工业和信息化主管部门工作人员参加国家禁化武办在武汉市举办的全国禁化武履约综合培训班,切实提高各市工业和信息化主管部门工作人员的履约能力。

专项工作

开展"双随机、一公开"执法检查工作。为进一步加强监控化学品管理，夯实履行《公约》工作基础，促进监控化学品行业健康发展，2019年宁夏禁化武办对1家企业开展了"双随机、一公开"执法检查工作，通过检查，提出整改意见，督促企业限时完成整改，及时帮助企业完善监控化学品管理制度，化解履约风险。

新疆维吾尔自治区

组织协调

一是申请建立新疆维吾尔自治区履行《禁止化学武器公约》厅际联席会议制度。因自治区机构改革和议事协调机构梳理，原自治区履行《禁止化学武器公约》工作领导小组撤销。为切实做好自治区履行《公约》相关工作，加强部门间协调配合，新疆维吾尔自治区工业和信息化厅向自治区人民政府提交《关于建立履行〈禁止化学武器公约〉厅际联席会议制度的请示》，申请建立履行《禁止化学武器公约》厅际联席会议制度，待自治区人民政府批复。

二是按照《国家禁化武办关于印发2019年履行〈禁止化学武器公约〉工作要点的通知》要求，新疆维吾尔自治区禁化武办下发《关于印发2019年自治区履行〈禁止化学武器公约〉工作要点的通知》，并组织自治区内监控化学品生产企业和使用企业学习《条例》《细则》，对新印发的监控化学品行政许可表格进行模拟填报。

数据宣布与接受视察

2019 年，在我国向禁化武组织提交的 2018 年过去活动年度宣布中，新疆维吾尔自治区有宣布设施 21 个。

2019 年，禁化武组织没有对新疆维吾尔自治区进行国际视察。

监督管理

新疆维吾尔自治区禁化武办严格按照《条例》规定，依法加强对监控化学品生产设施建设、生产、经营、使用和储存等活动的管理，进一步规范自治区禁化武履约工作。

一是切实落实《条例》赋予的各项管理职责，严格监控化学品设施新（改、扩）建管理。加强与各单位项目管理部门的工作联系，宣传《条例》等相关法规，按照法规要求与项目管理部门一起把好项目审批关，2019 年审核上报新建含磷、硫、氟的第四类监控化学品生产设施许可申请 1 项。

二是加强自治区监控化学品企业互联网发布信息的管理，敦促辖区内监控化学品企业开展互联网发布信息自查活动，对互联网主页或其他网络广告信息进行全面自查。经排查，截至 2019 年年底，暂未发现有违规发布虚假信息的情况。

宣传

一是将国家禁化武办提供的履约宣传素材和宣传资料及时分送各地工业和信息化主管部门和相关企业，并按要求做好禁化武履约宣传工作。

二是在"4·29 国际禁止化学武器组织日"期间，在自治区工业和信息化厅一楼大厅大屏幕播放国际禁化武组织情况介绍、国家禁化武履约工作开展情况和自治区禁化武履约相关照片。

三是将禁化武系列宣传视频截图、宣传图片和系列介绍等制作成板报放置于自治区工业和信息化厅办公大楼外进行宣传。

培训

为不断提升履约工作人员的业务能力，新疆维吾尔自治区禁化武办积极选派履约工作人员参加国家禁化武办和中国监控化学协会举办的各类会议和培训，了解国际国内禁化武履约工作动态。参与国家禁化武办对上海市2家企业的"双随机、一公开"执法检查，学习借鉴其他兄弟省（自治区、直辖市）好的做法和经验，努力提升新疆维吾尔自治区禁化武履约工作水平。

专项工作

按照国务院深化"放管服"改革决策和《国家禁化武办关于在新疆开展监控化学品"双随机、一公开"执法检查的通知》要求，积极配合国家禁化武办对1家监控化学品企业开展执法检查。10月，新疆维吾尔自治区禁化武办随机抽取了2名执法检查人员，并联合地州工业和信息化局组成检查组，对2家企业开展"双随机、一公开"执法检查，检查结果在自治区工业和信息化厅网站上进行公示，经检查未发现企业存在违反《条例》《细则》的情形。

新疆生产建设兵团

组织协调

为切实做好履行《公约》的相关工作，加强部门间的协调配合，全面完成履约各项任务，2019年12月，经兵团分管领导同意，建立了由新疆生产建设兵团工业和信息化局负责同志为召集人，兵团国家安全局、生态环境局、交通运输局、公安局、财政局、外事办公室、商务局、应急管理局、市场监督管理局等部门为成员单位的新疆生产建设兵团履行《禁止化学武器公约》联席会议制度。

数据宣布与接受视察

2019 年，在我国向禁化武组织提交的 2018 年过去活动年度宣布中，新疆生产建设兵团有宣布设施 9 个。

2019 年，新疆生产建设兵团共接受禁化武组织的国际视察 2 次。9 月 15 日～ 22 日，禁化武组织视察组对新疆生产建设兵团新疆浙大阳光生物科技有限公司的第二类监控化学品消耗设施和第四类监控化学品生产设施进行了现场视察，该企业顺利通过了国际视察。

监督管理

2019 年 8 月 29 日～ 30 日，按照《细则》规定，新疆生产建设兵团工业和信息化局组织 3 位国家禁化武履约专家库的专家对 1 家企业开展了第四类监控化学品生产设施竣工验收和生产特别许可的初审，并将竣工验收的初审意见上报国家禁化武办。

培训

为进一步加强兵团履约队伍建设，不断提升兵团履约工作能力，确保完成履约各项任务，2019 年 12 月 16 日新疆生产建设兵团禁化武办在乌鲁木齐市举办了兵团禁化武履约工作培训班，国家禁化武办和新疆生产建设兵团工业和信息化局有关负责同志分别就《公约》及履约法律法规、数据宣布注意事项及兵团禁化武履约工作情况等内容进行了讲解和介绍，兵团有关部门和市工信部门、企业代表共 40 余人参加了培训。

专项工作

2019 年 6 月，按照国家禁化武办《关于在新疆开展监控化学品"双随机、一公开"执法检查的通知》要求，配合国家禁化武办对 1 家监控化学品企业开展"双随机、一公开"执法检查，针对检查中发现的问题，督促企业进行整改落实。

China 企业篇

中国履行《禁止化学武器公约》报告（2019）

盐城利民农化有限公司

企业概况

盐城利民农化有限公司始建于 1993 年 3 月，产品为杀菌剂、杀虫剂和植物生长调节剂。2019 年没有生产第四类监控化学品。

履约日常工作

根据地方政府关于环境保护和安全生产的要求，2019 年除了制剂加工车间正常生产外，化学合成生产装置全部处于停产状态。2019 年全年第四类监控化学品产品产量为 0，合成车间于 2019 年 11 月～12 月全部拆除，并及时向上级主管部门上报了拆除方案。

制剂产品严格按照工艺操作规程执行，间歇生产，批次投料，每天利用晨会加强员工安全环保培训教育，每月召开安全例会，开展安全教育。加强原始记录台账和产品质量管理，不断完善管理制度。质检部配备常规的检测仪器和专业人员，对原料和产品检验，生产过程中进行中控分析。所有产品的原始记录台账均可追溯。

接受视察情况

2019 年 1 月 6 日～11 日，公司顺利通过禁化武组织的现场视察。

响水雅克化工有限公司

企业概况

响水雅克化工有限公司成立于 2001 年 12 月，系江苏雅克化工有限公司的独资企业，有阻燃剂系列 6 个产品，其中双酚 A-双（磷酸二苯酯）、间苯二酚 -双（磷酸二苯酯）、磷酸三苯酯、磷酸三（2-氯丙基）酯、磷酸三（1,3-二氯 -2-丙基）酯 5 个产品属于含磷、硫、氟的第四类监控化学品。2019 年 4 月以后，企业处于停产状态。

履约日常工作

企业有《厂区接受国际禁化武视察预案》，成立了履约工作领导小组，并确定设施代表。领导小组下设 4 个工作小组，分别是数据统计工作组、工艺技术组、现场管理安全保卫组、接待工作组。厂区监控化学品管理制度较完善。按规定每年进行监控化学品过去活动年度宣布及预计活动年度宣布，积极履约。

接受视察情况

2019 年 1 月 6 日～ 11 日，公司顺利通过禁化武组织的现场视察。

青岛联美化工有限公司

企业概况

青岛联美化工有限公司成立于 2001 年 3 月，主要产品为阻燃剂甲基膦酸二甲酯和乙基膦酸二乙酯，设计生产能力 900 吨／年。公司厂区有 1 套阻燃剂生产装置，包括合成和减压蒸馏，该项目生产装置于 2002 年 7 月投产。此外，公司还生产组合聚醚多元醇。

履约日常工作

公司非常重视履约工作，建立了以总经理为组长，生产部、安环部、财务部、技术部、办公室等部门负责人为成员的领导小组。制定了《接受禁化武组织现场视察预案》，明确了各职能部门和接待人员的职责。在日常管理中，编制《视察前情况介绍》，定时更新数据。在数据统计上，年初和年末按规定进行过去活动年度宣布和预计活动年度宣布工作，并落实专人负责数据记录、核对及统计上报，相关资料分类装订保存。公司从制度上严格规范各种记录文件的填写、保存，确保所有生产记录、统计报表的数据真实有效。

接受视察情况

2019 年 1 月 20 日～ 26 日，公司顺利通过禁化武组织的现场视察。

宜兴市中正化工有限公司

企业概况

宜兴市中正化工有限公司始建于 1976 年 6 月，前身为宜兴市第四化工厂，1992 年 6 月 9 日更名，2019 年 12 月 31 日停产。公司原有 N-乙基 -N（3'-磺酸基）苄基苯胺、三（三溴新戊基）磷酸酯、三羟乙基异氰尿酸酯、二溴新戊醇等第四类监控化学品。公司通过了 ISO9001 质量管理体系认证和 ISO14000 环境管理体系认证。

履约日常工作

公司高度重视禁化武履约工作，建有履约工作领导小组，并设置了禁化武履约工作专员岗位。其中，总经理任领导小组组长，分管生产的副总经理任副组长，成员涵盖生产、销售、财务、设备、仓库、化验等岗位的负责人，禁化武履约工作专员为联络员。履约日常工作由禁化武履约工作专员负责，包括协调各环节履约工作、定期汇总核实申报宣布数据、定期组织内部培训和演练、参加外部培训和会议等。

接受视察情况

2019 年 2 月 17 日～ 22 日，公司顺利通过禁化武组织的现场视察。

浙江龙盛集团股份有限公司

企业概况

浙江龙盛集团股份有限公司创立于 1970 年，是一家生产染料及化工中间体的专业化工企业，先后通过了 ISO9001 质量管理体系和 ISO14001 环境管理体系认证。厂区共有 13 个生产车间，其中 3 个为生产含磷、硫、氟的第四类监控化学品车间。涉及的产品为分散染料系列、分散染料中间体系列、分散剂系列、间苯二胺系列、间苯二酚系列和 2-氨基 -4- 乙酰氨基苯甲醚等。

履约日常工作

公司十分重视履约管理工作，主要做好以下 4 个方面工作。

一是加强健全履约管理体系。公司成立以董事长为组长、副总经理为设施代表、车间负责人为成员的禁化武履约工作领导小组，下设禁化武管理办公室和数据组、工艺组、设备组、接待组 4 个工作组，具体负责禁化武履约工作的推进、数据宣布及接受视察等工作。同时，建立集团、车间两级数据宣布制度，进一步完善公司的监控化学品数据宣布体系。

二是夯实履约基础。制定《企业监控化学品管理制度》，对监控化学品生产、使用、贮存、运输、装卸、报废做出了明确的规定。制定《监控化学品企业应对国际视察预案》，对各项任务进行分工，责任到人，保障视察顺利进行。为维护公司正常生产秩序和合法权益，同时也为了让视察活动开展得更加顺利，制定了《禁化武视察人员入厂须知》《被视察厂区的安全规则》。制定《监控化学品数据统计申报制度》，按时、准确、全面申报监控化学品年度数据。

三是加强培训宣传。公司常邀请国内禁化武专家开展履约知识培训，积极倡导全员参与，提高全员履约意识。同时，定期进行禁化武视察演练，随时做好视察准备。

四是加强日常管理。实施专人专库，对监控化学品进行出入库管理、记录，定期汇报和检查，严格规定其他岗位当班人员不准进入生产区域、车间等操作设备和仪器仪表。

接受视察情况

2019 年 2 月 17 日～22 日，公司顺利通过禁化武组织的现场视察。

河北威远动物药业有限公司

企业概况

河北威远动物药业有限公司始建于 2002 年 5 月，公司通过了 ISO9001 质量管理体系认证、ISO14001 环境管理体系认证、GB/T28001 职业健康安全管理体系认证。公司购买第二类监控化学品 2-二乙氨基乙硫醇，用于生产延胡索酸泰妙菌素。

履约日常工作

公司成立了接受国际视察领导小组，建立健全了各项监控化学品管理制度，制定了《接受禁化武组织视察的应急预案》。在日常工作中，要求生产车间员工认真做好物料交接、原始记录的填写以及数据统计工作，按时填报监控化学品过去活动年度宣布和预计活动年度宣布数据。每年组织相关人员整理、完善国际视察所需的技术资料，做好各项准备工作。

接受视察情况

2019 年 3 月 3 日～10 日，公司顺利通过禁化武组织的现场视察。

盘锦鸿鹤化工有限公司

企业概况

盘锦鸿鹤化工有限公司成立于 2009 年，位于盘锦市辽东湾新区珠江路，占地面积约 66000 平方米，建筑厂房面积共 45700 多平方米，有 6 个生产车间及辅助车间，并有设备完善的研发部、质量控制部。公司主要产品分为 4 个系列，一是医药中间体系列：氟苯、对氨基苯腈；二是农药中间体系列：4-氟-3-苯氧基苯甲醛；三是电子化学品系列：3,4,5-三氟溴苯；四是新塑材料中间体系列：4,4'-二氟二苯甲酮。公司已于 2019 年 5 月 21 日拆除设备并永久停产。

履约日常工作

公司严格履行《公约》义务，建立健全履约组织机构，明确了总经理为禁化武履约工作的主管领导，安环部为禁化武履约工作的责任部门，制定了《接受国际视察预案》，建立禁化武履约管理规定，对监控化学品生产、经营工作进行日常管理，严格按照规定进行数据宣布。

接受视察情况

2019 年 3 月 17 日～ 22 日，公司顺利通过禁化武组织的现场视察。

佳化化学股份有限公司

企业概况

佳化化学股份有限公司成立于 2000 年，主要从事环氧乙烷、环氧丙烷下游衍生专用化学品的研发、生产与销售等业务。主要产品是三乙醇胺（第三类监控化学品）和三异丙醇胺（第四类监控化学品）。公司多次荣获由中国石油和化学工业联合会颁发的中国石油和化工五百强企业及中国石油和化工民营百强企业。

履约日常工作

认真履行《公约》义务：一是强化生产管理，加强纵向横向协调，建立有效工作机制，明确各部门分工，完善应急措施，提高应对突发事件的能力；二是积极开展履约宣传和培训，以悬挂横幅、电子屏滚动播放等多种形式，广泛宣传《公约》内容，并积极参与政府相关部门组织的学习和培训；三是按时准确完成年度数据宣布；四是完善危险化学品管理规章制度及安全生产各项操作规程。

接受视察情况

2019 年 3 月 17 日～22 日，公司顺利通过禁化武组织的现场视察。

福建三农新材料有限责任公司

企业概况

福建三农新材料有限责任公司（原福建三农化学农药有限责任公司）成立于 2010 年 12 月，公司为福建省"一带一路"建设重点项目，先后获得"高新技术企业""福建省科技型企业""省科技小巨人领军企业"等多项荣誉。公司涉及的第二类监控化学品为六氟丙烯装置的副产物八氟异丁烯，第四类监控化学品为二氟一氯甲烷、四氟乙烯、六氟丙烯、五氟碘乙烷。

履约日常工作

公司高度重视禁化武履约工作，建立了以总经理为主任，常务副总经理为设施代表、各部门负责人为成员的禁化武委员会和工作小组；建立了《危险化学品安全管理办法》《交接班管理制度》《工艺指标管理办法》等规范强化安全生产；每天收集整理原始记录，建立数据台账，定期对数据台账准确性和完整性进行自查，对自查中发现的问题及时整改；及时做好数据的采集、申报工作，并完善视察预案；积极开展多种形式的禁化武履约宣传活动和培训。

接受视察情况

2019 年 4 月 7 日～ 14 日，公司顺利通过禁化武组织的现场视察。

聊城煤泗新材料科技有限公司

企业概况

聊城煤泗新材料科技有限公司成立于 2011 年 12 月，占地面积达 34.7 万平方米，分设环己醇车间、环己酮车间、氨肟化车间、重排车间、硫酸铵车间、硫磺制酸车间、尼龙 6 车间、环己烷制酮车间、污水处理站。公司以苯为主要原料，生产环己酮，副产环己烷。环己酮部分生产己内酰胺，环己烷部分生产环己酮，己内酰胺部分聚合生产尼龙 6。

履约日常工作

公司认真做好宣布数据的准确性核实、记录、归类、汇总统计和月底盘点核对，确保所有数据的准确性；严格按照《条例》《细则》要求，做好原料、辅料、分析化验用药品的管理，严格管理危险化学品；认真做好禁化武履约相关知识的宣传和培训等工作，提高履约能力。

接受视察情况

2019 年 4 月 21 日～23 日，公司顺利通过禁化武组织的现场视察。

南京化学试剂股份有限公司

企业概况

南京化学试剂股份有限公司始建于 1958 年，2002 年 12 月进行改制，2004 年 9 月更名为南京化学试剂有限公司，2015 年 2 月公司更名为南京化学试剂股份有限公司。公司化学合成的产品主要有：乙酸钴、乙酸锰、乙二胺四乙酸铁铵溶液、苯甲酸钠、二水合柠檬酸三钠、乙酸钾、山梨酸钾、甲酸钠、依地酸二钠。

履约日常工作

公司领导对履约工作高度重视，将履约的管理工作融入企业日常生产经营工作中。公司设有采购部、生环部、技术部、仓储部、生产分厂等职能部门，结合 ISO9001 质量管理体系标准，建立原料、成品及过程产品的追溯制度，通过电子系统对监控化学品的进出进行管控，同时规范原料记录、生产记录、产品出入库记录、销售记录及三废处理记录的管理。为了加强日常基础管理，公司通过组织学习和培训，提高日常管理能力，高质量做好履约工作。

接受视察情况

2019 年 4 月 23 日～25 日，公司顺利通过禁化武组织的现场视察。

浙江巨化股份有限公司氟聚厂

企业概况

浙江巨化股份有限公司氟聚厂属浙江巨化股份有限公司，始建于 2001 年 5 月 9 日，是一家有机氟产品生产企业，生产含磷、硫、氟的第四类监控化学品六氟丙烯、八氟环丁烷、偏氟乙烯，副产第二类监控化学品全氟异丁烯。

履约日常工作

为了履行《公约》义务，进一步贯彻执行《条例》《细则》的要求，公司成立总经理负责、副总经理主管的履约工作领导小组，明确了设施代表、候补设施代表；履约工作日常管理由数据统计组、工艺设备组、现场管理组、后勤接待组负责，从履约的组织领导、人员配备、管理制度的建立健全、接待方案落实等各环节为履约工作提供组织、资源、环境保证。

公司严格生产管理制度、规范台账记录和仓储管理，建立严格的分析检验制度；每月上报各类台账记录的原始操作记录，以确保宣布数据的准确性。公司编制了《接受国际视察工作预案》和《视察前情况介绍》，做到了人员配备到位，职责分工明确，为禁化武履约工作做好了充分准备。

接受视察情况

2019 年 5 月 5 日～ 11 日，公司顺利通过禁化武组织的现场视察。

茂名云龙工业发展有限公司

企业概况

茂名云龙工业发展有限公司始建于 2000 年 1 月，主要产品及设计能力为硫二甘醇 1300 吨 / 年、N-甲基二乙醇胺 11000 吨 / 年、聚醚 3000 吨 / 年。硫二甘醇装置建于 2009 年 6 月，同年 12 月 3 日正式投产。2013 年起先后生产硫醚、双羟乙基砜、抗氧化剂 1035 三种产品。

履约日常工作

公司专门制定了监控化学品管理制度，主要有以下 3 个方面。一是做好原料进库、原料领用、产品进库管理，由专人负责原始记录，对生产数据及检测数据建档；设立硫二甘醇专用仓库，采用"双人双锁、视频监控"的管理制度，防止产品丢失或被盗。二是加强产品出库管理，如实登记，并定期向省、市禁化武办汇报购买单位的情况。三是健全监控及统计数据办法，指定专人具体负责硫二甘醇、N-甲基二乙醇胺产品的监控及相关数据的统计工作，内容包括原料进库、原料用量及原料库存，产品及副产品产量、库存及销量，发现问题及时处理或汇报。

接受视察情况

2019 年 5 月 19 日～ 25 日，公司顺利通过禁化武组织的现场视察。

湖北泰盛化工有限公司

企业概况

湖北泰盛化工有限公司成立于 2004 年 9 月，是湖北兴发化工集团股份有限公司控股子公司，公司现有 2 种第三类监控化学品，分别为三氯化磷和亚磷酸二甲酯；3 种第四类监控化学品，分别为草甘膦、氯甲烷、甲缩醛。公司通过 ISO9001 质量管理体系、ISO14001 环境管理体系及 OHSAS18001 职业健康安全管理体系认证。

履约日常工作

公司成立禁化武履约工作领导小组，由公司主要领导全面负责禁化武履约工作。禁化武履约工作领导小组的设施代表和候补设施代表由精通化工生产安全的管理人员担任，下设禁化武履约工作领导小组办公室，组织开展日常履约工作。数据组负责生产计划的编排及实施、操作记录、原料进库、领料消耗、成品等数据的统计、整理和校对；工艺设备组负责现场工艺、设备图纸的绘制、设备的位号管理及设备更新等工作；分析组负责产品标准方案、检测数据整理、取样点的设置工作；后勤组落实安全、卫生、安保、保健等工作。

公司按照《条例》《细则》要求办理生产特别许可证，申报生产设施新（改、扩）建项目审批；修订完善《监控化学品统计管理制度》，编制《接受国际禁化武组织视察预案》；每月进行 3 次盘存，在盘存日后一天上交原料消耗、日报表、月报表至生产科检查；各类原始票据和原始记录、月报数据与交接班记录统计数据由专人保管，数据组长每月对各单位的原始数据进行抽查，检查原始记录、台账填写规范性和统计数据的准确性，按时按要求完成年度数据宣布；定期组织相关人员培训，学习履约知识，切实提升专业人员的业务能力。

接受视察情况

2019 年 6 月 10 日～ 15 日，公司顺利通过禁化武组织的现场视察。

浙江九洲药业股份有限公司椒江外沙分公司

企业概况

浙江九洲药业股份有限公司椒江外沙分公司成立于 2015 年，产品主要有卡马西平、酮洛芬、柳氮磺吡啶、苯扎贝特等，公司先后通过了 ISO9001 质量管理体系、ISO14001 环境管理体系、OHSAS18001 职业健康安全管理体系认证。

履约日常工作

公司建立了履约工作领导小组，下设办公室及数据组、工艺设备组、现场组、后勤接待组四个工作组，组内成员均为公司高层管理人员。日常管理工作由履约工作领导小组牵头，工作组、各部门及员工积极配合，及时宣布年度数据。

公司对员工实行公司级、车间级、班组级三级培训教育，在这些培训中融入履行《公约》相关知识点，同时不定期组织相关论坛和文化活动，宣传《公约》，并在厂区宣传窗开辟履约专栏。公司建有监控化学品管理规章制度和记录制度，如原辅料采购台账、物料平衡表、批产品生产记录、产品销售台账等，用于记录物料从采购、生产到成品出售的完整过程。

接受视察情况

2019 年 6 月 23 日～ 29 日，公司顺利通过禁化武组织的现场视察。

浙江太平洋化学有限公司

企业概况

浙江太平洋化学有限公司成立于 1989 年 11 月，位于宁波市北仑区石桥，主要生产聚醚多元醇和组合聚醚多元醇，产品均属于不含磷、硫、氟的第四类监控化学品。企业已于 2018 年 12 月永久停产。

接受视察情况

2019 年 6 月 23 日～ 29 日，公司顺利通过禁化武组织的现场视察。

内蒙古紫光化工有限责任公司

企业概况

内蒙古紫光化工有限责任公司是重庆紫光化工股份有限公司的全资子公司，于 2009 年 6 月成立，生产第三类监控化学品三氯化磷和氰化氢，生产第四类监控化学品双甘膦、羟基乙腈、甲醛、苯胺基乙腈、氰化钠等。

履约日常工作

公司成立了禁化武履约领导工作小组，由总经理任设施代表。禁化武履约领导工作小组下设现场组、数据组、分析组、设备组、后勤组、保卫组，负责推进禁化武履约工作。公司制定了《监控化学品的申报、统计制度》《监控化学品管理制度》等制度。

接受视察情况

2019 年 7 月 8 日～ 12 日，公司顺利通过禁化武组织的现场视察。

盐城市大明化工有限公司

企业概况

盐城市大明化工有限公司成立于 2008 年 8 月，占地 10 万平方米，主要生产三氯化磷、三氯氧磷、磷酸三（2-氯丙基）酯。2019 年年中，企业处于停产状态。

履约日常工作

公司成立履约工作领导小组并确定设施代表，履约小组下设 5 个小组，明确职责分工。制定《厂区接受国际禁化武组织视察预案》，建立较完善的监控化学品统计申报制度、监控化学品现场管理制度和监控化学品储运管理制度。公司积极开展履约工作，每年按规定进行过去活动年度宣布和预计活动年度宣布。

接受视察情况

2019 年 7 月 22 日～ 26 日，公司顺利通过禁化武组织的现场视察。

乐平市大明化工有限公司

企业概况

乐平市大明化工有限公司成立于 2008 年 11 月 23 日，主要产品为第三类监控化学品三氯化磷，其主要原料为黄磷和氯气。公司一期年产 4 万吨三氯化磷项目，于 2011 年 8 月 16 日建成投产。公司于 2019 年 6 月 22 日起处于停产清算状态。

履约日常工作

公司履约工作包括确保生产记录、统计报表数据真实准确，加强车间计量仪器仪表管理，定期对计量器具仪表进行校检，及时培训监控化学品管理人员，定期审核所编制的《视察前情况介绍》，做好日常记录的管理。

接受视察情况

2019 年 8 月 5 日～9 日，公司顺利通过禁化武组织的现场视察。

乐山和邦农业科技有限公司

企业概况

乐山和邦农业科技有限公司由原四川省盐业总公司、四川和邦投资集团有限公司于 2009 年 11 月共同投资组建，是集化工、农药生产为一体的国有控股企业。公司位于四川省乐山市五通桥区和邦工业园，占地面积 313623 平方米，设有生产车间 5 个，其中第三类监控化学品车间 1 个，生产三氯化磷；第四类监控化学品车间 4 个，生产亚氨基二乙腈、双甘膦、甲醛、羟基乙腈。

履约日常工作

公司高度重视履约工作，成立了以总经理为组长的监控化学品管理领导小组，建立了《监控化学品管理制度》。监控化学品管理领导小组按照职责和权限负责监控化学品的生产组织、数据宣布、管理等工作，领导小组组长、设施代表、数据申报负责人按照监控化学品管理职责及相关制度开展日常工作。公司积极参加履约培训，按照相关要求及时宣布监控化学品生产数据。

接受视察情况

2019 年 8 月 19 日～22 日，公司顺利通过禁化武组织的现场视察。

国药集团威奇达药业有限公司

企业概况

国药集团威奇达药业有限公司始建于 2010 年，是上海现代制药股份有限公司的全资子公司，主要从事 7-氨基磷酸、克拉维酸钾、头孢粗品原料药等生产，公司主要有 11 个生产车间，其中涉及含磷、硫、氟的第四类监控化学品生产车间 3 个。

履约日常工作

公司领导高度重视禁化武履约工作，成立接受国际视察领导小组，总经理为组长，安环总监为副组长，建立《监控化学品管理制度》和《禁化武组织视察预案》。监控化学品管理领导小组按职责和权限负责监控化学品生产组织、数据宣布、管理等工作，同时强化各生产车间日常风险防控和过程监督，确保安全生产；加强管理考核和问责，提升过程监管能力；此外，还积极参加履约培训，精心组织各类《公约》宣传活动。

接受视察情况

2019 年 9 月 1 日～ 3 日，公司顺利通过禁化武组织的现场视察。

内蒙古三爱富万豪氟化工有限公司

企业概况

内蒙古三爱富万豪氟化工有限公司于 2006 年 8 月注册成立，生产含磷、硫、氟的第四类监控化学品有二氟乙烷、二氟一氯乙烷、三氟乙烷及偏氟乙烯。厂区设有 10 个生产车间，2019 年共有 6 个含磷、硫、氟的第四类监控化学品生产车间正常生产并已宣布。

履约日常工作

公司成立了禁化武工作领导小组，编制《接受视察工作预案》和《视察前情况介绍》，设有专门的小组，确保完成接受禁化武组织视察工作。公司依据《公约》和《细则》，制定了《监控化学品数据统计申报制度》《监控化学品储存和保管制度》《质量管理制度》等规范，按时填报《全国监控化学品年度统计报表》，妥善保存第四类监控化学品的生产经营记录，积极参加各类禁化武履约培训，并及时在公司内进行宣贯。

接受视察情况

2019 年 9 月 3 日～6 日，公司顺利通过禁化武组织的现场视察。

新疆浙大阳光生物科技有限公司

企业概况

新疆浙大阳光生物科技有限公司原名新疆天富阳光生物科技有限公司，公司成立于2010年，2019年6月变更为现名。目前公司的主要产品有延胡索酸泰妙菌素、延胡索酸泰妙菌素预混剂。延胡索酸泰妙菌素为含磷、硫、氟的第四类监控化学品，生产延胡索酸泰妙菌素的重要中间体原料2-二乙氨基乙硫醇为第二类监控化学品。

履约日常工作

公司成立以总经理为组长的禁化武履约工作领导小组，全面负责禁化武履约工作，并根据人员变化及时进行调整。公司制订了《企业接受禁化武组织视察预案》，设立了数据统计、工艺技术、后勤保障、安全保卫等4个工作小组，明确了各岗位的工作职责，对视察准备工作做出详细部署。

公司将每月的15日定为"禁化武履约工作日"，组织采购、财务、仓库、品控、生产等部门的指定人员对前期的数据进行核对，确保数据的准确性和完整性；对视察现场情况与材料的符合性进行确认。公司认真夯实禁化武履约基础工作，全面建立规范真实的数据统计台账、科学准确的计量管理、切实可行的《企业接受禁化武组织视察预案》和周详完整的《视察前情况介绍》。

接受视察情况

2019年9月15日～22日，公司顺利通过禁化武组织的第二类和第四类连续视察。

山东胜利生物工程有限公司

企业概况

山东胜利生物工程有限公司成立于2004年，以生物发酵技术为主导，生产动物专用抗生素、兽药制剂和饲料添加剂，主要产品为延胡索酸泰妙菌素。公司已通过ISO9001质量管理体系、ISO14001环境管理体系、ISO45001职业健康安全管理体系认证。公司已取得监控化学品生产特别许可证。

履约日常工作

公司成立禁化武履约工作领导小组，公司领导担任组长，总经理办公室、生产、技术、安全、环保、质量管理等部门负责人为成员。公司制定了《接受视察预案》，明确具体工作和人员职责；制定监控化学品管理制度，由专人负责监控化学品的收发、储存、使用管理，专人负责数据统计、物料平衡，按照要求规范记录、保存台账、及时进行数据报送和年度宣布；按照国家要求进行规范管理，确保生产过程、原始记录、物料平衡、数据宣布等符合要求。

接受视察情况

2019年10月13日～20日，公司顺利通过禁化武组织的现场视察。

广东众和化塑有限公司天行高新技术分公司

企业概况

广东众和化塑有限公司（曾用名为茂名众和化塑有限公司）成立于2001年，天行高新技术分公司为其下属公司，该分公司负责生产第四类监控化学品 2-巯基乙醇，副产品硫二甘醇属于第二类监控化学品。

履约日常工作

作为履约主体企业，为圆满完成履约任务，在国家、广东省和茂名市禁化武办指导下，公司加强了 7 个方面的工作：一是做好员工培训工作，每年选派管理骨干参加各类培训班，提高履约意识、技能和管理水平；二是建立健全规章制度，明确岗位职责，做到制度规范，责任到人；三是统一计量方法，做好物料平衡；四是做好分析数据管理工作，防止因分析误差造成数据误差的情况；五是做好基础资料管理工作；六是将反应投料量编入《视察前情况介绍》，确保视察顺利进行；七是提早做好视察前的准备工作，编写完善《视察前情况介绍》。

接受视察情况

2019 年 10 月 27 日～11 月 1 日，公司顺利通过禁化武组织的现场视察。

山东远捷农化科技有限公司

企业概况

山东远捷农化科技有限公司成立于 2014 年，现有产品三氯硝基甲烷，年生产能力为 10000 吨，属于第三类监控化学品。2018 年 6 月～ 2019 年 12 月，公司未进行生产。

履约日常工作

公司成立以总经理为组长的履约领导小组，严格按照《公约》相关内容，实行"领导带头、员工参与"的方式，组织学习《细则》，并积极参加当地主管部门组织的禁化武相关会议；根据监控化学品管理要求，制定了三氯硝基甲烷的原料采购、生产、包装、废水处理等相关规范；严格按照国家和地方政府相关要求，对仓库、储存区、生产区建立 24 小时全方位监控，并配备红外线检测、有毒气体检测及空气呼吸器、滤毒罐等，对重点区域实行"双锁"制度，生产区工艺操作口实行"双阀上锁"制度，实现三氯硝基甲烷生产、取样、回收、包装、销售等流程程序化、规范化、可视化。

接受视察情况

2019 年 11 月 11 日～ 15 日，公司顺利通过禁化武组织的现场视察。

沧州大化股份有限公司聚海分公司

企业概况

沧州大化股份有限公司聚海分公司成立于 2009 年 2 月，隶属于沧州大化集团，主要生产第三类监控化学品光气，第四类监控化学品甲苯二异氰酸酯、二硝基甲苯、甲苯二胺。

履约日常工作

公司成立以总经理为组长，总经理助理为副组长，公司党总支书记、安全总监、总工程师为小组成员的接受视察指挥部及工作小组；建立并完善监控化学品管理制度，明确了各部门的职责和工作程序，严格执行监控化学品出入库管理制度，盘点核实台账记录；确定了各部门的数据统计来源和责任人，按时完成监控化学品宣布数据的统计和填报；编制涵盖监控化学品相关培训教育内容的《安全培训教育计划》，定期组织培训；在 "4·29 国际禁止化学武器组织日"，采取悬挂宣传条幅、发放宣传资料、承诺签字等形式开展禁化武宣传活动。

接受视察情况

2019 年 11 月 25 日～ 29 日，公司顺利通过禁化武组织的现场视察。

China 协会篇

中国履行《禁止化学武器公约》报告（2019）

中国监控化学品协会

协会动态

2019 年年初，秘书处成立了换届领导小组，多次召开会议深入研究讨论换届工作，开展协会章程修改工作。同时，对协会如何改革创新、转型升级、脱钩、与企业融合等重大发展问题积极摸索推进。

秘书处积极与各省市禁化武办联系，规范会员管理，充分发挥协会与企业之间的桥梁和纽带作用，服务政府，服务行业，服务企业。2019 年共发展 4 家会员，企业转为特别会员单位 84 家，会员共计 245 家。

主要工作

一是为政府提供禁化武履约工作支撑服务。积极配合国家禁化武办组织开展 2019 年禁化武履约宣传作品征集活动，负责作品收集、评定、汇编等工作，承担部分宣传、制作和发送荣誉证等工作。完成"北京监控化学品企业履约清单编制试点工作"项目。

二是开展禁化武履约宣传工作。协会秘书处注重禁化武履约工作的宣传，委派专人负责宣传平台（例如，网站、监控化学品履约通讯刊物）工作。根据网站的特点，丰富信息内容，提高网站宣传时效性，发挥网站的优势，实时跟踪报道重大事项，及时报道国际履约形势、国内企业的履约动态，及时传播禁化武组织资讯、国家和地方禁化武办活动、历次国际核查、化工行业资讯，特别是与化学武器有关的事件和社会热点。

三是发挥协调职能，积极服务企业。2019 年 2 月 21 日～24 日，协会在哈尔滨举办"禁化武履约暨国际核查接待培训班"。黑龙江省工业和信息化厅副厅长致辞，联合国原副秘书长沙祖康、禁化武组织科咨委副主席、工业和信息化部安全生产司、外交部军控司、中央军委国际军事合作办公室军控和履约事务办公室等相关领导出席，来自山东等 18 个省及地市级禁化武办、履约企业的 178 名代表参加了培训。为探讨新形势下禁化武履约工作的创新与发展，协会于 2019 年 12 月 11 日在天津市举办了主题为"新形势、新任务、新作为"的第十一届禁化武履约论坛。国家禁化武办派员参会指导，政府相关部门、监控化学品协会会员、监控化学品企业及相关单位的各方代表共 120 人参会，共同谋划未来禁化武履约工作的重点任务。

河北省监控化学品协会

协会动态

2019 年，河北省监控化学品协会召开会员大会 1 次，理事会 1 次，常务理事会 2 次。协会履约专家委员会增补了 1 名委员和 16 名专家成员。

2019 年 8 月，协会组织履约专家在河北省保定市参加接受国际视察的准备工作座谈会，邀请了禁化武组织科学咨询委员会主席和国家禁化武办领导介绍国际、国内履约形势和动态。

主要工作

协助省禁化武办开展接受视察工作。协助河北省禁化武办完成接受禁化武组织对河北威远动物药业有限公司和沧州大化股份有限公司聚海分公司进行的 2 次国际视察。

协助政府部门做好监控化学品企业的管理工作。组织专家协助省禁化武办对河北省 4 家第二类、第三类监控化学品企业进行了行政许可现场考核（核验）；对 1 家企业新建第二类监控化学品生产设施进行了验收；对 2 家企业监控化学品生产经营情况进行了现场调查。

辽宁省化工学会

协会动态

辽宁省化工学会目前共有会员 910 人，2019 年新增会员 100 人。2019 年 2 月，学会参加中国监控化学品协会在黑龙江省哈尔滨市举办的禁化武履约暨国际视察培训班。

主要工作

组织专家协助辽宁省禁化武办完成对 5 家企业的生产特别许可现场考核。组织专家协助国家禁化武办和辽宁省禁化武办完成禁化武组织对辽宁省 2 家企业的现场视察。

湖北省监控化学品协会

协会动态

湖北省监控化学品协会现协会理事会为第四届理事会。共有会员单位 84 个。协会设有秘书处，并有 10 人组成的专家组，其中国家级专家 4 人。

主要工作

积极开展履约宣传、培训和研究工作。一是协助宣传履约工作，注重履约知识和工作的培训，每年举办 1～2 次培训班；组织协会专家编印《2019 湖北省禁化武履约工作培训教材》，从接受国际视察、宣布和数据采集、物料平衡和生产能力核定、国际禁化武履约形势等方面进行讲解；组织 2 位专家在陕西省禁化武履约业务培训班上授课；在武汉工程大学开设禁化武履约相关课程。二是加强国内外履约信息的报道，印发 1 期《湖北履约简讯》。三是承担国家禁化武办履约相关研究课题。四是参加国家禁化武办在湖北省武汉市举办的全国禁化武履约综合培训班，并在会上汇报课题研究情况。

参与监控化学品企业现场考核工作。协助湖北省禁化武办完成对 7 家企业的生产特别许可现场考核和对 5 家企业的监督检查；选派专家参加禁化武组织对湖北省 1 家企业的现场视察；协助国家禁化武办和专家组完成对湖北省 1 家企业的监督检查；受国家禁化武办指派，组织专家完成对 2 家企业的生产设施竣工验收和生产特别许可现场考核；现场指导 4 家企业的年度宣布、生产特别许可申请、接受国际视察等工作。

组织参加交流活动。赴湖北省 3 家企业及武汉市 2 所大学开展调研，了解科研单位、高等院校和先进化工企业发展现状，先进化工制备技术及前沿动态、重点实验室建设和运行管理等；组织荆州市经济和信息化委员会和 2 家企业负责人，宜昌市经济和信息化委员会和 1 家企业负责人分别赴陕西省、重庆市开展履约调研工作及交流活动，考察两省市履约工作现状和监控化学品企业的生产经营活动，了解产业发展现状；组织会员单位、专家参加研讨会、座谈会和培训班。

完善管理规范工作。健全各项制度，严守财经纪律，积极发展协会会员。

四川省化工行业协会

协会动态

四川省化工行业协会成立于2009年，现有会员单位194个。2019年，协会积极参与政府部门涉及行业发展规划、行业管理和健康发展等方面的政策制定和重要经济活动；在调查研究的基础上，充分发挥协会专家库的作用，推动传统化工企业转型升级，为发展化工新材料、精细化学品提供技术服务。

主要工作

协助四川省禁化武办举办培训班。组织专家指导4家企业做好视察前情况介绍、物料平衡、宣布车间、生产记录和台账等工作；参与对3家监控化学品企业抽查、生产设施建设和生产特别许可现场考核。

南通市监控化学品协会

协会动态

2019 年，围绕做好政府和企业桥梁的办会宗旨，南通市监控化学品协会开展了生产特别许可监管、履约培训等方面的禁化武履约工作。

主要工作

协助有关单位加强对监控化学品企业的监管。一是协助 2 家企业生产特别许可申报和 6 家企业生产特别许可换证材料准备。二是协助 2 家监控化学品企业做好拆除生产设施的信息保存工作。

开展履约培训工作。一是协助南通市启东区、海门区、港闸区等区（县、市）禁化武办组织履约培训。二是协助南通市监控化学品企业 2020 年的预计宣布及 2018 年过去活动年度宣布工作，并对年度宣布工作中遇到的问题进行辅导。三是组织企业履约工作负责人学习《细则》。四是协助市禁化武办对宣布企业开展一次专题培训。

常州市石油化学产业协会监控化学品专业委员会

协会动态

常州市石油化学产业协会监控化学品专业委员会是中国监控化学品协会会员单位，成立于 2011 年 5 月，现有会员单位 17 个。

主要工作

一是开展宣传培训。在会刊《常州石化》专门设置了"履约备查"栏目，刊载国际禁化武组织和全球履约动态、全国全省履约备查信息和工作经验。通过组织会议、走访企业的形式，加强《公约》宣传工作和和履约备查工作。

二是协助监管监控化学品企业。协助常州市禁化武办对 76 家企业上报的 191 个产品进行监控化学品属性分类辨识；对 1 家企业的监控化学品使用情况进行了现场检查；指导各会员企业按时按要求做好年度宣布、原始资料保存、台账记录及人员配备、接受视察准备等各方面工作。

三是跟踪服务关停企业。协助常州市禁化武办督促和指导准备关停企业做好装置拆除、原始资料保存、注销申报等善后工作；对已关停的企业进行现场检查，防止出现关停不到位、不彻底等问题。

四是加强专家队伍建设。协助常州市禁化武办对原有的专家队伍进行了调整充实，形成了由 21 人组成的市监控化学专家组。

China 履约支撑篇

中国履行《禁止化学武器公约》报告（2019）

工业和信息化部国际经济技术合作中心

单位概况

工业和信息化部国际经济技术合作中心（以下简称"中心"）是工业和信息化部直属事业单位。中心内设 10 个机构，主要职责包括开展工业和信息化领域国际经济技术发展和产业合作研究、发布国际经济技术交流与合作信息，为相关对外合作与交流提供支撑；与相关国际组织、境外机构和社会团体开展交流与合作，为工业和信息化部实施工业、通信业和信息化"引进来""走出去"战略提供支撑服务；开展双边、多边经济贸易规则和涉外法律研究，为工业和信息化领域应对经贸摩擦、解决争端和知识产权纠纷提供相关涉外法律服务；组织工业和信息化领域跨国经营管理、国际经贸规则、涉外法律以及应对国际纠纷等专业培训；组织举办工业和信息化领域境内外相关国际性展览、国际会议和论坛；承办工业和信息化部交办的其他事项。目前，中心正围绕打造高质量的国际合作、政策研究、展览展示三大业务平台，着力推进我国工业、通信业和信息产业国际化进程，助力产业提升国际竞争力，服务两个强国建设。

履约工作

中心高度重视做好国家禁化武办履约相关支撑工作，集中优势研究力量，坚持质量优先、持续积累的思路，2019 年重点完成了以下工作：一是开展课题研究，先后承担了国家禁化武办委托的多项课题研究工作，研究报告为履约决策、立法推进、文件编译等提供了智力支撑；二是支撑全国履约人才的培养，加强企业履约能力建设；三是提供决策咨询、项目培训，中心充分发挥拥有多语种人才优势，密切跟踪国际最新动态，为决策提供第一手参考资料，包括收集并翻译相关材料，准备决策支撑材料；四是做好日常支撑，选派多名博士借调在禁化武办，深度参与禁化武办的日常工作。

中国电子产品可靠性与环境试验研究所

单位概况

中国电子产品可靠性与环境试验研究所，又名工业和信息化部电子第五研究所（以下简称"电子五所"），是工业和信息化部的直属单位。作为中国最早从事可靠性研究的权威机构，电子五所致力于从元器件到整机设备、从硬件到软件直至复杂大系统的产品检测试验、分析评价、认证计量、信息服务、技术培训、专用设备和专用软件开发等技术服务，具有多项认证、检测资质和授权，建立了良好的国际合作互认关系，可在世界范围内开展认证、检测业务，代表中国进行国际技术交流、标准和法规的制定。同时，作为部属单位，电子五所一直秉承着"科学、公正、服务、价值"的理念，为工业和信息化部的行业管理和地方政府提供工业和信息化领域的可靠性技术支撑，为电子信息企业提供多方位的技术支持与服务。

电子五所自 2015 年起持续支撑国家禁化武办开展禁化武履约相关工作，并建立专业化的禁化武履约支撑团队，团队现有成员 5 名（1 名博士，4 名硕士），其中长期借调国家禁化武办人员 1 名。

履约工作

一是编制和发行《中国履行〈禁止化学武器公约〉报告（2018）》〔以下简称"履约报告（2018）"〕。履约报告（2018）是自 2015 年以来电子五所编制的第 4 版年度报告。履约报告作为国家禁化武办重要出版书籍之一，记录全国履约工作年度成果，汇编禁化武组织重要文件，是各级履约主管部门及履约企业的重要履约参考工具。

二是开展禁化武履约课题研究。为接轨禁化武组织和《公约》缔约国关注热点，适应国内外履约新要求，支撑国家禁化武办开展履约课题研究，为国家禁化武办开展履约工作部署提供决策参考。

三是协助举办及参与禁化武履约工作会议。3 月 26 日～27 日，协助国家禁化武办在广东省广州市举办禁化武履约宣传工作暨年度报告 5 周年座谈会，并在会上做课题汇报，会议组织成效得到了国家禁化武办领导的肯定。12 月 4 日～6 日，参加国家禁化武办在湖北省武汉市举办的全国禁化武履约综合培训班，受邀在会上介绍禁化武履约课题研究进展。

四是支撑国家禁化武办相关工作。借调人员到国家禁化武办，协助国家禁化武办完成禁化武履约相关工作。10 月 29 日～31 日，代表国家禁化武办参加禁化武组织和韩国联合举办的亚洲地区和平发展与利用化学研讨会，在会上介绍我国监控化学品相关法规和工作措施，给与会的各国代表及禁化武组织官员留下了深刻的印象，撰写的参会报告在《履行〈禁止化学武器公约〉简报》刊登。

五是支撑广东省禁化武办相关工作。选派专家参加禁化武组织对广东省 2 家企业的现场视察，指导企业制定《视察前情况介绍》和资料准备工作。多次赴广东省禁化武办，就广东省禁化武履约工作进行交流和探讨。

河北科技大学

单位概况

河北科技大学是河北省重点建设的多科性骨干大学。2016 年入选河北省重点支持的国家一流大学建设高校。学校坚持走与区域社会发展深度融合的特色之路，不断增强科学研究和服务社会能力。学校建有国家地方联合工程研究中心——挥发性有机物与恶臭污染防治技术国家地方联合工程研究中心、省部共建国家重点实验室培育基地——河北省药用分子化学实验室、国家生物产业基地公共实验中心，现有省级重点实验室和技术创新中心 10 个、河北省产业技术研究院 1 个、河北省工程实验室（研究中心）4 个、河北省协同创新中心 2 个、河北省软科学研究基地 1 个、河北省社会科学研究基地 1 个。学校技术转移中心是科技部认定的"国家技术转移示范机构"，在省内产业聚集区建立了 7 个技术转移分支机构，与 240 个地方政府及行业组织、研究单位建立了科技教育合作关系。

履约工作

河北科技大学是最早参与河北省接受国际视察的技术服务单位，是目前在河北省拥有专家数量最多、技术服务面最广的高校单位。2019 年，孙凤霞博士被工业和信息化部推荐并成功当选为禁化武组织科学咨询委员会委员。

2019 年，河北科技大学在国家禁化武办指导下成立了"化学安全与履约技术研究中心"和履约研究团队，并承接了相关履约研究项目。同时，河北科技大学从化学伦理问题、化学中的风险安全与责任、化学防护和人文关怀相关的伦理问题、化学中的价值利益与公正、化学活动中的环境伦理、化学从业人员职业的伦理、化学实践中的伦理几个方面进行研究，编写《化学品安全与化学伦理》教材，以价值塑造为核心，旨在提高相关专业人员的伦理意识，增强其遵循伦理规范的自觉性，培养德才兼备的化学相关的科技人才。

西北大学

单位概况

西北大学肇始于 1902 年的陕西大学堂和京师大学堂速成科仕学馆。现为首批国家"世界一流学科建设高校"、国家"211 工程"建设院校、教育部与陕西省共建高校。学校先后获得国家自然科学奖一、二等奖，国家技术发明奖二等奖，国家科技进步奖二等奖，中国专利金奖等重大科技奖励。西北大学化学学科始设于 1923 年，是西北大学创建最早的学科之一，至今已有 97 年历史，是我国西部地区最早培养化学专门人才的摇篮和化学科学研究中心。1937 年建立化学系，2008 年成立化学与材料科学学院。

西北大学禁化武履约工作由化学与材料科学学院组建的专项工作领导小组负责，由学院党委书记牵头任组长，副书记任副组长，工作组成员 5 人，其中 3 人具有教授职称，并长期配备一支具有 30 人的大学生志愿服务队伍。化学与材料科学学院连续获得 2018 年度、2019 年度陕西省禁化武履约先进集体；学校推荐的履约宣传作品连续入选 2018 年度、2019 年国际禁止化学武器组织日主题宣传海报。

履约工作

2019 年，西北大学积极贯彻落实各级禁化武办年度工作重点，承担了《高校开展禁化武履约教育普及活动研究》课题研究，开展了禁化武履约宣传系列活动，倡导大学生尊法、学法、守法、用法，形成了一套可复制、可借鉴、可推广的高校履约工作案例。

一是专项征集活动。为响应国家禁化武办开展 2019 年禁化武履约宣传作品征集活动的号召，开展了"西北大学2019年禁化武履约宣传作品征集"活动。活动覆盖西北大学3个校区22个院系，共收到来自各院（系）提交的73件宣传海报和5件宣传视频作品。其中，化学与材料科学学院的一幅作品被选中为2019年国际禁止化学武器组织日两幅主题海报之一。

二是多维度开展宣传活动。3月5日，西北大学举办主题宣传活动，展示禁化武履约宣传作品，宣传2019年宣传禁化武履约作品征集活动和禁化武相关知识；3月10日和24日，分别举办了2场"学雷锋"科普进校园活动，将禁化武宣传与化学科普实验相结合，用动漫等特殊的形式、风趣易懂的语言进行宣传；3月23日，以"圾品"文化节为载体，将垃圾分类理念和禁化武知识带进社区；4月29日，通过现场座谈和履约宣传的方式，在西北大学2个校区、3个宣传点开展国际禁止化学武器组织日宣传活动。活动受到陕西省工业和信息化厅的高度重视，被腾讯网、华商网、西部头条等校内外媒体报道；7月～8月，2支暑期实践队伍以禁化武宣传为实践主题，分别赴上海市开展社会调研、赴陕西省安康市平利县开展科普实践活动，通过有针对性地对市民、学生开展调研科普活动，使禁化武走进家庭和学校，同时，也进一步了解和掌握了禁化武知识的普及情况。

三是组织陕西省专场竞赛活动。6月，与陕西省化学会联合主办陕西省第八届大学生趣味化学知识邀请赛，并将禁化武知识和相关法规列入大赛提纲。这一做法有效地将"禁化武"一词在全省化学专业高校中普及，引导广大学生了解公约、认识化武，充分了解履约工作的意义。

佳化化学股份有限公司

单位概况

佳化化学股份有限公司成立于 2000 年 10 月，目前在全国设有 5 个工厂，1 个研发中心，1 个贸易公司。作为中国领先的特种化学品公司，主要从事环氧乙烷、环氧丙烷下游衍生专用化学品及特种化学品的研发、生产与销售等业务，专注绿色化学和可持续发展，长期致力于开发乙烯、丙烯下游产业链尤其是烷氧基化物及其下游衍生物的研发、生产和销售。三乙醇胺是公司产品之一，属监控化学品名录第三类，是可作为生产化学武器主要原料的化学品。

公司严格履行《公约》义务，对于监控化学品有严格的管理规定，保证内部所有工厂都能够做到有制度可依，有章可循；高度重视履约国际合作，连续 2 年参与禁化武组织的国际合作项目。

履约工作

一是按时准确完成年度宣布。公司各工厂的安环部负责每年的申报工作，根据国家禁化武办的相关要求，及时、准确进行相应产品数据上报，确保企业合规生产、经营。

二是接受禁化武组织的现场视察。2019 年 3 月 17 日～ 22 日，佳化化学股份有限公司接受禁化武组织对第三类监控化学品生产设施的现场视察。视察结果表明，公司提交的宣布信息与生产经营活动完全一致，没有从事任何《禁止化学武器公约》禁止的活动，现场视察顺利通过。这是佳化化学股份有限公司集团各工厂自 2016 年起，第 4 次接受并顺利通过禁化武组织现场视察。

　　三是承办禁化武组织的国际合作项目。9月1日～21日，在国家禁化武办的指导下，佳化化学股份有限公司全资子公司上海抚佳精细化工有限公司承接了"化工企业承办禁化武组织工业培训的组织与落实"的国际合作项目。代表中国企业，接待来自罗马尼亚的戴安娜·利尼奇（Diana Lisnic）及哥斯达黎加的安德里亚·索托·纳瓦罗（Andrea Soto Navarro）两位研修项目学员，为两位学员提供了为期约20天的培训。培训内容主要包括入场安全管理培训、解读《公约》《条例》《细则》、介绍公司和工厂情况、学习了解和现场观摩三乙醇胺的生产工艺和生产流程、参观三乙醇胺生产釜、DCS控制室、质检实验室，并对三乙醇胺生产储存安全须知、产品质量管理流程、三乙醇胺泄漏应急处理须知、化工生产三废处理及三乙醇胺的应用进行介绍，协助学员完成培训报告。公司还着重向学员宣传企业的安全文化建设及安全文化理念，展现了中国企业对于安全生产、环境保护以及职业健康的重视，学员还对公司的"红丝带"及"小红星"活动产生了浓厚的兴趣，对公司的"全员参与的安全文化建设"理念深表赞同。

China 附 录

中国履行《禁止化学武器公约》报告（2019）

附录一　2019 年中国履约大事记

1 月

6 日～ 11 日　盐城利民农化有限公司和响水雅克化工有限公司分别接受禁化武组织第四类监控化学品生产设施现场视察。

14 日　禁化武组织第 62 届特别执行理事会在荷兰海牙举行，中国常驻禁化武组织代表吴恳大使率团与会。

20 日～ 26 日　青岛联美化工有限公司接受禁化武组织第二类监控化学品加工设施现场视察。

2 月

17 日～ 22 日　宜兴市中正化工有限公司和浙江龙盛集团股份有限公司分别接受禁化武组织第四类监控化学品生产设施现场视察。

22 日　国家禁化武办印发《2019 年履行〈禁止化学武器公约〉工作要点》（禁化武办发〔2019〕8 号），要求各省级禁化武办结合本地实际，突出重点，制定切实有效的工作措施，认真抓好各项任务落实，全面做好履约各项工作。一是强化责任意识，严格履行《公约》；二是严格履行《细则》，强化依法行政；三是加强履约宣传，凝聚社会共识；四是加强国际交流，维护国家利益；五是加强队伍建设，提升履约能力。

25 日　禁化武组织第 63 届特别执行理事会在荷兰海牙举行，中国常驻禁化武组织代表团与会。

3 月

3 日～ 10 日　河北威远动物药业有限公司接受禁化武组织第二类监控化学品加工设施现场视察。

4日　中国向禁化武组织提交中国民用工业设施2018年过去活动年度宣布。

12日～15日　工业和信息化部、外交部、国防部组团参加在荷兰海牙召开的禁化武组织执理会第90届会议。中国代表团团长沈健参赞在一般性辩论中发言。

17日～22日　盘锦鸿鹤化工有限公司和佳化化学股份有限公司分别接受禁化武组织第四类和第三类监控化学品生产设施现场视察。

26日～27日　国家禁化武办在广东省广州市召开禁化武履约宣传工作暨年度报告5周年座谈会，研究部署"4·29国际禁止化学武器组织日"宣传活动和《中国履行〈禁止化学武器公约〉报告（2018）》编撰发行等工作。各省、自治区、直辖市、新疆生产建设兵团及部分地市禁化武办、行业协会代表参加会议。

29日　中国向禁化武组织提交中国2018年度国家防备化学武器方案、第一类监控化学品合成实验室过去活动年度宣布。

4月

6日　中国向禁化武组织提交2019年第一类监控化学品合成实验室预计活动变更宣布。

7日～14日　福建三农新材料有限责任公司接受禁化武组织第二类监控化学品生产、消耗设施现场视察。

9日～16日　禁化武组织对黑龙江省哈尔滨移动式日遗化武销毁设施进行初始视察和对哈尔滨日遗化武托管库进行现场视察。

16日　中国向禁化武组织提交陆军防化学院第一类监控化学品合成实验室2019年计划活动更新宣布。

21日～27日　聊城煤泗新材料科技有限公司和南京化学试剂股份有限公司分别接受禁化武组织第四类监控化学品生产设施现场视察。

29日　《中国履行〈禁止化学武器公约〉报告（2017）》出版发行。工业和信息化部部长苗圩在报告中对 2017 年国际履约大事进行了点评，并对全国履约工作给予充分肯定。苗圩表示，2017 年是中国履约 20 周年，作为《禁止化学武器公约》原始缔约国，中国对《禁止化学武器公约》的政治承诺矢志不渝，持之以恒。未来任重道远，在彻底销毁、全面禁止化学武器的道路上，中国政府和人民将同国际社会一起，向着和平发展、构建人类命运共同体的伟大目标坚定前行。

30 日　工业和信息化部党组成员、副部长王志军在工业和信息化部机关综合楼参观"4·29 国际禁止化学武器组织日宣传展"，并观看履约宣传小视频。工业和信息化部安全生产司（国家禁化武办）、规划司、科技司、电子信息司、国际合作司、离退休干部局等司局负责同志参观了展览。王志军副部长表示，禁化武履约是关系到世界和平与国家安全的大事。要通过广泛宣传，使全社会认识到履约工作的重要意义，从而增强对履约工作的理解和支持。要重点加强对《条例》，特别是今年自 1 月 1 日开始施行的《细则》的宣贯，增强监控化学品企业履约意识和守法意识，为做好履约工作打下坚实的基础。

5 月

1 日～ 3 日　外交部派员参加禁化武组织在荷兰海牙举行的禁化武组织解决保密争端委员会第 21 次年会。

5 日～ 11 日　浙江巨化股份有限公司氟聚厂接受禁化武组织第二类监控化学品生产、消耗设施现场视察。

7 日～ 14 日　禁化武组织对黑龙江省齐齐哈尔日遗化武托管库、北安日遗化武临时托管库进行现场视察。

10 日　禁化武组织第 64 届特别执行理事会在荷兰海牙举行，中国常驻禁化武组织代表团与会。

19 日～ 25 日　茂名云龙工业发展有限公司接受禁化武组织第二类监控化学品生产、消耗设施现场视察。

21日～26日　中国国防部派代表团赴英国伦敦参加英国国防部举办的第22届世界化学武器销毁大会。中方介绍监督日方销毁日遗化武有关情况，反映了日遗化武的危害及中方为此所做的努力。

28日～29日　国家禁化武办在天津市召开监控化学品"双随机、一公开"检查暨行政许可工作座谈会。工业和信息化部安全生产司（国家禁化武办）、政策法规司、各省（自治区、直辖市）、新疆生产建设兵团禁化武办及天津市工业和信息化稽查总队70余人参加会议。会议总结了近两年监控化学品"双随机、一公开"检查工作，动员部署了2019年的检查工作，并在天津市工业和信息化稽查总队进行了相关培训。

6月

2日～4日　国家禁化武办启动2019年监控化学品"双随机、一公开"抽查工作，并随机派出首个由4名执法检查人员组成的检查组，对新疆广汇新能源有限公司和新疆天富阳光生物科技有限公司进行现场检查。

10日～15日　湖北泰盛化工有限公司接受禁化武组织第三类监控化学品生产设施现场视察。

12日～14日　军事科学院防化研究院单一小规模设施接受禁化武组织的现场视察。

14日　工业和信息化部安全生产司司长会见来访的禁化武组织核查司官员，双方就工业履约相关问题交换了意见。

17日～20日　国家禁化武办随机选派由4名执法检查人员组成检查组，对托尔专用化学品（镇江）有限公司和泰兴梅兰新材料有限公司进行"双随机、一公开"现场检查。

17日～27日　禁化武组织对吉林省哈尔巴岭日遗化武挖掘回收、销毁作业和托管库进行现场视察。

23日～29日　浙江九洲药业股份有限公司椒江外沙分公司和浙江太平洋化学有限公司分别接受禁化武组织第四类监控化学品生产设施现场视察。

25 日～28 日　工业和信息化部派员参加禁化武组织在蒙古乌兰巴托举办的亚洲地区国家履约主管部门年度会议。

7 月

1 日～4 日　国家禁化武办随机选派由 4 名执法检查人员组成检查组，对赢创特种化学（上海）有限公司和上海华谊精细化工有限公司上海长风化工厂进行"双随机、一公开"现场检查。

5 日　中国向禁化武组织提交哈尔滨、当阳、九江 3 地日遗化武托管库更新宣布。

8 日～12 日　内蒙古紫光化工有限责任公司接受禁化武组织第三类监控化学品生产设施现场视察。

9 日～12 日　工业和信息化部、外交部、国防部组团参加在荷兰海牙召开的禁化武组织执理会第 91 届会议。中国代表团团长徐宏大使在一般性辩论中发言，就日遗化武、设立开放式工作组平衡推进禁化武组织各项工作、叙利亚化武及使用化武调查问题阐述了中方立场和主张。

22 日～26 日　盐城市大明化工有限公司接受禁化武组织第三类监控化学品生产设施现场视察。

24 日～25 日　中、日、禁化武组织第 30 次日遗化武三方磋商在日本东京举行。三方讨论了销毁总体计划、销毁进展、视察安排等议题，并就禁化武组织执理会代表团访问日遗化武设施交换了意见。

29 日　中国向禁化武组织提交吉林省哈尔巴岭日遗化武托管库更新宣布。

30 日～8 月 2 日　国家禁化武办随机选派由 4 名执法检查人员组成检查组，对山东齐发药业有限公司和山东鲁抗舍里乐药业有限公司进行"双随机、一公开"现场检查。

8 月

5 日～9 日　乐平市大明化工有限公司接受禁化武组织第三类监控

化学品生产设施现场视察。

19 日～ 22 日　乐山和邦农业科技有限公司接受禁化武组织第三类监控化学品生产设施现场视察。

9 月

1 日～ 7 日　国药集团威奇达药业有限公司和内蒙古三爱富万豪氟化工有限公司分别接受禁化武组织第四类监控化学品生产设施现场视察。

2 日　外交部副部长乐玉成会见应邀访华的禁化武组织总干事费尔南多·阿里亚斯（Fernando Arias），双方就禁化武组织工作、中国与禁化武组织关系、日本遗弃在华化学武器销毁等问题交换了意见。

3 日～ 5 日　应中、日共同邀请，禁化武组织总干事费尔南多·阿里亚斯（Fernando Arias）及执理会代表团访问吉林省哈尔巴岭日遗化武销毁设施，并参观军事科学院军事医学研究院分析实验室。中央军事委员会国际军事合作办公室主任慈国巍会见代表团一行。禁化武组织总干事与军事医学研究院分析实验室签署技术合作协议。

3 日～ 7 日　工业和信息化部派员参加禁化武组织在泰国曼谷举办的第三届化学品综合管理培训班。

16 日～ 23 日　禁化武组织对黑龙江省哈尔滨日遗化武销毁设施和托管库进行现场视察。

18 日　公布国家禁化武办编制的《部分第四类监控化学品名录（2019版）》及其索引，共计 8939 个第四类监控化学品。

15 日～ 22 日　新疆浙大阳光生物科技有限公司分别接受禁化武组织第二类监控化学品消耗设施和第四类监控化学品生产设施现场视察。

24 日　中国向禁化武组织提交 2020 年第一类监控化学品合成实验室预计活动年度宣布。

27 日　禁化武组织总干事费尔南多·阿里亚斯（Fernando Arias）就中华人民共和国成立 70 周年向国务委员、外交部部长王毅发贺电。

29日 中国向禁化武组织提交吉林省哈尔巴岭日遗化武托管库更新宣布。

30日 中国向禁化武组织提交中国民用工业设施2020年预计活动年度宣布。

10月

1日 禁化武组织总干事费尔南多·阿里亚斯（Fernando Arias）任命河北科技大学教授孙凤霞任禁化武组织科学咨询委员会委员，自2020年1月1日起，任期3年。

8日～10日 工业和信息化部、外交部、国防部组团参加在荷兰海牙召开的禁化武组织执理会第92届会议。中国代表团团长徐宏大使在一般性辩论中发言，就日遗化武、预算问题、叙利亚化武及使用化武调查问题阐述了中方立场和主张。徐宏大使在发言中宣布，中国向禁化武组织化学实验室升级计划捐助3万美元。

13日～20日 山东胜利生物工程有限公司接受禁化武组织第二类监控化学品消耗设施现场视察。

14日～18日 中国国防部与禁化武组织在陕西省西安市联合举办第二届国际防化医学培训班，来自20国的31名学员参加培训。

15日～17日 工业和信息化部、外交部派员参加禁化武组织在卡塔尔举办的第6届化工业和国家履约机构代表年度会议。

23日～11月1日 国家禁化武办组团赴西班牙、德国和瑞士，核实从中国进口监控化学品的最终用户和最终用途情况，开展双边磋商。

27日～11月1日 广东众和化塑有限公司天行高新技术分公司接受禁化武组织第二类监控化学品生产设施现场视察。

29日～31日 工业和信息化部派员参加禁化武组织在韩国首尔举办的亚洲地区和平发展与利用化学研讨会。

29日～11月4日 禁化武组织对黑龙江省牡丹江挖掘作业进行现

场视察。

11月

4日～9日　工业和信息化部、国防部组团参加在荷兰海牙召开的《禁止化学武器公约》第24届国家履约主管部门年度会议。

11日～15日　山东远捷农化科技有限公司接受禁化武组织第三类监控化学品生产设施现场视察。

11日～18日　禁化武组织对吉林省哈尔巴岭日遗化武托管库、销毁作业进行现场视察。

20日　工业和信息化部安全生产司在广东省佛山市召开全国安全生产和禁化武履约工作座谈会。工业和信息化部党组成员、副部长王志军同志出席会议并讲话，指出要深入学习贯彻落实习近平总书记关于安全生产工作的重要指示批示精神和关于总体国家安全观的重要论述，重点做好4个方面工作：一是强化管理，夯实工业行业安全生产基础；二是开拓进取，加快发展安全产业；三是攻坚克难，持续推进民爆行业高质量发展；四是锐意进取，努力开创禁化武履约新局面。全国各省（自治区、直辖市）负责工业行业安全生产管理、民爆行业管理以及禁化武履约工作的有关单位，工业和信息化部办公厅、安全生产司、科技司、原材料工业司、装备工业司有关领导参加会议。

25日　禁化武组织在荷兰海牙举行2019年"禁化武组织—海牙"奖颁奖仪式。中国履约专家唐程、美国国务院化学和生物武器事务顾问罗伯特·米库拉克（Robert Mikulak）、国际纯粹和应用化学联合会分享了该奖项。

25日～29日　工业和信息化部、外交部、国防部及香港特别行政区组团参加在荷兰海牙召开的《禁止化学武器公约》第24届缔约国会议。工业和信息化部副部长王志军在一般性辩论中发言，阐明了中国在禁化武履约方面的相关立场：一是平衡推进《公约》宗旨和目标，确保《公约》各项条款得到全面有效实施，尽快全面销毁库存化武和遗弃化武，切实推进化学领域国际合作和科技交流；二是严格依据《公约》规定开展工作，防止禁化武组织成为地缘政治工具；三是坚持维护协商一致传统，努力通过对话协商解决分歧；四是坚持缔约国主导，稳妥推进《公约》转型。香港特别行政区代表向大会介绍了特区政府履约工作情况。

25日　工业和信息化部副部长王志军会见了禁化武组织总干事费尔南多·阿里亚斯（Fernando Arias），双方就工业核查成效、技术秘书处职责等进行了交流。王志军表示，希望禁化武组织进一步重视广大发展中国家的诉求，在国家立法、宣布等能力建设方面予以支持，中国愿意继续支持禁化武组织工作，也愿意为技术秘书处输送更多优秀人才，为实现《公约》的宗旨和目标贡献中国力量。

25日～29日　沧州大化股份有限公司聚海分公司接受禁化武组织第三类监控化学品生产设施现场视察。

12 月

4日～6日　国家禁化武办在湖北省武汉市举办全国禁化武履约综合培训班。各省级、部分地市禁化武办、中国电子产品可靠性与环境试验研究所、工业和信息化部国际经济合作中心、湖北省监控化学品协会等相关单位共59名学员参加了培训。

10日～12日　国家禁化武办随机选派由2名执法检查人员、2名专家组成检查组，对佳化化学（抚顺）新材料有限公司、湖北丽康源纺织材料有限公司进行了"双随机、一公开"现场检查。

18日　国家禁化武办在甘肃省兰州市兰州翔鑫工贸有限责任公司进行禁化武国际视察演练。工业和信息化部办公厅、安全生产司、人事教育司、国际合作司等相关司局，相关省（市）级履约主管部门及企业工作人员参加演练。

18日～19日　中、日、禁化武组织第31次日遗化武问题三方磋商在北京举行。三方讨论了日遗化武销毁进展、2020 年视察计划、日遗化武宣布等议题。

25 日　工业和信息化部组织召开《禁止化学武器公约》履约工作部际联席会议。总召集人、工业和信息化部部长苗圩主持会议并讲话。副总召集人、工业和信息化部副部长王志军作工业履约工作情况通报。副总召集人、中央军事委员会国际军事合作办公室副主任黄雪平，副总召集人、外交部代表分别通报有关情况。联席会议成员公安部副部长许甘露、国家铁路总局副局长于春孝、中国国家铁路集团有限公司副总经理李文新及财政部、生态环境部、交通运输部、商务部、应急管理部、海关总署、国家市场监督管理总局、中国民用航空局等部际联席会议成员单位代表出席会议并发言。会议分析了国际国内履约形势，就进一步做好履约工作进行了研讨，调整确定了联席会议成员。

31 日　中国向禁化武组织提交哈尔巴岭、哈尔滨、齐齐哈尔、宁安、佳木斯、南京 6 个日遗化武托管库，以及北安、当阳、碾子山 3 个日遗化武临时托管库的更新宣布。

附录二　2019 年中国履约文件选编

国家禁化武办关于开展 2019 年监控化学品
"双随机、一公开"抽查工作的通知

禁化武办发〔2019〕12 号

各省、自治区、直辖市及新疆生产建设兵团工业和信息化主管部门：

根据《国家禁化武办关于印发 2019 年履行〈禁止化学武器公约〉工作要点的通知》（禁化武办发〔2019〕8 号）安排，依据《工业和信息化部"双随机、一公开"监管实施办法》（工信厅政〔2018〕45 号）及《监控化学品"双随机、一公开"抽查实施办法》（禁化武办发〔2017〕25 号），现就开展 2019 年监控化学品"双随机、一公开"抽查工作通知如下。

一、指导思想

以习近平新时代中国特色社会主义思想为指导，全面贯彻党的十九大和十九届二中、三中全会精神，按照党中央、国务院全面深化改革各项决策部署和"放管服"工作要求，坚持简政放权、依法监管、公正高效、公开透明、协同推进，大力推广随机抽查，转变管理理念，创新监管方式，规范监管行为，强化市场主体自律和社会监督，提升监管效能。

二、工作步骤

（一）准备阶段（4～5 月）

按照《监控化学品"双随机、一公开"抽查实施办法》规定，更新监控化学品"双随机、一公开"执法检查组组长名录库和执法检查人员

名录库。统筹考虑设施风险等级和抽查历史记录等因素，更新重点检查对象和一般检查对象名录库，并增加重点检查对象的权重。采用定向和不定向方式，随机抽取 10 个检查对象及相应的执法检查人员，并依法回避与检查对象有利害关系的执法检查人员。

通过随机组合的方式将抽取检查人员分为 5 个检查组，每个检查组 4 人，负责随机匹配的 2 个检查对象的"双随机、一公开"执法检查。为统一执法检查标准，国家禁化武办将对抽取的执法检查人员进行统一培训。

（二）抽查阶段（5～10 月）

执法检查通知将提前 3 至 5 个工作日发送至检查对象所在地省级禁化武办，一并通知检查对象名称、执法检查人员姓名、实施检查时间等内容。

执法检查人员实施检查时，应当填写检查记录，如实记录检查情况，并由被检查单位负责人签字或盖章确认。检查报告应于检查工作结束之日起 5 个工作日内完成。国家禁化武办将于抽查结束后 15 个工作日内将抽查情况通过工业和信息化部门户网站向社会公示。

（三）总结阶段（11～12 月）

梳理汇总执法检查工作中发现的问题及整改情况，并向全国进行情况通报。

三、工作要求

（一）严格依法依规。全面贯彻落实《国务院关于在市场监管领域全面推行部门联合"双随机、一公开"监管的意见》（国发〔2019〕5 号）及《工业和信息化部办公厅关于在执法活动中全面推行随机抽查的通知》（工信厅政函〔2016〕606 号）各项要求，严格遵守《中华人民共和国监控化学品管理条例》及其实施细则的有关规定，进一步规范监控化学品行政执法行为。

（二）坚持规范透明。严格依法依规落实监控化学品监管责任，形成科学规范、公平公正、公开透明的"双随机、一公开"监管工作机制。抽查计划、抽查结果都要及时、准确、规范向社会公开，实现阳光监管，杜绝任性执法。

（三）坚持问题导向。针对突出问题和风险开展双随机抽查，提高监管精准性。在按照抽查计划做好"双随机、一公开"监管的同时，对通过投诉举报、转办交办等发现的具体问题要进行有针对性的检查，对发现的问题线索依法依规处理。

各级工业和信息化主管部门要密切配合，合理安排工作，保障监控化学品"双随机、一公开"抽查的执法检查力量。执法检查人员要不断提高检查能力和业务水平，切实把"双随机、一公开"监管工作落到实处。

特此通知。

附件：1. 监控化学品"双随机、一公开"抽查执法检查组长名
　　　　录库（略）

　　　2. 监控化学品"双随机、一公开"抽查执法检查人员名
　　　　录库（略）

　　　3. 执法检查组长和执法检查人员职责（略）

国家履行《禁止化学武器公约》工作办公室
2019 年 4 月 3 日

国家禁化武办关于 2019 年度履约工作
先进集体和个人的通报

禁化武办发〔2019〕62 号

各省、自治区、直辖市工业和信息化主管部门，新疆生产建设兵团工业和信息化主管部门：

2019 年，在党中央、国务院的坚强领导下，在工业和信息化部党组和各省（自治区、直辖市）人民政府的正确指导和大力支持下，全国各级工业和信息化主管部门以党的十九大精神和习近平总书记总体国家安全观为指引，切实履行《禁止化学武器公约》工作职责，认真完成宣布数据、接受禁化武组织现场视察，组织开展"双随机、一公开"执法检查，积极开展国际禁化武组织日宣传纪念活动，强化业务培训，推选履约人才，取得显著成绩，涌现出一批先进集体和个人。

为弘扬禁化武履约战线先进事迹和履约工作者爱岗敬业、无私奉献的精神，进一步激发广大履约工作者的工作热情和进取精神，国家履行《禁止化学武器公约》工作办公室决定对河北省禁化武办等 10 个先进集体、王丹群等 20 名先进个人予以通报表扬。

希望受到表扬的先进集体和个人再接再厉，继续发挥模范带头作用，不断取得新成绩，做出新贡献。全国各级履约主管部门和全体履约工作者，要以先进集体和先进个人为榜样，深入学习贯彻党的十九大精神，以习近平新时代中国特色社会主义思想为指导，牢固树立总体国家安全观，不忘初心、牢记使命，埋头苦干、奋勇争先，以奋发有为的精神状态、求真务实的工作作风，尽责担当，攻坚克难，开拓进取，为全面开创本地区禁化武履约工作新局面，为国家整体履约工作做出积极贡献。

◎ 附　录

附件：1. 先进集体名单

　　　2. 先进个人名单

国家履行《禁止化学武器公约》工作办公室

2019 年 11 月 12 日

附件 1

先进集体名单

（共 10 个）

天津市禁化武办

河北省禁化武办

内蒙古自治区禁化武办

浙江省禁化武办

山东省禁化武办

湖北省禁化武办

广东省禁化武办

四川省禁化武办

宁夏回族自治区禁化武办

新疆生产建设兵团禁化武办

附件2

先进个人名单

（共 20 名）

辽宁省工业和信息化厅	王丹群
黑龙江省工业和信息化厅	梁祥利
新疆生产建设兵团工业和信息化局	靖大伟
天津市禁化武办	陈　亮
河北省禁化武办	董　猛
山西省禁化武办	寇世平
吉林省禁化武办	马力利
江苏省禁化武办	陈忠明
浙江省禁化武办	朱小庆
安徽省禁化武办	陈　浩
江西省禁化武办	刘敬东
山东省禁化武办	田晓慧
河南省禁化武办	孙　鹊
湖北省禁化武办	戴兰林
广西壮族自治区禁化武办	陈超群
云南省禁化武办	戚东平
陕西省禁化武办	赵亚茹
甘肃省禁化武办	刘　伟
青海省禁化武办	陶宏伟
新疆维吾尔自治区禁化武办	吴　凡

国家禁化武办编制公布《部分第四类监控化学品名录（2019 版）》及其索引

（2019 年 9 月 18 日）

为便于监控化学品企业和各级禁化武履约主管部门鉴别第四类监控化学品，准确申报《全国监控化学品统计报表》，履行《禁止化学武器公约》宣布义务，国家禁化武办编制了《部分第四类监控化学品名录（2019 版）》及其索引，共收录了 8939 个第四类监控化学品，现予以发布。

请注意以下事项：

一、第四类监控化学品是指可由其化学名称、结构式和化学文摘社登记号辨明的属于除碳的氧化物、硫化物和金属碳酸盐以外的所有碳化物所组成的化合物族类的任何有机化学品。

二、根据禁止化学武器组织决议，低聚物、聚合物、只含有碳和金属的化学品不属于第四类监控化学品。但聚合物的单体属于第四类监控化学品。如果一个生产聚合物的厂区同时生产聚合物的单体，该厂区需申报单体的年度宣布。

三、含磷、硫、氟但不含碳的无机化学品（例如，硫酸），不属于第四类监控化学品。

四、《禁止化学武器公约》规定，专门生产炸药或碳氢化合物的厂区可以豁免宣布，但该豁免规定适用于厂区，而非单个车间或单个化学品。对于生产炸药或碳氢化合物的厂区，如果有车间以合成方式生产其他第四类监控化学品，该厂区生产的炸药或碳氢化合物也应申报年度宣布。

五、仅通过生物提取方式、没有经过化学合成步骤获得的化学品不需要宣布。

六、第四类监控化学品范围广、品种多，该名录收录了常见的但不包含所有的第四类监控化学品。如果一化学品未在名录中，请根据上述相关定义判断是否属于第四类监控化学品。

七、如发现该名录未收录的第四类监控化学品，或名录中的化学品相关信息存在错误，欢迎及时向国家禁化武办反馈，以便进一步修改完善。

附件：1. 部分第四类监控化学品名录（2019 版）[*]（略）

       2. 部分第四类监控化学品名录（2019 版）（索引）[*]（略）

附录三　2019年监控化学品生产设施建设目录

序号	企业名称	所在省 （自治区、直辖市）	类型
1	湖北中讯长青科技有限公司	湖北	含磷、硫、氟的第四类监控化学品
2	佳化化学（抚顺）新材料有限公司	辽宁	第三类监控化学品
3	福建康乃尔聚氨酯有限责任公司	福建	第三类监控化学品
4	鲁西化工集团股份有限公司	山东	第三类监控化学品
5	宁波人健医药化工有限公司	浙江	含磷、硫、氟的第四类监控化学品
6	宁夏森萱药业有限公司	宁夏	含磷、硫、氟的第四类监控化学品
7	河南南浦环保科技有限公司	河南	第三类监控化学品
8	保定加合精细化工有限公司	河北	第二类监控化学品
9	内蒙古诚信永安化工有限公司	内蒙古	第三类监控化学品
10	青海西矿同鑫化工有限公司	青海	含磷、硫、氟的第四类监控化学品
11	中科（广东）炼化有限公司	广东	第三类监控化学品
12	南通江山农化股份有限公司	江苏	第三类监控化学品
13	重庆农药化工（集团）有限公司	重庆	含磷、硫、氟的第四类监控化学品
14	山东泰和水处理科技股份有限公司	山东	含磷、硫、氟的第四类监控化学品
15	浙江石油化工有限公司	浙江	第三类监控化学品
16	湖南昊华化工有限公司	湖南	第三类监控化学品
			含磷、硫、氟的第四类监控化学品
17	福建邵武金塘安晟祺化工有限公司	福建	含磷、硫、氟的第四类监控化学品
18	上海科思创（中国）有限公司	上海	第三类监控化学品
19	福建三农新材料有限责任公司	福建	含磷、硫、氟的第四类监控化学品
20	湖北丽康源纺织材料有限公司	湖北	含磷、硫、氟的第四类监控化学品
21	龙岩思康新材料有限公司	福建	含磷、硫、氟的第四类监控化学品
22	宁波锦莱化工有限公司	浙江	含磷、硫、氟的第四类监控化学品
23	赢创特种化学（上海）有限公司	上海	第三类监控化学品
24	磐石拓金实业有限公司	吉林	第二类监控化学品
25	佳木斯黑龙农药有限公司	黑龙江	含磷、硫、氟的第四类监控化学品

续表

序号	企业名称	所在省（自治区、直辖市）	类型
26	山东省晨宏化工科技有限公司	山东	含磷、硫、氟的第四类监控化学品
27	寿光卫东化工有限公司阻燃剂厂	山东	含磷、硫、氟的第四类监控化学品
28	潍坊德润化学有限公司	山东	含磷、硫、氟的第四类监控化学品
29	山东亿嘉农化有限公司北海分公司	山东	含磷、硫、氟的第四类监控化学品
30	山东汇稻化工有限公司	山东	含磷、硫、氟的第四类监控化学品
31	上海科思创（中国）有限公司	上海	第三类监控化学品
32	内蒙古利川化工有限责任公司	内蒙古	含磷、硫、氟的第四类监控化学品
33	内蒙古科迈化工有限公司	内蒙古	含磷、硫、氟的第四类监控化学品
34	河北临港化工有限公司	河北	第三类监控化学品
35	沧州大化股份有限公司聚海分公司	河北	第三类监控化学品
36	新疆广汇陆友硫化工有限公司	新疆	含磷、硫、氟的第四类监控化学品
37	湖北丽康源纺织材料有限公司	湖北	含磷、硫、氟的第四类监控化学品
38	天津力生制药股份有限公司	天津	含磷、硫、氟的第四类监控化学品
39	山东新和成氨基酸有限公司	山东	含磷、硫、氟的第四类监控化学品

附录四　2019 年监控化学品生产特别许可证发放目录

第二类监控化学品生产企业

序号	企业名称	企业代码	所属省（自治区、直辖市）	生产特别许可证书编号
1	常熟三爱富中昊化工新材料有限公司	32E1026	江苏	HW-B0020007
2	红河砷业有限责任公司	53E0005	云南	HW-B0070001
3	山东东岳高分子材料有限公司	37C0102	山东	HW-B0020035
4	磐石拓金实业有限公司	22B0117	吉林	HW-B22B0117
5	大金氟化工（中国）有限公司	32E1019	江苏	HW-B32E1019
6	浙江巨化股份有限公司氟聚厂	33L4004	浙江	HW-B33L4004

第三类监控化学品生产企业

序号	企业名称	企业代码	所属省（自治区、直辖市）	生产特别许可证书编号
1	湖南沅江赤蜂农化有限公司	43H0001	湖南	HW-C0190008
2	内蒙古腾龙生物精细化工有限公司	15D0001	内蒙古	HW-C0070003
3	嘉兴市泛成化工有限公司	33D0045	浙江	HW-C0120073
4	乐天化学（嘉兴）有限公司	33D0051	浙江	HW-C0120072
5	浙江新安化工集团股份有限公司建德化工二厂	33A0026	浙江	HW-C0120020
6	江苏嘉隆化工有限公司	32K0027	江苏	HW-C0110032
7	丰益表面活性材料（连云港）有限公司	32K0028	江苏	HW-C0110173
8	安道麦股份有限公司	42I0001	湖北	HW-C0180001
9	徐州永利精细化工有限公司	32J0031	江苏	HW-C0110183

续表

序号	企业名称	企业代码	所属省（自治区、直辖市）	生产特别许可证书编号
10	佳化学（抚顺）新材料有限公司	21D0041	辽宁	HW-C0080023
11	山东海江化工有限公司	37C0166	山东	HW-C0160081
12	淄博鲁华泓锦新材料股份有限公司同晖分公司	37C0167	山东	HW-C0160082
13	淄博齐风川润化工有限公司	37C0128	山东	HW-C0160083
14	常州意特化工有限公司	32C0098	江苏	HW-C0110101
15	潍坊三力本诺化学工业有限公司	37G0066	山东	HW-C0160074
16	湖北泰盛化工有限公司	42B0011	湖北	HW-C0180012
17	济源市恒通高新材料有限公司	41R0010	河南	HW-C0170009
18	江西世龙实业股份有限公司	36C0009	江西	HW-C0150002
19	湖南恒光科技股份有限公司	43I0007	湖南	HW-C0190013
20	联化科技（德州）有限公司	37N0013	山东	HW-C0160011
21	山东天安化工股份有限公司	37N0018	山东	HW-C0160054
22	湖北仙粼化工有限公司	42M0007	湖北	HW-C0180050
23	江西吉翔医药化工有限公司	36C0013	江西	HW-C0150015
24	万华化学（宁波）有限公司	33B0065	浙江	HW-C0120056
25	诺力昂化学品（宁波）有限公司	33B0088	浙江	HW-C0120071
26	内蒙古兴发科技有限公司	15D0001	内蒙古	HW-C0070003
27	葫芦岛连石化工有限责任公司	21L0019	辽宁	HW-C0080024
28	辽阳瑞兴化工有限公司	21J0015	辽宁	HW-C21J0015
29	伊士曼化学品（南京）有限公司	32A0230	江苏	HW-C32A0230
30	山东潍坊润丰化工股份有限公司	37G0055	山东	HW-C37G0055
31	枣阳市金安特化工有限公司	42D0036	湖北	HW-C42D0036
32	湖南国发精细化工科技有限公司	43F0001	湖南	HW-C0190001
33	湖南海利常德农药化工有限公司	43G0002	湖南	HW-C0190011
34	江西电化乐丰化工股份有限公司	36C0007	江西	HW-C0150005
35	内蒙古紫光化工有限公司	15C0001	内蒙古	HW-C0070001
36	山西临汾染化（集团）有限责任公司	14J0001	山西	HW-C0060002

含磷、硫、氟的第四类监控化学品生产企业

序号	企业名称	企业代码	所属省 （自治区、直辖市）	生产特别许可 证书编号
1	三明市海斯福化工有限责任公司	35D0014	福建	HW-D35D0014
2	湖北中迅长青科技有限公司	42J0012	湖北	HW-D42J0012
3	营口兴福化工有限公司	21H0048	辽宁	HW-D21H0048
4	内蒙古腾龙生物精细化工有限公司	15D0001	内蒙古	HW-D15D0001
5	四川润尔科技有限公司	51T0001	四川	HW-D51T0001
6	金华永和氟化工有限公司	33J0097	浙江	HW-D33J0097
7	绍兴东湖高科股份有限公司	33F0021	浙江	HW-D33F0021
8	浙江新安化工集团股份有限公司建德化工二厂	33A0026	浙江	HW-D33A0026
9	宁波人健化学制药有限公司	33B0053	浙江	HW-D33B0053
10	浙江吉高德色素科技有限公司	33C0053	浙江	HW-D33C0053
11	浙江江北药业有限公司	33H0047	浙江	HW-D33H0047
12	浙江金华康恩贝生物制药有限公司	33J0029	浙江	HW-D33J0029
13	连云港市金闽农化有限公司	32K0025	江苏	HW-D32K0025
14	南京曙光精细化工有限公司	32A0204	江苏	HW-D32A0204
15	索尔维—恒昌（张家港）精细化工有限公司	32E0033	江苏	HW-D32E0033
16	常熟三爱富振氟新材料有限公司	32E1030	江苏	HW-D32E1030
17	湖北星驰科技股份有限公司	42E0009	湖北	HW-D42E0009
18	阜新睿光氟化学有限公司	21I0019	辽宁	HW-D21I0019
19	辽宁天予化工有限公司	21I0020	辽宁	HW-D21I0020
20	淄博澳宏化工科技有限公司	37C0129	山东	HW-D37C0129
21	山东邦威医药有限责任公司	37C0121	山东	HW-D37C0121
22	淄博华梅化工有限公司	37C0126	山东	HW-D37C0126
23	淄博东方易能医药化工有限公司	37C0113	山东	HW-D37C0113
24	淄博飞源化工有限公司	37C0125	山东	HW-D37C0125
25	山东恒立助剂股份有限公司	37C0114	山东	HW-D37C0114
26	淄博祥东化工有限公司	37C0112	山东	HW-D37C0112
27	山东宏昱化工有限公司	37C0117	山东	HW-D37C0117
28	淄博市临淄峰泉化工有限公司	37C0116	山东	HW-D37C0116
29	淄博齐凤川润化工有限公司	37C0128	山东	HW-D37C0128
30	安道麦股份有限公司	42I0001	湖北	HW-D42I0001
31	天津金汇药业集团有限公司	12T0132	天津	HW-D12T0132
32	天津北方食品有限公司	12T0510	天津	HW-D12T0510
33	山东海王化工股份有限公司	37G0116	山东	HW-D37G0116
34	潍坊尚舜化工有限公司	37G0095	山东	HW-D37G0095
35	山东国邦药业股份有限公司	37G0114	山东	HW-D37G0114

续表

序号	企业名称	企业代码	所属省 （自治区、直辖市）	生产特别许可 证书编号
36	山东德澳精细化学品有限公司	37G0123	山东	HW-D37G0123
37	寿光富康制药有限公司	37G0028	山东	HW-D37G0028
38	寿光永康化学工业有限公司	37G0052	山东	HW-D37G0052
39	诸城市众鑫工贸有限公司	37G0163	山东	HW-D37G0163
40	新乡市瑞丰新材料股份有限公司	41F0042	河南	HW-D41F0042
41	西安近代科技实业有限公司	61E0025	陕西	HW-D61E0025
42	河北万全力华化工有限责任公司	13E0026	河北	HW-D13E0026
43	江西理文化工有限公司	36D0021	江西	HW-D36D0021
44	江西国化实业有限公司	36H0009	江西	HW-D36H0009
45	江西盛伟科技股份有限公司	36H0008	江西	HW-D36H0008
46	山东华氟化工有限责任公司	37A0050	山东	HW-D37A0050
47	德州绿霸精细化工有限公司	37N0003	山东	HW-D37N0003
48	湖北南星化工总厂	42P0001	湖北	HW-D42P0001
49	山西临汾染化（集团）有限责任公司	14J0001	山西	HW-D14J0001
50	内蒙古兴发科技有限公司	15D0001	内蒙古	HW-D15D0001
51	山东泰和水处理科技股份有限公司	37D0015	山东	HW-D37D0015
52	联化科技（德州）有限公司	37N0013	山东	HW-D37N0013
53	湖北吉和昌化工科技有限公司	42F0017	湖北	HW-D42F0017
54	江西天戌药业有限公司	36H0013	江西	HW-D36H0013
55	天津市亚东化工有限公司	12T0107	天津	HW-D12T0107
56	浙江苏泊尔制药有限公司	33F0045	浙江	HW-D33F0045
57	浙江国邦药业有限公司	33F0061	浙江	HW-D33F0061
58	内蒙古佳瑞米精细化工有限公司	15D0003	内蒙古	HW-D15D0003
59	湖北丽康源纺织材料有限公司	42J0010	湖北	HW-D42J0010
60	山东亿嘉农化有限公司北海分公司	37G0182	山东	HW-D37G0182
61	寿光卫东化工有限公司阻燃剂厂	37G0177	山东	HW-D37G0177
62	潍坊德润化学有限公司	37G0124	山东	HW-D37G0124
63	潍坊汇韬化工有限公司	37G0113	山东	HW-D37G0113
64	山东省晨宏化工科技有限公司	37G0138	山东	HW-D37G0138
65	昂高（天津）有限公司	12T0249	天津	HW-D12T0249
66	天津市宏伟化工有限责任公司	12T0526	天津	HW-D12T0526
67	浙江车头制药股份有限公司	33H0038	浙江	HW-D33H0038
68	九江中星医药化工有限公司	36D0022	江西	HW-D36D0022
69	上高县瑞雅精细化工有限公司	36I0025	江西	HW-D36I0025
70	江苏汉光实业股份有限公司	32D0008	江苏	HW-D32D0008
71	无锡市东湖化工厂	32D0134	江苏	HW-D32D0134

序号	企业名称	企业代码	所属省 （自治区、直辖市）	生产特别许可 证书编号
72	无锡市红星化工厂	32D0135	江苏	HW-D32D0135
73	中孚药业股份有限公司	37G0034	山东	HW-D37G0034
74	山东振兴化工有限公司	37G0044	山东	HW-D37G0044
75	山东潍坊润丰化工股份有限公司	37G0055	山东	HW-D37G0055
76	常熟三爱富氟化工有限责任公司	32E0075	江苏	HW-D32E0075
77	阿科玛（常熟）氟化工有限公司	32E1021	江苏	HW-D32E1021
78	大金氟化工（中国）有限公司	32E1019	江苏	HW-D32E1019
79	常熟三爱富中昊化工新材料有限公司	32E1026	江苏	HW-D32E1026
80	江苏信实精密化学有限公司	32G0110	江苏	HW-D32G0110
81	南通艾德旺化工有限公司	32G0108	江苏	HW-D32G0108
82	江苏快达农化股份有限公司	32G0004	江苏	HW-D32G0004
83	江苏科本药业有限公司	32G0109	江苏	HW-D32G0109
84	浙江巨化股份有限公司氟聚厂	33L4004	浙江	HW-D33L4004
85	绍兴金美珂化工有限公司	33F0051	浙江	HW-D33F0051
86	利民化学有限责任公司	32J0020	江苏	HW-D32J0020

附录五　2019 年中国接受禁止化学武器组织工业视察一览表

序号	累计视察次数	设施类型	日期（月、日）	被视察设施名称
1	421	第四类	1.6 ～ 1.11	盐城利民农化有限公司
2	422	第四类		响水雅克化工有限公司
3	423	第二类	1.20 ～ 1.26	青岛联美化工有限公司
4	424	第四类	2.17 ～ 2.22	宜兴市中正化工有限公司
5	425	第四类		浙江龙盛集团股份有限公司
6	426	第二类	3.3 ～ 3.10	河北威远动物药业有限公司
7	427	第四类	3.17 ～ 3.22	盘锦鸿鹤化工有限公司
8	428	第三类		佳化化学股份有限公司
9	429	第二类	4.7 ～ 4.14	福建三农新材料有限责任公司
10	430	第四类	4.21 ～ 4.27	聊城煤泗新材料科技有限公司
11	431	第四类		南京化学试剂股份有限公司
12	432	第二类	5.5 ～ 5.11	浙江巨化股份有限公司氟聚厂
13	433	第二类	5.19 ～ 5.25	茂名云龙工业发展有限公司
14	434	第三类	6.10 ～ 6.15	湖北泰盛化工有限公司
15	435	第一类	6.12 ～ 6.15	防化研究院单一小规模设施
16	436	第四类	6.23 ～ 6.29	浙江九洲药业股份有限公司椒江外沙分公司
17	437	第四类		浙江太平洋化学有限公司
18	438	第三类	7.8 ～ 7.12	内蒙古紫光化工有限责任公司
19	439	第三类	7.22 ～ 7.26	盐城市大明化工有限公司
20	440	第三类	8.5 ～ 8.9	乐平市大明化工有限公司
21	441	第三类	8.19 ～ 8.22	乐山和邦农业科技有限公司

序号	累计视察次数	设施类型	日期（月、日）	被视察设施名称
22	442	第四类	9.1 ～ 9.7	国药集团威奇达药业有限公司
23	443	第四类		内蒙古三爱富万豪氟化工有限公司
24	444	第二类	9.15 ～ 9.22	新疆浙大阳光生物科技有限公司
25	445	第四类		
26	446	第二类	10.13 ～ 10.20	山东胜利生物工程有限公司
27	447	第二类	10.27 ～ 11.1	广东众和化塑股份公司天行高新技术分公司
28	448	第三类	11.11 ～ 11.15	山东远捷农化科技有限公司
29	449	第三类	11.25 ～ 11.29	沧州大化股份有限公司聚海分公司

附录六　2019 年中国接受禁止化学武器组织日遗化武视察一览表

序号	累计视察次数	日期（月、日）	被视察设施名称
1	131	4.9～4.16	哈尔滨销毁设施
2	132		哈尔滨托管库
3	133	5.7～5.14	齐齐哈尔托管库
4	134		北安临时托管库
5	135	6.17～6.27	哈尔巴岭挖掘回收作业
6	136		哈尔巴岭托管库
7	137		哈尔巴岭销毁设施
8	138	9.16～9.23	哈尔滨销毁设施
9	139		哈尔滨托管库
10	140	10.29～11.4	牡丹江挖掘回收作业
11	141	11.11～11.18	哈尔巴岭销毁设施
12	142		哈尔巴岭托管库

附录七　2019 年中国在禁止化学武器组织
重要会议上的发言选编

中国代表团团长沈健参赞
在禁化武组织执行理事会第 90 届会议上的发言

（2019 年 3 月 12 日）

主席女士：

请允许我代表中国代表团欢迎你再次主持执理会。中国代表团将与你和其他代表团密切合作，为顺利完成本届执理会各项工作共同努力。

中方感谢总干事和几位副主席的报告。赞同委内瑞拉常驻禁化武组织代表海法·埃萨米大使代表不结盟运动和中国所做的发言。下面，我愿进一步阐述中方在以下几个问题上的立场和主张。

本届执理会是《禁止化学武器公约》（以下简称"《公约》"）第四次审议大会（以下简称"四审会"）后的首次常会，四审会后续工作理应成为会议议题。在四审会主席戈麦斯大使和筹备工作组主席普加大使的领导下，各缔约国经过长时间深入磋商，在务实推进《公约》实施方面达成了不少广泛共识。中国赞赏各方付出的努力，认为有关成果应该得到珍惜。但我们对于四审会未能达成实质性报告，仅以四审会主席个人名义提出程序性报告感到遗憾；对于禁化武组织相关工作被政治化、缔约国陷入分裂和对抗、协商一致原则受到侵蚀感到严重关切。

鉴此，中方赞成不结盟关于执理会设立开放式工作组的主张。有关机制应在《公约》四审会工作基础上，本着成员国主导、协商一致的原则，着眼于全面平衡推进《公约》宗旨和目标，就四审会后续工作开展讨论，明确今后五年工作重点和规划。我们也希望此项工作能够有助于各方弥合分歧，凝聚共识，推动《公约》实施重回正常轨道。

中方认为，在整个国际军控与防扩散体系面临严峻挑战，禁化武组织经历转型的大背景下，加快推进库存化武和遗弃化武销毁，切实防范化武再现，与时俱进完善《公约》核查体系，深入开展和平利用国际合作，进一步提高《公约》普遍性，努力维护《公约》缔约国团结，应成为当前《公约》履约工作重点。

主席女士，

全面销毁包括遗弃化武在内的各类化武是《公约》核心目标之一，也是本组织第一要务，事关"无化武世界"目标的实现。中方欢迎叙利亚、俄罗斯、利比亚、伊拉克相继完成化武销毁，敦促尚未完成销毁的化武拥有国在规定期限内尽快完成相关工作。

与库存化武销毁进展相比，日本遗弃在华化武销毁进度严重滞后。《公约》生效已经 22 年，日遗化武仍严重威胁着中国人民的生命财产安全和生态环境，日遗化武泄漏导致土壤污染等问题日益突出。

中方强烈敦促日方切实履行《公约》规定的遗弃国义务，增加人财物投入，加快销毁进度，根据执理会通过的时间框架尽早完成销毁工作，并正视和积极处理土壤污染等问题。中方将一如既往提供适当合作。禁化武组织技秘处应确保相关资源投入，执理会、缔约国大会和审议大会应切实履行好审议和监督职能。根据第 67 届执理会相关决定，中日双方计划于年内再次邀请执理会代表团访问日遗化武销毁设施，我们将就此与各方保持沟通。

主席女士，

中国坚决反对任何国家、组织或个人，在任何情况下、出于任何目的使用化学武器，高度关注近年来在叙利亚等国境内发生的指称使用化武事件。《公约》规定了完善的调查、定性和确保遵约机制，中方一贯主张严格根据《公约》规定，充分利用《公约》确立的协商合作、指称使用调查、质疑视察等现有机制和程序处理相关问题，对有关事件进行全面、客观、公正调查，基于确凿证据，得出经得起历史与事实检验的结果。

在去年 6 月特别缔约国大会上，针对事关禁化武组织职权范围的"应对化武使用威胁决定草案"，有关国家在未经充分协商、各方存在巨大分歧的情况下，强行推动以投票方式通过了上述决定。中方对此存在严重关切。中方认为，使用化武追责是涉及国际和平与安全的重大事项，禁化武组织技秘处作为技术性机构，"无权"做出此类政治性判断。以投票方式强行通过上述决定的做法加剧了禁化武组织政治化，无助于各方合作应对使用化武威胁，不利于有效推进《公约》宗旨和目标。

中方注意到总干事关于"应对化武使用威胁决定"落实情况的进展报告，以及技秘处就"调查鉴定组"介绍的有关情况，也注意到缔约国围绕这一问题的分歧依然非常深刻。中方呼吁各方重新回归对《公约》组织的正确定位，即禁化武组织是由缔约国主导的国际组织，《公约》是本组织开展各项工作的根本遵循。当务之急是确保禁化武组织对指称使用化武事件开展的工作回归《公约》框架，做到程序合规，证据可靠，结论可信，切实维护《公约》权威和有效性。具体而言，一是要确保相关工作严格限定在《公约》范畴之内；二是要确保调查取证程序和工作方法严格遵循《公约》核查附件规定；三是要确保执理会充分行使《公约》赋予的权力和职能，严格监督技秘处各项活动。

中方欢迎技秘处与叙利亚政府通过结构性对话就叙化武相关问题保持沟通，赞赏叙利亚政府在初始宣布未决问题、事实调查等问题上展示的建设性态度，期待相关方继续通过对话协商与合作，妥善解决有关问题。

中方注意到"事实调查组"近日就去年 4 月发生在叙利亚东古塔地区杜马镇的指称使用化武事件提交的最终报告，也注意到一些缔约国就上述报告做出的初步评论。中方正在就上述报告进行技术研究。希望技秘处严肃、客观看待各方提出的技术性意见，坚持公正、客观立场，基于确凿证据分析和处理相关问题。

主席女士，

援助与化武防护以及国际合作是《公约》全面有效实施的重要支柱。中方高度重视并认真履行《公约》相关条款，主张加大对上述领域的投入，并多年来与技秘处积极开展相关合作。中方将于今年 10 月 14 日至 18 日在中国西安再次举办医疗防护与援助培训班，并积极考虑继续为技秘处化工研修项目提供实习企业。中方希望通过上述合作项目，分享本国履约经验，为不断提高发展中国家履约能力，增强《公约》普遍性和有效性贡献力量。

谢谢主席女士。

中国代表团团长徐宏大使
在禁化武组织执行理事会第 91 届会议上的发言

（2019 年 7 月 25 日）

主席先生：

首先，请允许我代表中国代表团祝贺你当选执理会主席并首次主持会议，中方相信以你的外交经验和技巧，一定能改善执理会工作和氛围，加强缔约国团结和协商一致精神，推动各项审议取得成功。这也是我作为中国常驻禁化武组织代表首次参加执理会会议，我和中国代表团愿与各方一道，积极支持你的工作，为会议取得成功做出贡献。

中方感谢总干事和几位副主席的报告，赞同委内瑞拉常驻代表海法·埃萨米大使代表不结盟运动和中国所做的发言。下面，我愿进一步阐述中方在以下几个问题上的立场和主张。

第一，中方支持不结盟国家提出的关于建立开放式工作组、平衡推进《公约》各主要条款实施的倡议。我们注意到多数国家对倡议持开放欢迎态度。中方认为，设立开放式工作组，能够为禁化武各个磋商机制带来新的活力，为执理会讨论注入正能量。我们希望执理会能就设立工作组达成一致，对于工作组讨论的问题清单、工作方法，包括如何处理与现有机制关系等问题，可作为工作组第一阶段的讨论内容。中方正在研究技秘处出台的任期政策方面的非文件，将积极参与讨论。

第二，中方注意到自年初以来，技秘处与叙利亚通过一系列结构性对话，在叙化武初始宣布澄清问题上取得了积极进展。我们希望各方能把握当前合作的良好势头，继续推进叙化武问题的解决。

中方注意到技秘处提交的调查鉴定工作报告。中方认为，禁化武组织作为专业性国际组织，应严格依照《公约》开展工作和调查。使用化武追责问题已经造成各方严重对立。当务之急，是确保对指称使用化武事件的调查回归《公约》框架，做到程序合规，证据可靠，结论可信，切实维护《公约》权威和有效性。具体而言，执理会必须充分行使《公约》赋予的权力和职能，严格监督包括调查在内的技秘处各项活动；任何调查工作必须严格限定在《公约》范畴内，调查取证程序和工作方法必须严格遵循《公约》核查附件的规定。

近一段时间，各方围绕杜马事件事实调查报告提出了一些技术上的疑问，公开媒体也透露出技秘处内部的不同声音。中方认为，技秘处应重视各方提出的问题和疑点，对事实调查组的工作方法、得出结论的过程做出澄清。只有各方基于事实，就报告展开充分质询和辩论，才能最大限度体现报告的公信力，维护禁化武组织权威。

第三，随着库存化武销毁不断取得进展，日本遗弃在华化武销毁对实现《公约》宗旨和目标的重要性不断突出。中方不得不指出日遗化武销毁虽取得一些进展，但其总体销毁进程严重滞后。日遗化武仍给中国人民生命财产和环境安全带来现实威胁。日遗化武销毁一日不能完成，"无化武世界"的目标就不能实现。中方强烈敦促日方切实履行《公约》规定的遗弃国义务，加大投入，根据执理会通过的决定和时间表尽早完成销毁。

根据执理会相关决定，中日双方正式邀请执理会代表团于9月2日至7日访问中国吉林省哈尔巴岭日遗化武销毁设施。中方欢迎各缔约国积极参与上述访问。我们期待，通过这一广泛参与的访问，各方能对日遗化武历史经纬和现状形成直观了解，更好地推动执理会、缔约国大会和审议大会履行审议和监督职能。

中国代表团要求将此发言作为会议正式文件散发，并刊载于禁化武组织内网。

谢谢主席。

中国代表团团长徐宏大使
在禁化武组织执行理事会第 92 届会议上的发言

（2019 年 10 月 8 日）

主席先生：

　　首先，请允许我代表中国代表团欢迎你再次主持会议。中国代表团将与各方一道积极支持你的工作，为会议各项审议取得成功做出贡献。

　　中方感谢总干事和几位副主席的报告，赞同委内瑞拉常驻代表海法·埃萨米大使代表不结盟运动和中国所做的发言。

　　我注意到本届执理会需要就若干问题采取行动，对其中的一些重要问题缔约国还存在不同意见。中方一向主张，对于存在分歧的问题，有关各方应开展广泛磋商，听取不同意见，尽量争取形成协商一致。动辄投票的做法，无助于化解分歧，不利于禁化武组织的正常运行和长远利益。下面，我愿就以下几个问题进一步阐述中方的立场和主张。

　　首先，在化武销毁方面，中方注意到近年来库存化武销毁所取得的进展，敦促余下的化武拥有国尽快完成销毁。经过中日双方的共同努力，日本遗弃在华化学武器销毁有所进展，但总体销毁进程仍然严重滞后，对中国人民的生命财产和环境安全构成现实威胁。中方敦促日方切实履行遗弃国责任，加大投入推进销毁进程，并妥善处理污染土壤等突出问题。中方将一如既往地予以配合。9 月 2 日至 7 日，执理会代表团访问了中国吉林省哈尔巴岭日遗化武销毁设施，技秘处于日前散发了详细报告。中方相信此访及相关报告有助于各方了解日遗化武销毁工作全貌，特别是销毁的紧迫性，推动执理会、缔约国大会等决策机构切实履行监督和审议职能，推动在执理会相关决定确立的时间框架内按时完成销毁。

　　第二，关于消除叙利亚化武计划问题，中方注意到总干事和叙利亚散发的相关报告。中方呼吁技秘处与叙利亚继续保持接触和对话，推动叙化武初始宣布澄清等未决问题取得积极进展。中方一贯反对任何国家、任何人在任何情况下使用化武。对于指称使用化武事件，中方主张依照《禁止化学武器公约》（以下简称"《公约》"）以及相关核查附件的规定，开展调查。调查结论应基于事实，经得起时间和历史的检验。

中方注意到技秘处就调查鉴定组工作进展提交的文件。令人遗憾的是，各方在使用化武追责问题上的分歧依旧，并再次影响到预算等涉及禁化武组织运行的问题。中方重申，各方应推动"追责决定"的执行回归《公约》框架，从而维护《公约》权威和有效性。这也有利于各方就本组织的工作项目和预算达成一致。执理会作为《公约》规定的处理违约问题的主要决策机构，必须充分行使《公约》赋予的权力和职能，严格监督化武追责调查在内的技秘处各项活动。

第三，中国代表团积极参与了预算问题的磋商，欢迎技秘处就提高预算的可预测性、解决重要资金短缺问题提出的举措，愿与各方共同研究完善相关方案，确保禁化武组织的正常运行。

应当指出的是，各方对 2020 年工作项目和预算决定草案的模式仍存在严重分歧。长期以来，技秘处针对常规预算和其他资金问题分别提出决定草案，相关做法符合财务规定，也形成了良好的习惯性做法。此次，技秘处将所有预算相关决定打包处理，包括中方在内的不少国家对此存有关切。希望各方重视上述关切，为顺利审议 2020 年预算创造条件。

第四，中方注意到有关国家提交的关于修订行政财务咨询委员会议事规则的草案。我们认为，行政财务咨询委员会作为一个开放性、不具决策权的机制，应保持多样性和地域平衡性，缔约国有权提名其认为合适的人选，其任职条件应当与其他类似国际组织保持一致，不宜设立主观随意、模糊不清或存有争议的任职标准或行为准则。

第五，中方重申对有关建立开放式工作组倡议的支持。我们注意到执理会主席提出的有关建立协调机制的建议。中方认为，任何重振各项磋商的建议必须坚持开放性和包容性，并设立确保平衡推进各项议题的机制。

最后，我想借此机会表明中方对禁化武组织化学实验室升级计划的支持，相信此举可以让禁化武组织跟上科技发展的步伐，并为广大发展中国家开展能力建设提供必要的支持和帮助。为此，中国政府决定为该计划提供自愿捐助。

中国代表团要求将此发言作为会议正式文件散发，并刊载于禁化武组织内网。

谢谢主席。

中国香港特别行政区工业贸易署助理署长李基舜先生在
《禁止化学武器公约》第 24 届缔约国大会上的发言

（2019 年 11 月 26 日）

主席先生／女士、各位代表团成员、女士们、先生们：

我感谢主席容许我作为中国代表团成员于今天大会介绍中华人民共和国香港特别行政区政府履行《禁止化学武器公约》（以下简称"《公约》"）的工作，并感谢王志军副部长邀请发言。

自 1997 年 7 月 1 日以来，按照《中华人民共和国香港特别行政区基本法》（以下简称"《基本法》"），香港特别行政区在中华人民共和国下享有高度自治权，并为单独的关税地区。按照《基本法》的"一国两制"原则，中央人民政府已将《公约》的适用范围延伸到香港特别行政区。

为确保《公约》全面及有效于香港执行，香港特别行政区政府已在本地立法禁止使用、发展、生产、获取、储存、保有和参与转让化学武器。违反这些规定，即属于犯刑事罪行，于香港的法院经公诉程序定罪后，最高刑罚为终身监禁。

为履行向禁止化学武器组织（以下简称"禁化武组织"）提交年度报告的责任，香港特别行政区政府自 2004 年起定期把有关资料呈报中央人民政府。我们的情况为香港并没有生产或储存化学武器，亦没有需按《公约》规定而作宣布的化学品设施。我们只有少量涉及《公约》附表所列化学品的贸易活动，进口作科研或工业用途。

香港已有完善制度，以监管《公约》所管制的化学品。在"一国两制"的原则下，香港维持自身的战略贸易管制制度，并由香港特别行政区政府工业贸易署（工贸署）执行的一套进出口许可证制度和香港海关的执法制度组合而成。为管制和监察涉及《公约》附表所列化学品和非附表所列特定有机化学品的生产和相关活动，除非取得工贸署发出的许可证，任何人均严禁生产、获取、保有、使用、转让或消耗超过规定数量的表

列化学品。此外，所有许可证持有人须定期呈报其有关的生产活动。有
关化学品设施的营运人亦必须对生产超过规定数量的非附表所列的特定
有机化学品向工贸署做出呈报。

　　香港海关亦获赋予法定权利执法。当中权利包括，他们可视察受许
可证和呈报制度所监管的化学品设施，以及逮捕与没收物品。我们的法
例亦授权香港海关容许禁化武组织技术秘书处根据《公约》派遣的视察
组视察香港的有关设施。

　　我们深信一套以法律为基础，并施以全面的许可证管理制度，配合
严谨的执法和积极参与国际合作，必然能使我们全面而有效地在香港执
行《公约》。在未来的日子，我们会一如既往，与我们的伙伴携手合作，
以打击化学武器的扩散。

　　谢谢。

附录八 2019 年禁止化学武器组织
主要工作情况

技术秘书处的说明

禁止化学武器组织的中期计划

（2020 年至 2024 年）
（EC-92/S/1 C-24/S/1 2019 年 7 月 22 日）①

导言

1. 本中期计划是为 2020 年至 2024 年这个时间段编写的。我们的意图是使该计划延续下去，直至作为下届审议大会的后续行动来予以修订，除非出现了下述情况而不得不加以修订：外部情况变化提出了其他的要求；或者本组织的决策机构做出了决定。本中期计划取代了 2017 年至 2021 年的计划（EC-83/S/1C-21/S/1，2016 年 4 月 8 日），而且为年度规划进程指明了方向。根据《财务条例》中的 3.8，本中期计划可作为禁化武组织 2020 年以及此后各年度的方案和预算的随附文件，直到对其做出必要修订为止。

2. 在《禁止化学武器公约》（下称"《公约》"）的序言中，缔约国宣布决心"为了全人类，通过执行本公约的各项规定而彻底排除使用化学武器的可能性"，从而使其成为本组织的终极目标。

3. 因此，本组织的理念仍将是成为一个使世界永无化学武器的国际组织，而其工作重点则在于：通过有效、高效和非歧视性地履行《公约》的所有条款来防范化学武器再次出现。

---

① 本报告在禁化武组织执行理事会及缔约国大会上均未通过。

4. 为了支持该理念，本组织的使命是作为关于化学武器事务的全球性权威以及一个基于条约的国际组织，致力于推动以下各项工作：化学武器裁军；防范化学武器再次出现；提供援助和化学武器防护；为《公约》的国家履行提供协助；通过核查、能力建设或各种互动促进化学的和平使用。

5. 为了制订本中期计划并协助本组织确定其一体化的战略方向，针对 2024 年本组织在其中运行的外部环境的特定方面做出了一些假设，同时确认了若干风险。这些假设和风险包括以下内容。

（a）对迄今宣布的化学武器库存核实销毁工作仍将如期在美利坚合众国完成。经核实的非库存化学武器（已回收的遗弃化学武器和老化学武器）的销毁仍将是本组织的一个重要目标。

（b）可能有《公约》非缔约国作为化学武器拥有国加入本组织。

（c）对化学武器的使用或威胁使用仍将引起重大关切。获取有毒化学品和关于化学武器知识的机会正日益增多。在此方面，本组织将需要加强其对付非国家行为者（尤其是恐怖团伙）以及有组织的犯罪集团和个人的各种能力。

（d）本组织将保有关于化学武器的知识和专长，并掌握可快速部署的应急能力，以满足关于进行质疑性视察或指称使用调查的请求，并为其他非例行性行动提供支持，同时对缔约国的援助请求做出回应。

（e）科学技术仍将继续向前发展，而其驱动力是各种传统科学学科的相互融合、国家和国际层面的合作以及创新性筹资战略。各种创新技术将应用于日常生活，同时将在形形色色的行业和部门中采用。与《公约》尤为相关的是这些技术被用于化工生产、加工和处置应用以及与核查相关的各种活动之中。

（f）化工行业将更加实现数字化，同时将把新技术整合到常规用途之中，从而要求技秘处始终熟悉范围更广的生产设备和流程。

（g）尽管若干成员国目前财政吃紧，但本组织将为核查、能力建设、互动和组织管治领域的新的优先工作提供资金保障。

（h）全球化学武器裁军即将完成，这正在使本组织有机会重新排列现有的七大核心目标的优先次序，而这种排列的方式既能应对战略环境的变化，同时也把防范化学武器再次出现作为侧重点。

（i）鉴于通货膨胀导致成本上升，本组织仍将遇到严重的财政压力，而且不会因业务需求的相应减少而减轻。

（j）政治因素可能会影响本组织的工作进度。

6. 对化学武器的再次出现的防范超越了《公约》的核查制度和防扩散工作的范畴。防范化学武器卷土重来的努力将包括在本组织的传统成果领域中的各项活动，并且将包含以下要素：核查、能力建设、国家履约的改善、有效的国家防护方案、通过教育和外联活动进行的与利益攸关方的互动、对负责任的科学应用的推广、对普遍性的不懈促进、对科学技术的相关新发展的监测。要获得可靠的成果，将需要以连贯和系统的方式在上述每一个领域开展活动。

7. 由于这种防范化学武器再次出现的整体性方式相当复杂，取得和衡量成果将是一件比迄今为止的情况更为复杂的工作，而这种工作横跨本组织的所有传统方案领域。这需要做以下工作：提高应变能力和适应能力，包括采用更多的基于项目的新式工作方法和工具来提高这些能力；继续重点改进基于成果的管理；加强知识管理的结构和流程。

8. 利用这三大战略促成因素，本组织将继续在以下 4 个广泛的领域中取得成果：核查、能力建设、互动和组织管治。为了维持适用性，同时还在今后的时间里始终保持本组织的健全体系和良好声誉，技秘处将继续监测和应对有可能阻碍本组织实现其目标的风险。

9. 在上述 4 个成果领域的每一个领域中制定中期目标，并进一步辅之一套截至 2024 年的主要成果指标，本文件有助于实现本组织的理念。本文件的附件对《公约》的中期履行所含的关键要素做了概述。

为维持对遵约的信心而进行的核查

中期目标 1：为实现本组织从裁军转向防范化学武器再次出现的再

平衡而营造的支持

10. 在宣布的化学武器的裁军方面正在取得越来越多的成果，为使本组织始终保持其相关性，防范化学武器再次出现这一工作将更加重要。虽然为防范化学武器再次出现而开展的活动范围很广，超出了《公约》的核查制度的范畴，但随着与销毁相关的核查活动从 2023 年开始大幅减少，就此发生的转变也将是巨大的。

11. 为了维持切实可行的核查制度继续有信心施行，本组织需要继续在各缔约国中获取支持，已调整其在核查领域的做法。与过去相比，这将更加要求以可靠的信息为基础，以提升技秘处的分析能力。缔约国大会（下称"大会"）第四届特别会议也已显现了本组织对其核查实践与新的形势与时俱进所作出的承诺。

12. 至 2024 年这段时间的重要业绩指标包括以下内容。

（a）继续进行核查活动，以便确认剩余的已宣布化学武器库存最晚到 2023 年全部销毁。

（b）维持技秘处应有的常备状态，以便应付可能发生的新的拥有化学武器的缔约国入约的情况，包括核查对化学武器的销毁。

（c）制定一种更加基于证据的方法，用以核查对《公约》的遵守情况。

（d）维持并增加技秘处在化学武器领域的知识，目的是能够解决涉及非国家行为者、潜在的新拥有国以及有可能获得的相关新技术的关切。

中期目标 2：扩充带有风险管理体系的例行核查活动

13. 作为本组织例行核查活动的一个持续的重要组成部分，本组织将继续通过现场视察来评估宣布的数据并核实有关资料。为了使核查制度始终与防范化学武器再次出现这一目标保持一致，本组织将提升其分析能力，即强化一套重在信息的汇编、验证和评估的系统，以便以一种更为完整系统的方式对《公约》及其履行状况所面临的风险进行分析。

14. 本组织将继续审查用以选取第六条视察厂区的方法的应用效果，

且在审查时考虑到缔约国的建议，同时顾及全球化工界正在出现的增长和能力已得到扩充的情况。

15. 本组织还将解决以下化学品的相关性问题，范围更广的有毒化学品及其可能处于本组织的职责范围内的前提，其中包括有毒工业化学品；毒素和生物调节剂用于如医学或执法的化学品，其中包括对中枢神经系统起作用者。

16. 至 2024 年这段时间的重要业绩指标包括以下内容。

（a）技秘处通过广泛且有针对性的支持，协助缔约国及时、完整和准确地提交其所有宣布。这种新方法包括电子学习、双边磋商和技术援助访问。

（b）以下方式为风险管理体系的发展提供支持：建立经过扩充的核查资料管理架构；提高情势意识；获取和使用更多的数据库。

（c）技秘处强化现有的"核查信息系统"，并扩充其内容范畴，以便囊括与《公约》的各个部分相关的所有宣布和核查信息。

（d）技秘处继续提高核查活动的效力和效率，包括通过进一步开发电子宣布工具并扩大对电子资料安全传输的应用来进行。

中期目标 3：提高本组织开展非例行性行动的能力

17. 对于在《公约》的框架内处理和解决违约方面的关切来说，进行协商、合作和事实调查的有效手段和工具仍将是必不可少的。为此，技秘处将需要维持必要的资源、技术能力、行动的常备状态和专业技能，以便进行以下工作：为协商和合作提供便利；提供援助；进行质疑性视察、指称使用调查和其他非例行性行动，例如，禁化武组织的事实调查；执行调查和鉴定组的任务；技术援助访问；与其他国际组织联合开展行动。

18. 技秘处还将继续努力增加被指定进行真实样品分析的实验室的数量，并扩大其地域范围。为了减少化学武器领域的知识和专业技能的流失，技秘处将提出新的概念、措施，发展新的伙伴合作关系，以便能够维持开展非例行性行动的常备状态。

19. 至 2024 年这段时间的重要业绩指标包括以下内容。

（a）技秘处已经提高内部结构和流程的效率和效力，以便吸取有关非例行性行动的经验教训，并在今后对学到的经验教训加以借鉴。在此方面，技秘处已经增强了利用卫星图像和其他远程核查方法来开展各类非例行性行动的能力。

（b）执行一套诸如知识管理流程和信息管理工具的措施，从而使技秘处积极主动地去解决知识的保存和传授问题，同时特别强调以下方面：预防化学武器领域的知识的流失，这些领域包括生产、安全处理、检测和销毁等。

中期目标 4：加强本组织监测与《公约》有关的科学技术发展的能力

20. 技术变革将成为在各个方面有效实施核查制度的指南。这将要求不断审查科学技术的进步，特别是在检测、分析、对策和防护技术方面。技秘处的有关部门，包括禁化武组织的实验室以及指定的伙伴实验室，将探索新的技术，以充实本组织在这些领域的能力。这也包括，例如与范围更广的科学技术界的互动来提高资源的使用效率，同时借助科咨委所提供的咨询意见。

21. 科学技术的进步将为本组织提供依据，以提高监测其职责范围内的更广泛的相关有毒化学品的能力。在此方面，本组织将借助科咨委提出的相关咨询意见，同时增加内部科技资源。

22. 新的化学和技术中心所提供的更大的新设施将使这些资源得到进一步加强。这个中心将侧重其相关性正日益提升的新技术，同时，为现有的采样和分析活动维持强有力的科技基础。

23. 至 2024 年这段时间的重要业绩指标包括以下内容。

（a）技秘处将保有并不断强化用于审查与《公约》相关的科学技术的强健而灵活的系统。为此，技秘处将继续进行以下工作：招聘有能力从大量的数据中提取信息的专业工作人员；利用合适的工具来处理大型数据集；加强与有关国际组织、学术界和化工界的联系。

（b）技秘处将扩充目前掌握的先进的采样方法和分析技术，而且确保工作人员做到：随时了解这些方法和技术，并接受培训；通过采纳科咨委的咨询意见并与技秘处的指定实验室网络进行磋商，继续发展在化学取证领域的能力，其中包括分析各种毒素以及生物医学样品和其他样品的能力。

（c）本组织将完成把现有的禁化武组织实验室改造成新的化学和技术中心的工作。

24. 此外，本组织拥有必要的工具、程序以及既有技能又有经验的工作人员，可用以实现 4 个中期核查目标，特别是在数据监测、分析和解释以及独立核实获得的信息的准确性和真实性方面。

有助于预防和应对有毒化学品的恶意使用以及促进国际合作的能力建设

中期目标 5：为支持其在预防和应对方面的防范化学武器再次出现的工作重点而提升本组织的援助和防护能力

25. 各个不同方面的能力建设，例如，改进国家对《公约》的执行以及防止化学武器的援助和防护措施，有助于《公约》作为一个关于禁止化学武器的全球性文件而发挥其作用，这包括防范化学武器再次出现。此种再次出现的表现形式还可能是非国家行为者对化学武器的获取和（或）使用。由此可见，《公约》有关预防和应对此类行为者的化学武器袭击的规定也很适用。因此，在推动全球反恐斗争以及更广泛地发展化学安全文化方面，本组织发挥着重要作用。

26. 只要存在使用或威胁使用化学武器的可能性，就必须维持和提高所有缔约国在本国内应对和协助其他缔约国的防护能力。这种强化的能力发挥着重要的威慑作用。本组织已经在与若干区域和次区域组织进行密切合作，以提高其有效应对化学突发事件的能力。本组织将继续主动与其他区域的此类组织进行接触，从而以更有力的方式为区域协调的应对措施提供便利。

27. 技秘处将继续维持应有的常备状态，以便在以下方面满足缔约国根据第十条提出的援助请求：指称使用调查；援助协调和评估；快速应对援助小组的任务，以便一接到通知便实施有关援助缔约国的紧急措施。

28. 至 2024 年这段时间的关键绩效指标包括以下内容。

（a）决策机构继续支持能力建设活动，尤其是在援助、防护与应对措施等领域，以防范化学武器再次出现。

（b）强化技秘处内部的专业技能，以加强预防和应对有毒化学品的恶意释放的能力建设活动，包括对化学设施和交通基础设施可能发动的攻击。作为其中的一部分，本组织将扩大与其他国际组织的网络式互动，以便预防和应对涉及任何行为方恶意使用有毒化学品的重大事件。

（c）技秘处继续以系统性的方式建立可行的区域能力，以有效应对化学武器的使用或有毒化学品意外释放的事件。技秘处还保持以下常备状态：根据第十条，在发生使用或威胁使用化学武器事件后，对于缔约国的援助请求做出回应。

（d）在处理化学安全领域的事务以及培育化学安全的文化方面，本组织已经成为一个引领性的全球平台。

中期目标 6：加强有助于国家履约和国际合作的能力建设

29. 技秘处将加强各种能力建设，同时旨在确保缔约国长期参与，而《公约》带来的安全红利只有在长期参与后才能显现出来。因此，本组织将以确保能力建设活动为成果导向，以对国家需求的评估作为依据，以高效、有效、可持续的方式开展，并为禁化武组织带来更大的价值，从而继续促进和平利用化学。

30. 技秘处将鼓励缔约国以综合方式开展国家履约工作。除通过行政和立法措施外，这种综合方式还包括采取一系列广泛的国内行动。在此方面，技秘处将推广国家履约框架的使用。该框架被用作以下工作的基础：与国家的各个利益攸关方合作，并且（如需要）在技秘处的支持下，拟定全面的需求评估和《公约》的国家履行行动计划。

31. 在国际合作方面，技秘处将继续协助缔约国发展其促进和平利用化学的技术能力的机会和活动。重点领域将包括：化学安全与安保管理；化学知识的推广和交流；利用指定实验室网络和建成后的禁化武组织化学和技术中心向发展中国家的实验室提供更多的支持。通过这些能力建设活动，技秘处的目标将是帮助缔约国发展技能和能力，以在民用化学设施中实现更高的安全和安保管理水平，同时发展其国家实验室分析与《公约》相关化学品的能力。这将被加入本组织协助缔约国创建和维护充分履行《公约》方面的监管框架的更广泛的努力之中，从而为经济发展和国际交流创造更好的条件。

32. 至 2024 年这段时间的关键绩效指标包括以下内容。

（a）技秘处继续为缔约国提供履约支助，以使 100% 的缔约国保留其国家主管部门，并使 75% 的缔约国颁布涵盖《公约》的所有关键领域的国家立法和行政措施。

（b）技秘处继续协助经济处于发展中和转型中的缔约国创建有效和高效履行《公约》的科学技术能力。

（c）技秘处已扩充了其能力建设工具箱，并与科技界、学术界、工业界和国际实体建立了新的伙伴合作关系，以促进化学和平、安全和可持续地利用。

（d）技秘处向主动要求采用"国家履约框架"的缔约国提供有针对性的支助和指导，并向所有缔约国宣传该框架的好处，其可作为一种工具来评估化学安全中的风险，并为应对这些风险的恰当措施进行规划。

中期目标 7：加强技秘处在能力建设领域的评估能力

33. 评估是进行观察、分析和绩效评估的综合过程，以确定某项政策或方案的效率、效力和影响。由于技秘处内的不同部门开展着多种多样、数量众多的能力建设活动，非常有必要加强技秘处在这一领域中的评估能力，确保以高效、有效和可持续的方式继续取得成果。这将补充内部监察办公室定期进行的基于风险的评估，并将需要技秘处协调。

34. 为此，技秘处在对每项能力建设活动的结果进行评估的同时，还将补充以下两种后续分析：在加强国家能力方面取得的成果；对本组织总体目标贡献的成果的评估。这将使技秘处能够向决策机构提供可信的、以证据为基础的建议，以加强在能力建设方面取得的成果。上述评估还将基于对缔约国需求的评估，以便为技秘处提供指导，以在能力建设方面制定更有针对性的策略。

35. 至 2024 年这段时间的重要业绩指标包括以下内容。

（a）缔约国为改进技秘处的评估方法而提供更多的支持和反馈。

（b）改进技秘处的评估能力，包括改进评估系统；加强内部协调；对照缔约国在国家履约方面的表现，提供更多资源用以分析已开展的能力建设活动的各种成果，并评估其影响。

（c）缔约国承诺利用本组织提供的能力建设活动及其评估结论，以确保《公约》的有效履行。

开展互动以利用其他方面的能力

中期目标 8：加大实现普遍性工作的力度

36. 实现普遍加入《公约》仍将是一项高度优先的工作，其目的是确保《公约》作为针对化学武器的全球性安全保障的完整性和全面覆盖。鉴于《公约》非缔约国现已所剩无几，将以量身定制的方式制定出具体的建议，包括采取措施说服那些国家重新考虑其立场。本组织还将继续鼓励缔约国与剩余的非缔约国进行接触，以说服其加入《公约》。为实现普遍性而开展的工作将会考虑以下情况：一个或多个目前的非缔约国可能会在拥有应宣布的化学武器库存的情况下加入《公约》。

37. 至 2024 年这段时间的重要业绩指标包括以下内容。

（a）进一步巩固《公约》，使其作为禁止有毒化学品的恶意使用的一种普遍接受的全球性准则，并利用这一点继续致力于普及《公约》。

（b）制定并落实有关技秘处和缔约国继续说服非缔约国加入《公约》的具体建议，以减少非缔约国的数量。

中期目标9：加强与其他国际组织的协作并使其具有可持续性

38. 本组织面临的挑战既复杂又难以预测，这带来了以下需求：加强与其他有关国际组织、区域组织和机构的网络式互动。这将有利于在与其联手开展活动时找到如何实现协同效应的方式。可以更广泛和更深入地开展互动的领域有很多，包括能力建设活动、科学和技术、非例行核查活动以及全球反恐行动。

39. 在此方面，本组织需要确保其体制框架在将来依然可行，并需要考虑采取新的、经过改进的互动方法。以下两个领域特别适用于开展这种合作：打击化学恐怖主义构成的威胁；促进化学安全，包括培育一种化学品安全的网络和文化，技秘处工作人员的专业知识将使本组织能够在支持更广泛的全球努力方面发挥重要的作用。

40. 至2024年这段时间的重要业绩指标包括以下内容。

（a）技秘处将继续加强与其他国际组织的互动。

（b）技秘处进一步朝着利用和理解跨学科（即融合）科学和技术专业知识的方向前进，而其重点是与《公约》履行相关的科学和技术。其中包括与其他相关的国际组织加强联系，以及在科咨委的支持下与相关的国际科学咨询机构加强联系。

（c）本组织已经发展成为参与打击化学恐怖主义和促进化学安全的全球努力的国际组织中的领跑者。

中期目标10：加强与范围更广的利益攸关方的互动

41. 要成功履行《公约》就要求将主人翁意识灌输给化工界、科研界、学术界、非政府组织和民间社团中的利益攸关方，以争取其支持和积极协作。为促成并维持来自更广范围的利益攸关方的这种支持，将要求本组织与其展开更多的定期互动，以征求其意见，并确保准确理解《公约》和禁化武组织的工作。根据大会第二十届会议的一项决定设立的教育和外联咨询委员会将继续为这一进程提供支持。本组织将与不同的利益攸关方进一步建立有效的网络和新的合作伙伴关系，以便借助其专业知识为应对新出现的履约挑战提供支持。

42. 至 2024 年这段时间的重要业绩指标包括以下内容。

（a）在与利益攸关方进行互动时，本组织致力于采取一种更具战略性的方法，以确保本组织的教育和外联活动是基于证据并且有效、可持续和具有成本效益的。

（b）促进对《公约》及其目标的认知被看作履行《公约》的一个重要方面，并继续得到教育和外联咨询委员会的支持；缔约国已在国内的中小学和大学课程中优先纳入了这方面的内容。

（c）已建立了一种与科技界进行合作的更广泛的网络，而其正在科学界中促进负责任的科学实践，并且正在加强非技术利益攸关方的科学水平，以确保其更好地理解对履行《公约》而言非常重要的科学概念和意见。

（d）通过积极的互动以及支持《公约》的共同项目，本组织与全球化工行业的关系已经实现了进一步的发展。

一个始终保持适用能力的组织

中期目标 11：为使本组织继续成功运转而进行必要的结构和流程调整

43. 本组织外部环境的发展变化以及本组织部分目标的实现，尤其是对宣布的化学武器进行核查和清除，将要求本组织随之有所发展，以保持自身的适用能力。为此，技秘处必须继续支持本组织在上文讨论到的 3 个成果领域的关键职能，并在必要时使其结构、资源和流程适应新的环境。在此背景下，新的禁化武组织化学和科技中心将加强本组织现有的能力，包括核查、能力建设、国际合作和知识管理等相关领域。

44. 总之，这些工作将使本组织能够展示其持续的相关性，并维护本组织作为全球关于化学武器事务的建设性对话与合作的多边平台的声誉。为了在前进的道路上得到尽可能多的支持，本组织将充分利用各种原则，例如，包容性、透明性和协商一致性。

45.《公约》为通过制定政策、决策机构做出决策以及对工作和业务实践的渐进式微调而进行必要的调整提供了足够的灵活度。

46. 技秘处将进一步加强员工队伍管理，以确保具备以下能力：继续吸引具备必要技能和经历的工作人员，并有效激发他们的活力。技秘处将继续建设信息技术基础设施并使其现代化，以确保其信息是保密、安全、可靠的，确保相关信息可被获取并可用于分析。

47. 技秘处将继续发展战略融资和预算框架，以利用诸如双年期预算及大项资本投资基金等概念的效益，同时保留适度充足的周转基金。

48. 至 2024 年这段时间的重要业绩指标包括以下内容。

（a）技秘处需要解决以下需求：在组织结构和流程中，为连续性和变化找到平衡。

（b）决策机构认可关于组织结构和流程平稳转型的建议，并随后由技秘处落实这些建议。

中期目标 12：本组织继续成为化学武器领域的知识和专业技能的全球资源库

49. 借助系统性地利用战略促成因素、知识管理和成果管理制，以及通过发展和加强应对预期变化和意外挑战的适应能力，做到了以更有力的方式确保本组织继续成为化学武器领域的知识和专业技能的全球资源库。同时，重要的是将继续保持以下组织结构和流程：已经在充分、有效和非歧视性地履行《公约》的所有条款的过程中证明了其价值，并可预料将继续这样的组织结构和流程。

50. 至 2024 年这段时间的重要业绩指标包括以下内容。

（a）具备持续实施并定期更新与本组织的战略方向保持一致并支持中期目标实现的员工队伍管理和知识管理的战略、结构、流程和工具。

（b）支持全面实施成果管理的政策、结构和程序，同时使技密处具备足够的复原力和适应能力，并定期更新。

中期目标 13：加强促进缔约国的各特设小组之间的合作能力

51. 技秘处将加强以下能力：支持禁化武组织被用作一个对部分缔约

国感兴趣的与《公约》的目标和宗旨相关的问题进行讨论的平台。作为召集机构，技秘处将力求做到具有包容性，而且将试图建立一个中立的空间，以确保程序公正，并克服体制障碍，同时达成有关进一步加强《公约》的行动和实施计划。可从这种做法中获益的问题是多种多样的，而且横跨上文讨论到的 3 个成果领域。

52. 至 2024 年这段时间的重要业绩指标包括，技秘处保有以下能力：相关成员国就部分成员国感兴趣的问题召集会议，以确保就此问题进行讨论的过程以成果为导向且顺利开展。

结语

53. 技秘处提交本中期计划以将其附于本组织的 2020 年方案和预算，同时也为了推进本组织的转型过程，以便使本组织能在自 1997 年以来《公约》以及本组织成功的基础上再接再厉。本组织也已在获得的知识和专业技能的基础上继续转型进程，这将使本组织继续成为一种对其战略背景的演变做出了回应（而且被认为做出了回应）的多边安全工具。各缔约国对此进程继续做出贡献将是成功的关键。

54. 为了继续实现《公约》的目标，这一转型过程将要求：进一步发展本组织的核查制度，以在保持核心专长的同时提高其监测和分析能力；通过增强其分析和满足缔约国的履约需求的能力，强化本组织在能力建设和互动方面的努力。在与对组织管治进行的各项上述改进相结合的情况下，这将使本组织能够保有其适用能力，并成为在防范化学武器再次出现方面的领路者。

2019 年《关于禁止发展、生产、储存和使用化学武器及
销毁此种武器的公约》履行状况（节选）[①]
（C-25/4　2021 年 4 月 20 日）

导言

1. 2019 年间，禁化武组织继续在国际的持续关注下开展工作，尤其是对其应对使用化学武器的方面。同时，禁化武组织继续在以下领域取得了进展：销毁剩余的已宣布化学武器库存、进行和加强工业核查、扩大国际合作和援助、应对化学恐怖主义构成的挑战以及对教育和外联工作的拓展和维持。

2. 关于已宣布化学武器在 2019 年间的销毁进展，经技术秘书处（下称"技秘处"）核实，已经销毁了 612.090 吨第 1 类化学武器。在自《禁止化学武器公约》（下称"《公约》"）生效之日至 2019 年 12 月 31 日期间，经技秘处核实已销毁了 68737.917 吨[②]宣布的第 1 类化学武器，占宣布总量的 97.51%。剩下的唯一 1 个拥有尚待销毁的已宣布化学武器的缔约国（美利坚合众国）继续按照其设定的 2023 年 9 月这一预定日期而进行其剩余化学武器库存的销毁。对日本遗弃在中国领土上的化学武器的销毁也取得了进展。在这一年里，技秘处进行了 12 次遗弃化学武器（以下简称"遗弃化武"）视察和 8 次老化学武器（以下简称"老化武"）视察。

3. 2019 年，禁化武组织再度进行了 241 次工业设施视察。在这些视察的其中 6 次期间，还开展了采样和分析活动。在这 6 次视察中，有 5 次为附表 2 视察，另外 1 次为其他化学生产设施视察。技秘处继续开发下一版的国家主管部门电子宣布工具和电子宣布信息系统。

4. 继续开展了以下工作：澄清阿拉伯叙利亚共和国的初始宣布；处

[①] 本报告于 2021 年 4 月《禁止化学武器公约》第 25 届缔约国大会上审议通过。
[②] 该数目包括根据《公约》的《核查附件》（下称"《核查附件》"）第六部分第 2 款（d）项取出用于《公约》不加禁止的目的的 2.913 吨附表 1 化学品。

理在该国发生的把有毒化学品用作武器的事件。在此方面，技秘处工作的大部分措施聚焦于落实缔约国大会（以下简称"大会"）第四届特别会议通过的一项决定（C-SS-4/DEC.3，2018 年 6 月 27 日），其中包括根据上述决定成立的调查和鉴定小组的运转。以执行理事会（下称"执理会"）的相关决定和联合国安全理事会的有关决议为指南，禁化武组织派往叙利亚的事实调查组在 2019 年继续开展其活动。宣布评估组的工作在 2019 年全年继续进行，以解决在阿拉伯叙利亚共和国提交的初始宣布和其他相关资料中发现的尚待解决的问题。

5. 2019 年，首次启动了《公约》第十五条规定修订其《关于化学品的附件》（以下简称"《附件》"）的流程。2018 年，在大不列颠及北爱尔兰联合王国索尔兹伯里和埃姆斯伯里相继发生了涉及一种显示出某种神经毒剂特性的有毒化学品的事件，大会于 2019 年通过了两项建议（C-24/DEC.4 和 C-24/DEC.5，均为 2019 年 11 月 27 日），以便对《附件》的附表 1 进行修订。

6. 2019 年，技秘处继续实施了旨在协助缔约国履行《公约》的能力的建设方案。技秘处为来自世界各地的 2476 名参与者举办了 90 项活动。

7. 全面且有效地履行《公约》仍然是禁化武组织对全球反恐工作努力做贡献的基石。执理会的反恐工作组（不限成员名额）探讨了禁化武组织可在其中推进这一贡献的若干领域，且聚焦于打击化学恐怖主义相关的领域，例如立法和化学安全。

8. 禁化武组织的 3 个咨询机构，即科学咨询委员会（以下简称"科咨委"）、行政和财务问题咨询机构（以下简称"行财咨机构"）以及教育和外联咨询委员会（以下简称"教联咨委会"），继续根据其各自的授权向禁化武组织提供咨询意见。

9. 2019 年，公众对禁化武组织的兴趣进一步增加。禁化武组织社交媒体平台的平均增长率为 15%，与 2018 年相比，禁化武组织总部的访客数量增长了 28%。全年共有 77 个来访团，共 2180 位个人访问了禁化武组织总部，并听取了关于禁化武组织的工作简报和情况介绍。此外，9月24日的国际开放日吸引了破纪录的1150名访客来到禁化武组织总部，与该活动有关的社交媒体外联活动得到了15万人的关注。

1. 核查

1.1 表1列出的是在2019年进行的视察情况。禁化武组织在2019年进行了301次视察，其中，20%为化学武器方面的视察。2019年，与阿拉伯叙利亚共和国相关的行动占了706个视察员日。

表1　在2019年完成的视察

设施种类	与化学武器相关的视察		视察员日
	视察次数	被视察设施或现场数	
化武销毁设施①	30	3②	3435
化武储存设施③	3	3	100
化武生产设施	7④	7	46
老化武	8	7	87
遗弃化武⑤	12	8	224
阿拉伯叙利亚共和国⑥	不适用		706
小计	60	28	4598
第六条视察			
附表1	11	11	189
附表2	42	42	749
附表3	19	19	188
其他化学生产设施	169	169	1501
小计	241	241	2627
总计	301	269	7225

① CWDF = 化武销毁设施。
② 美利坚合众国的3个。
③ CWSF = 化武储存设施。
④ 这包括对阿拉伯叙利亚共和国宣布的化武生产设施的5座地下建筑进行的访问。
⑤ 这包括遗弃化学武器销毁设施。
⑥ 鉴于禁化武组织在叙利亚执行的行动的持续性，无法像对其他缔约国那样量化在叙利亚执行的各次不同行动所用的确切天数。

1.2 截至 2019 年 12 月 31 日，8 个缔约国（某缔约国^①、阿尔巴尼亚共和国、印度共和国、伊拉克共和国、利比亚国、俄罗斯联邦、阿拉伯叙利亚共和国和美利坚合众国）宣布的化学武器合计为 72304.339 吨^②第 1 类和第 2 类化学武器；417833 枚第 3 类化学武器。附件 3 提供了更多的有关资料。

1.3 在老化武和遗弃化武方面继续取得了进展。宣布了拥有老化武的缔约国继续以安全而有效的方式努力销毁这类武器。根据执理会第六十七届会议通过的决定（EC-67/DEC.6，2012 年 2 月 15 日），中国和日本继续在遗弃化武及其销毁方面进行了合作。此外，2019 年，中国和日本继续执行了向执理会第八十四届会议联合提交的"2016 年以后中华人民共和国境内日本遗弃化学武器销毁计划"（EC-84/NAT.6，2017 年 3 月 2 日），其中包含关于销毁设施的最新资料以及销毁的时间安排。

化学武器的销毁

1.4 在报告期内，3 个位于美利坚合众国的化武销毁设施进行了第 1 类化学武器的销毁^③（见附件 2）。通过视察员的驻扎、利用监测和专用录像设备以及查看有关文献资料，技秘处在 2019 年核实了 612.090 吨第 1 类化学武器的销毁。

1.5 如附件 3 所示，从《公约》生效之日到 2019 年 12 月 31 日，技秘处核实了 68737.917 吨^④已宣布的第 1 类化学武器的销毁，占其总量的 97.51%；1810.703 吨第 2 类已宣布化学武器的销毁，占其总量的 100%；417833 枚第 3 类已宣布化学武器的销毁，占其总量的 100%。

---

① 由于有关缔约国要求将其国名视为高度保护级资料，故为了本报告的目的，在下文中将其称为"某缔约国"。
② 该总量不包括俄罗斯联邦宣布的黏稠剂或伊拉克宣布的残留化学武器的重量。
③ 不算老化武、遗弃化武或美利坚合众国的两个正在进行系统化的化武销毁设施——布鲁格拉斯化学剂销毁中试车间和布鲁格拉斯化学剂销毁中试车间的静态引爆室（见附件2）。
④ 该数目包括根据《核查附件》第六部分第 2 款（d）项取出用于《公约》不加禁止的目的的 2.913 吨附表 1 化学品。

1.6　至报告期终了时，美利坚合众国是唯一还有尚未销毁完的已宣布化学武器的拥有缔约国。截至 2019 年年底，经技秘处核实，在美利坚合众国宣布的第 1 类化学武器中，共销毁了 26014.109 吨，占已宣布的库存量的 93.68%。美利坚合众国全部第 2 类和第 3 类化学武器此前都已销毁完毕。

化学武器储存设施

1.11　2019 年，技秘处对美利坚合众国的 2 个化武储存设施进行了 3 次视察。至报告期终了时，有 2 个化武储存设施仍须接受系统核查。

化学武器生产设施

1.12　截至 2019 年 12 月 31 日，总干事已对以下设施颁发了有关认证证书：由 14 个缔约国向禁化武组织宣布的 97 个化武生产设施已销毁或已改装用于《公约》不加禁止的目的（74 个被认证为已销毁；23 个被认证为已改装）。

遗弃化学武器

1.15　自《公约》生效之日至 2019 年 12 月 31 日期间，有 3 个缔约国报告了其领土上有遗弃化武。一个缔约国（日本）报告了其在另一个缔约国（中国）的领土上的遗弃化武。2019 年，技秘处在中国进行了 12 次遗弃化武视察。

1.16　2019 年 4 月，技秘处对中国的哈尔滨遗弃化武移动销毁设施进行了初始访问，以熟悉部署的地点和该场地使用的销毁技术。销毁作业于 2019 年 5 月 7 日正式开始。

1.17　2019 年，哈尔巴岭遗弃化武销毁设施继续销毁在哈尔巴岭挖掘回收区回收的遗弃化武，同时销毁目前存放在哈尔巴岭遗弃化武托管库中的遗弃化武。

1.18　截至 2019 年 12 月 31 日，共向技秘处宣布了 83600 枚遗弃化武，其中 57701 枚已被销毁。

老化学武器

1.19　截至 2019 年 12 月 31 日，18 个缔约国宣布了 145000 多枚老化武，这些老化武或生产于 1925 年以前，或生产于 1925 年至 1946 年期间。2019 年，技秘处在以下缔约国中进行了 8 次老化武视察：比利时王国、法兰西共和国、德意志联邦共和国、日本国、意大利共和国、荷兰王国（2 次视察）和大不列颠及北爱尔兰联合王国。

对《公约》的《关于化学品的附件》的附表 1 的修改

1.20　2018 年，在大不列颠及北爱尔兰联合王国索尔兹伯里和埃姆斯伯里相继发生了涉及一种显示出某种神经毒剂特性的有毒化学品的事件之后，并基于所涉及的有毒化学品没有列入《公约》的附表这一事实，2018 年根据《公约》第十五条提出了两项建议（如技秘处说明中所述：S/1682/2018，2018 年 10 月 25 日；S/1697/2018，2018 年 12 月 7 日；及其 Corr.1，2019 年 1 月 21 日），以在《关于化学品的附件》的附表 1 中增列更多的化学品族类。

1.21　执理会于 2019 年 1 月 14 日和 2019 年 2 月 25 日召开了会议，以分别对每项建议进行了审议。大会第二十四届会议通过了两个决定，其中每个决定（C-24/DEC.4 和 C-24/DEC.5，均为 2019 年 11 月 27 日）分别基于关于修订《公约》的《关于化学品的附件》的附表 1 的两项建议中的一项。此后，在 2019 年 12 月 7 日的普通照会上，总干事把附表 1 的修改通知了所有缔约国。然后，技秘处散发了题为"关于对《禁止化学武器公约》的《关于化学品的附件》中的附表 1 通过的修改的合并案文"的说明（S/1820/2019，2019 年 12 月 23 日）以及题为"对《禁止化学武器公约》的《关于化学品的附件》中的附表 1 的修改生效后对缔约国关于第六条宣布义务和视察的指南"的说明（S/1821/2019，2019 年 12 月 31 日①）。根据《公约》第十五条第 5 款（g）

———————
①　该文件在 2020 年被修订（S/1821/2019/Rev.1，2020 年 1 月 14 日及其 Add.1，2020 年 5 月 20 日）。

项，对《关于化学品的附件》的修改将在总干事宣布的关于这些修改的通知日期后180天对所有缔约国生效。据此，相关修改将在2020年6月7日生效。

质疑性视察和指称使用调查

1.22 2019年，没有收到有关《公约》规定的质疑性视察和指称使用调查的请求。不过，技秘处在2019年聚焦于加强开展质疑性视察的常备状态。视察局的能力建设和应急计划分队为来自各司/局（包括视察局、核查司、法律顾问办公室以及战略和政策办公室）的参加人员举办了一次桌面演练，该演练得到了来自大不列颠及北爱尔兰联合王国代表的协助。

禁化武组织派往阿拉伯叙利亚共和国的事实调查组

1.23 在题为"对禁化武组织派往叙利亚的事实调查组开展的活动的最新总结"的说明中，技秘处对有关事实调查组在2019年开展的活动做了最新总结（S/1798/2019，2019年10月3日）。

1.24 2019年，事实调查组发布了1份有关认定在阿拉伯叙利亚共和国是否将化学品用作武器的报告，该报告涉及以下调查：关于有毒化学品于2018年4月7日在杜马被用作武器的指称使用调查（S/1731/2019，2019年3月1日）。

1.25 2019年，事实调查组进行了多次部署，以便收集以下几起所报的化学武器使用事件的进一步资料，同时进行面询：阿勒颇的几起事件，包括2018年11月24日发生的1起；2017年7月7日和2017年8月4日在哈尔比特马萨斯内赫发生的2起事件；2017年8月9日在萨拉米亚赫卡里沙瓦发生的1起事件；2017年11月8日在索兰巴里尔发生的1起事件；2017年10月22日在大马士革亚尔穆克发生的1起事件；2019年5月19日在卡巴纳赫发生的1起事件。目前，技秘处正在分析收集到的与这些事件及其他事件有关的资料，并将适时向执理会报告上述分析的结果。

阿拉伯叙利亚共和国科学研究中心

1.26　根据执理会第 EC-83/DEC.5 号决定第 11 段，技秘处将"对叙利亚科学研究中心的巴尔扎赫设施每年进行 2 次视察，并对叙利亚科学研究中心的贾姆拉亚赫设施每年进行 2 次视察，且这些视察应附带取样和分析；进行视察时应充分和不受限制地查看上述设施内的所有建筑物以及这些建筑物中的全部房间；且进行视察的日期将由技秘处确定"。

1.27　2019 年 7 月 5 日至 13 日和 11 月 6 日至 11 日，技秘处分别对叙利亚科学研究中心的巴尔扎赫设施和贾姆拉亚赫设施进行了第五轮和第六轮视察。在这两轮视察期间均采集了样品，以供禁化武组织的指定实验室予以分析。截至 2019 年年底，技秘处仍在等待收到该分析结果。

宣布评估组

1.28　2019 年，技秘处主要通过信函交流来继续与阿拉伯叙利亚共和国进行互动，以解决与其提交的初始宣布和相关资料中发现的未决问题。截至 2019 年 12 月 31 日，宣布评估组共进行了 22 轮磋商。

1.29　报告期内，宣布评估组开展了 3 轮磋商，以澄清在阿拉伯叙利亚共和国提交的初始宣布和后续宣布中发现的未决问题。

1.30　按照执理会的要求（EC-81/DEC.4，2016 年 3 月 23 日），在执理会第九十届、九十一届和九十二届会议上印发了 3 份说明[①]，在这些说明中，总干事汇报了关于阿拉伯叙利亚共和国的宣布和相关提交资料的所有未决事宜。如在此前关于此事的说明一样，在 2019 年发布的最后 1 份说明中，总干事得出了以下结论："技秘处无法确认阿拉伯叙利亚共和国是否已提交了根据《公约》、执理会的决定（EC-M-33/DEC.1）和联合国安全理事会第 2118 号决议（2013 年）可被视为具有准确性和

[①] EC-90/HP/DG.1（2019 年 3 月 4 日）；EC-91/HP/DG.2（2019 年 7 月 1 日）；EC-92/HP/DG.2（2019 年 9 月 27 日）。

完整性的宣布。"

工业核查

1.41　有关《公约》的《关于化学品的附件》的 3 个化学品附表所载的化学品，以及对《公约》不加禁止的目的生产特定有机化学品的其他化学生产设施而言，《公约》的缔约国提交了关于其生产、进口、出口、加工和消耗情况的宣布。表 2 为截至 2019 年 12 月 31 日禁化武组织收到的有关此种化学设施的宣布资料。

表 2　截至 2019 年 12 月 31 日宣布的各类设施

设施类型	宣布的设施数	须接受视察的设施数[①]	申报了应宣布设施的缔约国数[②]	拥有须接受视察设施的缔约国数
附表 1	26	26	23	23
附表 2	492	212	35	23
附表 3	410	353	35	33
其他化学生产设施	4419	4262	81	80
总计	5347	4853	81[③]	80[④]

1.42　表 3 是技秘处在 2019 年进行了 241 次第六条视察，其中包括：对附表 1 设施进行的 11 次视察；对附表 2 厂区进行的 42 次视察；对附表 3 厂区进行的 19 次视察；对其他化学生产设施进行的 169 次视察。上述几类视察分别占可视察设施总数的 42%、20%、5% 和 4%。没有记录到任何不确定因素。20 次视察（多于 2018 年的 13 次）留下了需要予以进一步关注的事项，并有 166 次视察（多于 2018 年的 89 次）建议在宣布中提供进一步的资料。此外，在视察进行期间，发现有 3 次视察（与 2018 年相同）是对不必视察的厂区进行的，原因是有关宣布出现了误差。

---

① 因超过阈值而须接受通过现场视察而进行的核查。
② 包括预计活动年度宣布和过去活动年度宣布。
③ 有 81 个缔约国宣布了拥有至少 1 个第六条设施。
④ 有 80 个缔约国宣布了拥有至少 1 个可视察第六条设施。

表 3　第六条视察

各年的第六条视察数 / 次								
2011 年	2012 年	2013 年	2014 年	2015 年	2016 年	2017 年	2018 年	2019 年
209	219	229	241	241	241	241	241	241

　　1.43　关于在 2019 年接受视察的其他化学生产设施和附表 3 厂区，厂区的选取是根据"在混合型厂区进行核查的替代方法"（S/1202/2014，2014 年 7 月 23 日）一文所述的方法进行的。如果附表 3 或其他化学生产设施混合型厂区已经在一种第六条核查制度下接受过视察，为了随机选取附表 3 或其他化学生产设施厂区供视察，该厂区将被视为此前已接受过视察。因此，从统计上来讲，该厂区被选中供视察的频率应会降低。

　　1.44　2019 年，技秘处继续为节省资源而尽可能地增加进行连续视察的次数。在 2019 年接受了 4 次或更多工业视察的 17 个缔约国中，有 15 个缔约国通知技秘处其同意在本国境内采用连续视察的做法。随着跨国连续视察的持续开展，在 60 次连续视察中，有 9 次是在两个不同的国家内进行的，详见表 4。

表 4　连续视察

各年的连续视察数 / 次								
2011 年	2012 年	2013 年	2014 年	2015 年	2016 年	2017 年	2018 年	2019 年
47	48	57	51	59	54	58	58	60

　　1.45　2019 年，技秘处继续努力进一步完善核查系统，为此使用了经过更新的视察报告模板来减轻报告的负担；进一步提高报告数据的一致性；优化视察后时段的使用并减少审查视察报告的时间。对此，技秘处的第 S/1419/2016 号说明（2016 年 9 月 13 日）已做了汇报。技秘处成立了一个跨司 / 局的小组，以对视察做法、视察报告表格、视察工具和视察培训进行一次全面的审查，从而查明进一步优化的选项。此项工作的结果将通过工业磋商向缔约国报告。

　　1.46　2019 年，在 6 次第六条视察期间进行了采样和分析活动，其中 5 次是附表 2 视察，另外 1 次是其他化学生产设施视察。在对其他化学生产设施的视察中，包括采样和分析在内均在《公约》规定的 24 小时内圆满完成。表 5 列出了各年度的附带采样和分析的视察数。

表 5　在工业厂区进行的采样和分析

完成的附带采样和分析的视察数 / 次								
2011 年	2012 年	2013 年	2014 年	2015 年	2016 年	2017 年	2018 年	2019 年
8	9	8	9	11	11	10	9	6

宣布

1.47　2019 年，在 92 个提交了过去活动年度宣布的缔约国中，有 84 个缔约国（91%）是按照《公约》规定的期限提交的。在报告年内，在拥有应宣布的其他化学生产设施的缔约国中，88.9% 在其过去活动年度宣布中全面更新了其他化学生产设施的清单，从而使应宣布的其他化学生产设施的更新率达到 99.47%。通过提供其他化学生产设施清单的全面年度更新资料，相关缔约国为核查机制的运行提供了极大的便利。

1.48　此外，2019 年，为帮助尚未提交《公约》第三条和第六条规定的初始宣布的缔约国而做出了进一步的努力。

附表化学品的转让

1.49　5 个缔约国在其 2018 年过去活动年度宣布中宣布了 6 起附表 1 化学品转让。发送缔约国和接收缔约国均通知并宣布了所有 6 起转让。

1.50　2018 年过去活动年度宣布显示：66 个缔约国参与了大约 10735 吨的附表 2 化学品的转让；122 个缔约国参与了大约 605316 吨的附表 3 化学品的转让。

1.51　6 个缔约国宣布向 3 个非缔约国出口了 3 种附表 3 化学品。

转让数据差异

1.52　2019 年，2018 年过去活动年度宣布显示共有 1700 起缔约国之间的附表 2 和附表 3 化学品的转让。其中，宣布的 841 起的转让数量超过了宣布阈值，其中又有涉及 90 个缔约国的 577 起转让出现了彼此数据存在差异的现象。

1.53　技秘处针对所涉缔约国进行了后续行动，并继续与其他国际组织进行密切合作，以协助缔约国减少和解决这些转让数据存在差异的问题。

与世界海关组织的合作

1.54　在与世界海关组织进行合作的框架内，技秘处启动了协调制度项目，借以帮助各国海关根据《商品说明和编码的协调制度国际公约》而识别出其贸易量最大的附表化学品。该项目为贸易量最大的附表化学品分配了一个独特的国际 6 位数协调制度代码，以识别在全球范围内交易的附表化学品，并最终确保完整和准确的贸易宣布，这对解决转让数据差异至关重要。

1.55　聚焦于 33 种贸易量最大的附表化学品的协调制度项目的第一阶段任务已圆满完成，结果是将带有独特国际子目（6 位数协调制度代码）的这 33 种化学品列入了于 2017 年 1 月 1 日生效的 2017 版《协调制度》的名词体系之中。

1.56　协调制度项目的第二阶段（正在进行）的重点是在 2022 年的下一版《协调制度》的名词体系中，对之后的 13 种贸易量最大的附表化学品指定独特的协调制度代码。禁化武组织继续与世界海关组织秘书处密切合作，以顺利完成该项目的第二阶段。

禁化武组织的附表化学品识别工具的更新

1.57　定期对禁化武组织《化学品手册》进行更新和修订，包含了以下内容：缔约国宣布的新增附表化学品；分配给附表化学品的识别号（例如化学文摘社登记号）和协调制度编代码（HSCodes）的任何更改。2019 版的《化学品手册》中包括化学名称的变更；用其各自的化学文摘社登记号替换了部分化学品的禁化武组织代码。

电子宣布和资料安全交换系统

1.58　2019 年，技秘处继续开发了电子宣布信息系统，即新的电子宣布平台。2019 年 11 月向缔约国发布了电子宣布平台的 beta 版。通过在宣布的编制和提交的过程方面改善可用性并增加新功能，电子宣布信息系统将进一步强化核查制度。

1.59　2019 年，技秘处继续开展在推广资料安全交换系统方面的工作，该系统从 2014 年开始一直提供给缔约国使用（S/1192/2014，2014 年 7 月 1 日）。至报告期终了时，59 个缔约国的 107 个用户已注册使用该系统。

1.60　2019 年，技秘处开办了一期关于电子宣布的基础课程，即由芬兰共和国的《禁止化学武器公约》核查研究所在 2019 年 8 月举办的"国家主管部门和化学品数据库培训班"课程。此外，在禁化武组织总部举办的每一次第六条培训活动期间和 2019 年 3 月在巴拿马举办的针对国家主管部门的第六条培训期间，技秘处均提供了有关国家主管部门电子宣布工具和资料安全交换系统的培训。

控暴剂

1.62　至报告期终了时，137 个缔约国宣布拥有控暴剂（主要是催泪瓦斯），53 个缔约国宣布其不拥有此种化学剂，1 个缔约国尚未提交初始宣布，另外 2 个缔约国尚未在其初始宣布中提供有关控暴剂的资料。附件 4 载有更多关于拥有控暴剂情况的资料。

非正式磋商

1.63　2019 年，进行了 4 轮关于第六条核查和视察的非正式磋商（例如工业系列磋商）。2019 年恢复了对磋商过程的网络传播，以使国家主管部门对其进行远程观察。缔约国就一些与核查相关的事宜进行了磋商，其中包括：

（a）2018 年的工业核查及开展第六条视察的改进；

（b）厂区选取机制及厂区选取方法的使用情况；

（c）第五届化学工业界和国家主管部门代表年度会议的结果；

（d）阿根廷共和国提出的题为"为视察而选取其他化学生产设施的

方法的实施"的建议；

（e）其他化学生产设施的视察频率；

（f）电子宣布信息系统，即新的电子宣布平台；

（g）实践中的区块链技术，探索其对化学品贸易的用处；

（h）高活性药物成分——来自瑞士；

（i）技术演进与化工生产；

（j）附表 2 工业中观察到的趋势；

（k）第六条视察期间的采样与分析的最新进展。

禁化武组织效能水平测试和指定实验室

1.64 禁化武组织每年都为有意加入禁化武组织分析实验室网络的机构举办效能水平测试。在报告期内，完成了第 44 次、举行了第 45 次并开始了第 46 次禁化武组织环境分析正式效能水平测试。此外，举行了第 4 次生物医学样品分析效能测试。至报告期终了时，已有来自 18 个成员国的 22 个实验室被指定可进行环境分析（其中 4 个实验室的指定资格现被暂时中止）；12 个成员国的 17 个实验室被指定可进行生物医学样本分析。附件 5 介绍了截至 2019 年 12 月 31 日每个指定实验室的状况。

将禁化武组织实验室和设备仓库升格为一个化学和技术中心的项目

1.66 2019 年，将禁化武组织实验室和设备仓库升格为一个化学和技术中心（以下简称"化技中心"）的项目取得了良好的进展。技秘处已完成了设计招标的程序，还完成了与派纳克—诺特多普市政府关于购置化技中心建设用地的谈判。此外，技秘处完成了项目管理团队全部人员的招聘工作，该团队于 10 月开始全面开展工作。上述进展得以成功地结束了该项目的准备阶段，并使设计阶段得以启动。此外，为了使各缔约国及其他利益攸关方随时掌握情况，技秘处在禁化武组织网站上设立了一个专门的网页，并将定期对其进行更新。该项目仍在预算内按计划推进。

禁化武组织中央分析数据库

1.68 表 6 显示了在过去 5 年间禁化武组织中央数据库按每种技术收录的化学品的数目。在现场分析中仅使用气相色谱（保留指数）和质谱数据。

表 6 禁化武组织中央分析数据库收录的化学品种类的数目

年初时的状况	2014 年	2015 年	2016 年	2017 年	2018 年	2019 年	2020 年
红外	726	734	734	745	756	775	775
气相色谱（保留指数）	3740	3866	3878	4089	4439	4482	4543
核磁共振	不适用	298	298	298	298	299	300
质谱	3898	4003	4022	4225	4566	4602	4647
串联质谱（MS/MS）	n/a	n/a	n/a	n/a	n/a	n/a	38

视察局提供的培训

1.69 2019 年，能力建设和应急规划分队协调或完成了 2502 个培训日。培训方案包含 42 门单项培训课程，并提供 48 周的培训。2019 年的培训课程有 60% 是在荷兰王国完成的，其余的则在以下国家进行：比利时王国、加拿大、捷克共和国、德意志联邦共和国、意大利共和国、塞尔维亚共和国、斯洛伐克共和国、大不列颠及北爱尔兰联合王国和美利坚合众国。这些缔约国用以下方式为完成培训方案提供了协助：作为主办国提供实物捐助或通过缔结技术协定。能力建设和应急规划分队还继续开办了视察员必修的进修课，以使视察员们能始终跟上技术和核查政策的发展步伐。同时，还开办了关于防护设备的使用和关于禁化武组织保密制度的进修课，为晋升视察组组长的视察员开办了一门履新培训课程。

1.70 为新一组视察员（R 组）开办了为期 11 周的必修初始培训方案。有毒化学品培训为新视察员传授了知识、技能和经验，以便安全有效地在有毒环境中开展核查活动。新的化学武器弹药专业人员以及健康与安全专业人员接受了侦察和存储培训、老化武和遗弃化武培训以及现地识别军械培训。

2. 国际合作和援助

2.1　2019 年，技秘处继续通过各类能力建设方案和外联活动来提供技术援助，以支持缔约国为有效履行《公约》条款而付出的努力。

2.2　在报告期内，禁化武组织举办了 90 个培训课程、讲习班、研讨会，提出其他能力建设方案，例如，对 12 次会议、10 项单个研究项目、12 项奖学金及 2 次设备交流的支助，涉及来自各区域组的2476 名学员。

2.3　尽管这些丰富的活动不可避免地针对具体的能力建设优先事项，并针对适当主题的利益攸关方受众，但基于在与缔约国国家主管部门的密切对话中查明需求，并按照基于成果的管理这一原则，技秘处继续进行以下工作：在战略层面以一种全面的方式对这些活动进行规划和管理。例如，这种方式在《禁止化学武器公约》加强与非洲的合作方案（以下简称"非洲方案"）第五阶段（从 2020 年至 2022 年）的设计过程中得到了明显的体现。在本报告期内密集开展了关于第五阶段的计划和磋商工作。

国家履约和技术援助

2.4　2019 年，技秘处继续为缔约国实现全面和有效的国家履约提供了能力建设支持。对国家主管部门和利益攸关方的支持包括：建设其履行《公约》规定的国家义务的机制性能力。作为该次级方案的一部分，开展了 27 次活动。来自 157 个缔约国的 883 名与会人员参加了这些活动，并从各套方案中有所收获。

2.5　截至 2019 年年底，在 193 个缔约国中，160 个已通过覆盖所有或部分规定的初步措施的国家履约立法。这比 2018 年增加了 4 个缔约国。但有 33 个缔约国尚未就履约立法的通过情况进行报告。119 个缔约国已报告通过包含所有初步措施的全面立法。在技秘处的年度报告中载有关于《公约》第七条履行状况的详细资料①。

2.18 2019年10月2日至4日，在卡塔尔政府的资助下，举办了化工行业与《公约》缔约国国家主管部门代表的第六次年度会议。共有来自25个缔约国的74名与会者（其中有23位代表化工行业）出席了该会议。此次会议为国家主管部门与化工行业直接互动提供了机会，以讨论在全面和有效履行《公约》开展合作。

2.19 2019年5月、6月和7月，在以下4个地区举办了缔约国国家主管部门的区域会议：东欧组（拉脱维亚共和国）、亚洲组（蒙古国）、非洲组（埃塞俄比亚联邦民主共和国）和拉丁美洲及加勒比组（墨西哥合众国）。讨论的焦点为处理和解决各自地区的缔约国查明和推荐的主题优先事项和问题。这些会议为解决国家履约方面的具体问题提供了机会，并促进缔约国之间建立网络关系并开展合作。

2.20 2019年11月5日至7日，在海牙召开了第21届国家主管部门年会。来自110个缔约国的160多名与会者出席了会议。与会者有机会审查了禁化武组织履约支助和能力建设活动的效果，并听取了关于《公约》第六条、第七条、第十条和第十一条方面的近期进展情况的介绍。还向他们做了关于政策相关问题的最新情况介绍，并让其有机会在分组讨论期间就具体问题进行讨论。

援助和防护

2.24 2019年，63个缔约国根据《公约》第十条第4款提交了年度资料。

2.27 根据《公约》第十条规定，技秘处与以下31个缔约国的政府联合开办了国际和区域援助及防护培训班，并开展了能力建设活动：阿尔及利亚民主人民共和国、阿根廷共和国、孟加拉人民共和国、白俄罗

---

① 2019年关于《公约》第七条履行状况的年度报告：EC-92/DG.7C-24/DG.8（2019年8月26日）及其Corr.1（2019年11月28日）；EC-92/DG.8C-24/DG.9（2019年8月26日）及其Corr.1（2019年11月28日）；和EC-92/DG.9C-24/DG.10（2019年8月26日）及其Corr.1（2019年11月28日）。

斯共和国、巴西联邦共和国、中华人民共和国、哥伦比亚共和国、科特
迪瓦共和国、捷克共和国、斐济共和国、加纳共和国、印度尼西亚共和
国、意大利共和国、约旦哈希姆王国、肯尼亚共和国、马来西亚、墨西
哥合众国、莫桑比克共和国、纳米比亚、荷兰王国、巴基斯坦伊斯兰共
和国、巴拿马共和国、秘鲁共和国、波兰共和国、葡萄牙共和国、大韩
民国、塞尔维亚共和国、新加坡共和国、斯洛伐克共和国、瑞士联邦及
乌干达共和国等。

2.31 技秘处继续实施现有的专业化培训模块，其中包括针对专家
的识别试剂培训和高级实验室技能培训（在斯洛伐克共和国和瑞士联
邦）、关于在严重污染环境中取样和分析的国际课程（在波兰共和国），
以及面向非洲地区（在阿尔及利亚民主人民共和国）和面向拉加组地区
（在哥伦比亚共和国）关于同一主题的课程。继续在孟加拉人民共和国、
肯尼亚共和国和马来西亚举办讲习班，对接触化学战剂或有毒化学品的
个人提供护理的特殊能力发展方案。2019 年 10 月，还在中国西安举办
了 1 期关于援助与防护的医疗方面的新国际课程。

经济和技术发展

2.35 2019 年，技秘处继续完成能力建设方案，并继续为国际合作
提供便利，以促进和平利用化学。该方案侧重于以下方面：化学品综合
管理、增强实验室能力和推广并交流化学知识。

2.36 在本报告年内，技秘处为 604 名专家开展了 28 项能力建设活
动，以支持经济和技术发展。这些活动关于以下内容：化学品综合管理
（含化学安保管理）、增强实验室能力（分析技能培养课程）以及化学知
识推广。此外，技秘处继续实施 4 个长期方案，即研究金方案、研究项
目支助方案、会议支助方案和设备交流方案。2019 年，技秘处还举办了
1 期关于第十一条执行的讲习班。

2.37 2019 年，技秘处举办了 2 期关于化学安全和安保管理发展工
具的讲习班。上述讲习班为国家主管部门和利益攸关方讨论和发展工具

及指南提供了平台，这些工具和指南将有助于促进化学安全和安保管理。2 期讲习班的成果之一是小组专家制定了一套非强制性的关于化学安全和安保管理的指示性指导方针（针对中小型企业）。

2.38 2019 年，技秘处于 7 月 26 日至 9 月 27 日举办了第 20 期禁化武组织研修方案。来自 32 个缔约国的 32 名学员从为期 9 周的集训方案中获益，其中包括在禁化武组织总部和在大不列颠及北爱尔兰联合王国萨雷大学进行的培训模块；在世界各地的化工厂进行的实操培训。来自若干成员国的国家主管部门、学术界、专业机构、化工行业协会和化工企业协助承办了方案的各组成部分，其中包括阿根廷共和国、巴西联邦共和国、智利、中华人民共和国、芬兰共和国、德意志联邦共和国、印度尼西亚共和国、意大利共和国、马来西亚、波兰共和国、卡塔尔国和西班牙王国。在本报告期终了时，由来自禁化武组织 121 个成员国的519 名校友所组成的活跃群体形成了研修方案的校友网络。

禁化武组织非洲方案

2.44 2019 年是非洲方案第四阶段的最后 1 年。在报告期内，技秘处继续开展该方案内计划的活动，同时还与非洲缔约国开展了密集的磋商，目的是为该方案明确目标并随后制定该方案第五阶段的目标。

3. 决策机构

缔约国大会的活动

3.1 缔约国大会第二十四届会议于 2019 年 11 月 25 日至 29 日举行，来自 154 个缔约国、1 个签约国和 6 个国际组织、专门机构和其他国际机构的代表参加了本次会议。还有 87 个非政府组织注册参会。联合国副秘书长兼裁军事务高级代表中满泉女士在大会上发言。

3.2 大会审查了《公约》在各个方面的履行现状，其中包括化学裁军、与销毁相关的事项、国家履行措施、援助和防护、国际合作以及与防范化学武器再次出现有关的各项活动。缔约国还讨论了 1 份报告，其中涵盖了在非洲方案的框架内开展的各项活动。此外，还审议了在禁化武组织努力与化工行业和科学界进行互动方面所取得的进展。

3.3　2019 年 11 月 29 日，缔约国在所有化学战争受害者纪念日举行了纪念活动。

3.4　缔约国大会第二十四届会议通过的决定包含以下事项①：

（a）对《禁止化学武器公约》中《关于化学品的附件》的附表 1（A）的技术修改（C-24/DEC.4，2019 年 11 月 27 日）；

（b）对《禁止化学武器公约》中《关于化学品的附件》的附表 1（A）的技术修改（C-24/DEC.5，2019 年 11 月 27 日）；

（c）向外部审计员提交 2019 年禁化武组织财务报表（《财务细则》第 11.1.02）（C-24/DEC.6，2019 年 11 月 28 日）；

（d）禁化武组织特别行动专项基金的续期（C-24/DEC.7，2019 年 11 月 28 日）；

（e）塞拉利昂共和国关于有规则地缴纳其拖欠的年度会费的缴付计划的建议（C-24/DEC.8，2019 年 11 月 28 日）；

（f）应回收但无法回收的账款的注销（C-24/DEC.9，2019 年 11 月 28 日）；

（g）视察员的返聘（C-24/DEC.10，2019 年 11 月 28 日）；

（h）禁化武组织过渡到双年期方案和预算（C-24/DEC.11，2019 年 11 月 28 日）；

（i）禁化武组织 2020 年方案和预算（C-24/DEC.12，2019 年 11 月 28 日）；

（j）2020 年会费分摊比额表（C-24/DEC.13，2019 年 11 月 28 日）。

---

① 其他（非机密性）决定可在禁化武组织的公共网站上查阅。

执行理事会的活动

3.5　2019年，执理会审议了技秘处关于《公约》履行现状的若干份报告，其内容包括核查活动以及第六条、第七条、第十条和第十一条的履行情况的报告。

3.6　执理会还做了以下几项工作：

（a）审查了化学武器的销毁进度并通过了有关化学武器销毁的若干决定；

（b）审查了第C-SS-4/DEC.3号决定的实施进展情况；

（c）讨论了关于阿拉伯叙利亚共和国的化学武器指称使用；

（d）审查了宣布评估组的工作；

（e）审议了一份事实调查组活动进展的总结（S/1677/2018，2018年10月10日）；事实调查组的一份报告（S/1731/2019，2019年3月1日）；

（f）通过了拟纳入中央分析数据库的新通过验证的与《公约》相关的非附表化学品数据清单的决定（EC-91/DEC.1，2019年7月11日）和拟纳入中央分析数据库的新通过验证的附表化学品数据清单的决定（EC-91/DEC.2，2019年7月11日）；

（g）核准了若干项禁化武组织与缔约国间的设施协定以及对设施协定的修改或修订；

（h）通过了关于行政和财务事项的有关决定；

（i）将其关于若干事项的建议提交缔约国大会第二十四届会议。

附属机构的活动

3.7　解决保密争端委员会于2019年5月1日至3日举行了第二十一届会议。

3.8　行财咨机构于2019年6月4日至7日举行了第四十六届会议，并于2019年7月30日至8月2日举行了第四十七届会议。

3.9　科咨委于2019年6月10日至14日举行了第二十八届会议。

3.10　教联咨委会于2019年2月26日至28日举行了第七届会议，

并于 2019 年 8 月 20 日至 22 日举行了第八届会议。

3.11 执理会主席意大利大使安德里亚·佩鲁基尼就与东道国关系委员会的工作现状向缔约国大会第二十四届会议做了报告。

4. 对外关系

普遍性

4.1 2019 年，禁化武组织的成员国数量保持为 193 个。以色列国已签署但尚未批准《公约》；朝鲜民主主义人民共和国、阿拉伯埃及共和国和南苏丹共和国既未签署也未加入《公约》。

4.2 在《禁止化学武器公约》普遍性行动计划的框架内，技秘处在 2019 年全年继续接触剩余的非缔约国。如往年那样，技秘处邀请了非缔约国的代表参加选定的禁化武组织的相关活动，例如缔约国大会第二十四届会议。

4.3 以色列国的 4 名代表作为观察员出席了缔约国大会第二十四届会议。技秘处在全年内与以色列国驻荷兰使馆保持了定期接触。技秘处与阿拉伯埃及共和国设在海牙的使馆进行了接触，同时 1 名埃及外交事务理事会的代表出席了缔约国大会第二十四届会议。

与外界的互动和外联活动

4.5 总干事和副总干事继续出访了若干国家，并参加了下文所述的与《公约》履约有关的会议和大会。此外，若干高级别来宾访问了禁化武组织总部。

4.6 技秘处还继续开展活动以加强与联合国的伙伴关系，并加强与其他国际组织的关系，目的是推动对禁化武组织有现实意义的裁军和不扩散议题。

总干事的出访

4.7 总干事对以下国家进行了双边访问：比利时王国、中华人民共和国、德意志联邦共和国、日本国、俄罗斯联邦、斯洛伐克共和国、瑞典王国、大不列颠及北爱尔兰联合王国、美利坚合众国。在访问期间，总干事会见了高级别政府官员。总干事还向各领域的广泛听众发表了演讲，其中包括来自科学界、学术机构、政府机构和化工行业的代表。

禁化武组织—海牙奖

4.13　美利坚合众国的罗伯特·米库拉克先生、中国的唐程先生和国际纯粹与应用化学联合会（International Union of Pure and Applied Chemistry，IUPAC）获得了 2019 年的"禁化武组织—海牙"奖。

缔约国大会第二十四届会议

4.21　代表 93 个民间团体组织的 286 人申请参加缔约国大会第二十四届会议，这一数字创下了纪录，其中 87 个组织获准参会。代表 62 个民间社会组织的 137 人参加了缔约国大会，这一数字创下了纪录，标志着有史以来民间团体出席缔约国大会往届会议的最高水平。申请数量的不断增长证明了民间团体对参加禁化武组织的有关会议有着持续且不断增长的兴趣。在欧洲联盟的资助下，禁化武组织能够为来自发展中或经济处于转型期国家的 14 个非政府组织出席缔约国大会提供了支助。

5. 执行管理和行政

行政和预算问题

5.1　2020 年方案和预算（C-24/DEC.12）的编制旨在确保禁化武组织在当前面临的挑战（其中包括零名义增长带来的限制）。在这一背景下，技秘处获得所需的资源来履行各项职能。在常规预算中包括了用于重大资本投资基金、实验室能力建设支助和企业资源规划项目的一次性拨款。为编制 2020 年方案和预算，行政司进一步开发了模板和成本核算表，以供零基预算和标准费用核算使用，并完善了目标、战略、活动和资源之间的关联。

5.9　2020 年禁化武组织人员战略的关键组成要素之一是注重改善员工体验。在此方面，技秘处采用了新的联合国多样性和包容性培训，提供了关于情商和个人韧性方面的培训，并采取了措施以处理在征聘过程中可能出现的无意识偏见。使用了新的入职应用程序并注重开展结构化的入门和领导力培训，这已开始起了作用，对加入本组织并就任新职位的工作人员产生了积极的效果。

5.13　2019年，信息服务处为技秘处全体工作人员实施了身份和准入管理解决方案，以使工作人员无论在办公室还是在出公差时都能使用单一的登录机制来安全地登录不同的禁化武组织的应用程序。今后将扩大这种解决方案，以使缔约国的代表能够安全地登录经授权的禁化武组织的外部应用程序。

5.16　在行政司内部，已在高级知识管理干事的监督下设立了知识管理科，其任务是整合本组织显性和隐性的知识与体制性记忆。技秘处上下已形成了协同合力，从而在核心专业技能、知识鉴定、共享和保存等领域推进有关工作，而且跨司级的"知识倡导者"团队在继续提供协助。

教育和外联

5.31　教联咨委会在2019年召开了两届会议。第11届会议（2019年2月）是该委员会在任命了若干新成员后〔按总干事在第EC-90/DG.3C-24/DG.1号文件（2018年12月12日）中向各缔约国宣布的情况〕，以新成员组成召开的第一次会议。在这届会议上，该委员会讨论了其2019年的工作计划，并决定建立4个闭会期工作组。这些工作组的关注重点有以下事项：化学武器的使用历史；主动式学习法；拟加入禁化武组织网站的新的教育和外联资源；开发新的教育和外联材料。在2019年8月召开的第九届会议上，委员会继续按此前决定的专题划分开展工作。此外，教联咨委会的成员赫尔南德兹·里扎蒂尼教授为技秘处的工作人员进行了为期1天的关于网络学习的培训，其中包括了这一领域的最佳做法。

6. 科学和技术

6.1　在科学和技术的支持下，全面和有效履行《公约》需要对科学和技术所变革带来的影响有正确的认识。

6.2　鉴于技术变革的快速步伐和突破性质，通过创新来确保禁化武组织持续作为一个胜任其责的组织得以加强，同时将技术变革当作增强能力的机会，并借助科学政策制定者不断地交流。科咨委作为宝贵的资源为总干事提供指导，并提出可供采取行动的实际且合理的科学意见。

禁化武组织科学咨询委员会

6.6　2019 年 6 月，科学咨询委员会召开了第二十八届会议（SAB-28/1，2019 年 6 月 14 日）。这是自 2018 年四审大会以来的第一届会议，科学咨询委员会利用这届会议确定了下一轮科学审查进程的优先重点议题并制定了路线图。于 2019 年 9 月发布了总干事对该报告的回应并附带建议（EC-92/DG.12，2019 年 9 月 9 日）。

附件 2

2019 年间运行或在建的化学武器销毁设施

	化学武器销毁设施（按缔约国列出）
美利坚合众国	布鲁格拉斯化学剂销毁中试车间静态引爆室（布鲁格拉斯设施静爆室） 普埃布洛化学剂销毁中试车间（普埃布洛设施） 回收的化学武器销毁设施（回收化武销毁设施） 布鲁格拉斯化学剂销毁中试车间（布鲁格拉斯设施）* 化学转装设施 / 弹药评估和处理系统（化学转装设施 / 弹药评处系统）** 原型引爆测试和销毁设施**

注：* 已建成；2019 年年底时，正在进行系统化。
　　** 该设施在 2019 年仍在使用，没有开展销毁作业。

附件 3

截至 2019 年 12 月 31 日已宣布、销毁和撤回的化学武器[①]

化学品的通用名	宣布量 / 吨	销毁量[②] / 吨
第 1 类		
沙林（GB）	15047.041	14769.933
梭曼（GD）＋黏性梭曼	9057.203	9057.203
塔崩（GA）＋GA 及消泡剂（UCON）	2.283	2.283
VX/Vx	19586.722	19471.323
EA1699	0.002	0.002
硫芥气（硫芥气、H、HD、HT、油溶硫芥气）	17439.877	16076.711
芥路混合剂（包括 HD/L 混合剂—二氯乙烷溶）	344.679	344.679
路易氏剂	6746.876	6746.875
DF	1024.765	1024.765
QL	46.174	46.173

① 作为第 1 类和第 2 类化学武器宣布的化学战剂和前体。
② 包括从化学武器库存中提取出的附表 1 化学品（2.913 吨）。应用了凑整规则。

续表

化学品的通用名	宣布量 / 吨	销毁量 / 吨
OPA	730.545	730.545
不明	3.859	3.817
有毒废物	1.705	1.705
六亚甲基四胺	78.231	78.231
IZO	133.325	133.325
化学品 A	112.300	112.300
化学品 B/BB	97.879	97.879
化学品 B 的盐	40.170	40.170
第 1 类合计：	70493.636	68737.917
第 2 类		
亚当氏剂	0.350	0.350
CN	0.989	0.989
CNS	0.010	0.010
氯乙醇	323.150	323.150
硫二甘醇	50.960	50.960
光气	10.616	10.616
异丙醇	114.103	114.103
三氯化磷	154.056	154.056
频哪基醇	19.257	19.257
亚硫酰氯	100.834	100.834
硫化钠	246.625	246.625
氟化钠	304.725	304.725
三丁胺	238.655	238.655
二异丙胺乙醇	8.356	8.356
甲基磷酸二甲酯	5.725	5.725
氟化氢	31.850	31.850

化学品的通用名	宣布量 / 吨	销毁量 / 吨
氯化氢	44.500	44.500
甲醇	1.480	1.480
异丙胺	36.120	36.120
丁醇	3.792	3.792
五硫化磷	11.250	11.250
磷酰氯	13.500	13.500
三乙醇胺	34.000	34.000
亚磷酸三甲酯	55.800	55.800
第 2 类合计：	1810.703	1810.703
总计	72304.339	70548.620

附件 4

截至 2019 年 12 月 31 日宣布了控暴剂的缔约国数

（按控暴剂的种类分列）[①]

控暴剂名称	已宣布拥有控暴剂的缔约国数
CS	122
CN	64
辣椒素类物质	35
CR	13
其他类型	3

已宣布拥有控暴剂的缔约国总数：137。

---

① 表中列出的控暴剂的化学文摘社登记号如下：CS：化学文摘社登记号 2698-41-1；CN：化学文摘社登记号 532-27-4；CR：化学文摘社登记号 257-07-8。辣椒素类物质包括：辣椒胶、壬酸香草基胺、二氢辣椒碱、E- 辣椒碱。其他种类包括更老款控暴剂或表格中提及的化学品混合物。

附件5

截至 2019 年 12 月 31 日禁化武组织的指定实验室一览表
（环境分析）

	缔约国	实验室名称	获指定日期
1	比利时	比利时国防部实验局[*]	2004 年 5 月 12 日
2	中国	防化研究院分析化学实验室	1998 年 11 月 17 日
3	中国	军事医学科学院毒物药物研究所毒物分析实验室	2007 年 9 月 14 日
4	芬兰	芬兰《化学武器公约》的核查研究所	1998 年 11 月 17 日
5	法国	核生化辐控制军备总署化学分析室	1999 年 6 月 29 日
6	德国	联邦国防军防护技术和核生化防护研究所	1999 年 6 月 29 日
7	印度	防务研究和发展机构 VERTOX 实验室	2006 年 4 月 18 日
8	伊朗伊斯兰共和国	防化研究实验室	2011 年 8 月 3 日
9	荷兰	TNO 防务、安保和安全实验室	1998 年 11 月 17 日
10	巴基斯坦	防务科学技术组织分析实验室	2018 年 4 月 18 日
11	韩国	防务发展署生化部化学分析实验室	2011 年 8 月 3 日
12	韩国	生化辐防卫研究所	2012 年 9 月 4 日
13	罗马尼亚	核生化辐防护及生态科研中心化学分析和特殊合成实验室	2018 年 4 月 15 日
14	俄罗斯联邦	军事研究中心化学和分析控制实验室	2000 年 8 月 4 日
15	俄罗斯联邦	"有机化学和技术国立科学研究所"联邦国立单一企业中央化学武器销毁分析实验室	2015 年 4 月 15 日
16	新加坡	DSO 国立实验中心国防医学和环境研究所核查实验室	2003 年 4 月 14 日
17	西班牙	"LaMarañosa" 技术研究所化学武器核查实验室	2004 年 8 月 16 日
18	瑞典	瑞典防务研究所生化辐核防卫安全部，FOI	1998 年 11 月 17 日
19	瑞士	瑞士核生化防务所施皮茨实验室	1998 年 11 月 17 日
20	大不列颠及北爱尔兰联合王国	波顿达恩化学和生物系统防务科技实验室	1999 年 6 月 29 日
21	美利坚合众国	埃奇伍德化学和生物法医分析中心	1998 年 11 月 17 日
22	美利坚合众国	劳伦斯利物摩尔国立实验室	2003 年 4 月 14 日

截至 2019 年 12 月 31 日禁化武组织的指定实验室一览表
（生物医学分析）

	缔约国	实验室名称	获指定日期
1	澳大利亚	防备科技集团	2016 年 8 月 1 日
2	中国	防化研究院分析化学实验室	2016 年 8 月 1 日
3	中国	军事医学科学院毒物药物研究所毒物分析实验室	2016 年 8 月 1 日
4	芬兰	芬兰《化学武器公约》的核查研究所	2016 年 8 月 1 日
5	法国	核生化辐控制军备总署化学分析室	2016 年 8 月 1 日
6	德国	联邦国防军药物毒物学研究所	2016 年 8 月 1 日
7	印度	防务研究和发展机构 VERTOX 实验室	2016 年 8 月 1 日
8	荷兰	TNO 防务、安保和安全实验室	2016 年 8 月 1 日
9	韩国	防务发展署生化部化学分析实验室	2016 年 8 月 1 日
10	俄罗斯联邦	军事研究中心化学和分析控制实验室	2016 年 8 月 1 日
11	俄罗斯联邦	卫生、职业病理学和人类生态学研究所化学分析控制和生物试验实验室	2016 年 8 月 1 日
12	新加坡	DSO 国立实验中心国防医学和环境研究所核查实验室	2016 年 8 月 1 日
13	瑞典	瑞典防务研究所生化辐核防卫安全部，FOI	2016 年 8 月 1 日
14	大不列颠及北爱尔兰联合王国	波顿达恩化学和生物系统防务科技实验室	2016 年 8 月 1 日
15	美利坚合众国	疾病防控中心	2017 年 7 月 11 日
16	美利坚合众国	埃奇伍德化学和生物法医分析中心	2016 年 8 月 1 日
17	美利坚合众国	劳伦斯利物摩尔国立实验室	2016 年 8 月 1 日
18	美利坚合众国	美国陆军化学防护医疗研究所	2019 年 8 月 19 日

总干事的说明

2019 年核查活动总结^①

（S/1897/2020　2020 年 9 月 14 日）

1. 综合概要

概述

1.1　截至 2019 年 12 月 31 日，共有 193 个《禁止化学武器公约》（以下简称"《公约》"）缔约国。有 1 个缔约国尚未销毁完其宣布的化学武器；经核实，所有宣布的化学武器生产设施（以下简称"化武生产设施"）均已被销毁或者已被改装用于《公约》不加禁止的目的；8 个缔约国有尚待销毁或需以其他方式处置的老化学武器（以下简称"老化武"）库存；1 个缔约国境内有已回收的确认或疑似遗弃化学武器（以下简称"遗弃化武"）。根据宣布的资料，有 80 个缔约国仍有至少 1 处《公约》第六条规定的应宣布设施。

1.2　在非缔约国中尚有 1 个签署国（以色列国）和 3 个非签署国（朝鲜民主主义人民共和国、阿拉伯埃及共和国和南苏丹共和国），而对这些国家，无法进行任何核查活动。

1.3　截至 2019 年年底，在 193 个缔约国中，尚有 1 个缔约国未根据《公约》提交其初始宣布。技秘处未能完成对该缔约国进行的核查活动。

核查行动

1.4　在裁军和防止扩散方面，如果不算技秘处在阿拉伯叙利亚共和国境内开展的持续行动，技秘处在 2019 年进行了 301 次视察 / 轮换；共在 42 个缔约国的 269 处地点投入了 6519 个视察员日。在此总数中，60 次视察或轮换涉及第四和第五条所规定的化学武器非军事化；241 次视

---

①　总干事的说明禁化武组织 2019 年核查活动总结附件 1。

察涉及《公约》第六条所规定的工业核查。此外，在 2019 年，技秘处在与阿拉伯叙利亚共和国①相关联的核查活动中及在与该缔约国相关联的核查相关的活动中另行投入了 706 个视察日。

1.5　2019 年，在化学武器方面共投入了 4598 个视察员日（占总数的 64%），其中包括在阿拉伯叙利亚共和国和伊拉克共和国的视察员日；根据第六条投入了 2627 个视察员日（36%）。

1.6　在 2019 年没有收到任何有关质疑性视察和指称使用调查的请求。

1.7　技秘处在 2019 年进行的所有视察均达到了视察任务授权所规定的目的。在 13 次第六条视察中，记录了需要予以进一步注意的一个或多个问题。

化学武器核查

1.8　2019 年，经技秘处核实，共销毁了 612.090 吨化学武器，这些化学武器全部均属第 1 类。销毁作业在美利坚合众国境内的 3 处化学武器销毁设施（以下简称"化武销毁设施"）中进行。至报告期终了时，技秘处核实了在销毁化学战剂方面的以下年终情况。

（a）在宣布的 72304.338 吨化学武器库存中，经核实已销毁了 70548.620 吨（其中包括为《公约》不加禁止的目的而从化学武器库存中取出的化学武器），占宣布总量的 97.57%。

（b）美利坚合众国已销毁了其已宣布的第 1 类化学武器的 93.68%。

（c）所有第 2 类和第 3 类化学武器在本报告期之前均已销毁。

1.9　截至 2019 年 12 月 31 日，经总干事核实全部 97 个化武生产设施均已被销毁（74 处）或已改装（23 处）。2019 年，技秘处在俄罗斯联邦对两个经改装的化武生产设施进行了两次视察。2019 年，技秘处对已在阿拉伯叙利亚共和国境内销毁的化武生产设施进行了 5 次查访，以核实安装在 5 个这种化武生产设施中的外部和内部插头是否完好无损，并

---

① 此数字既包含在该缔约国境内所宣布地点进行的核查活动，亦包含与在其境外进行的销毁活动有关的核查活动，同时还包含与其初始宣布有关的任务。

核查了安装在 4 座此种地下建筑中的远程监测系统的技术状况。

1.10 2019 年，技秘处对美利坚合众国的 2 处化学武器储存设施（以下简称"化武储存设施"）进行了 3 次视察，共投入了 100 个视察员日。

1.11 关于日本遗弃在中国境内的化学武器，根据中日双方联合提交给执行理事会（以下简称"执理会"）的销毁计划（EC-67/NAT.11，2012 年 2 月 15 日），并按照执理会第六十七届会议通过的第 EC-67/DEC.6 号决定（2012 年 2 月 15 日）以及《公约》的有关规定，销毁仍在继续进行。

1.12 技秘处对中国境内的日本遗弃化学武器进行了 12 次视察，其中包括 4 次与销毁活动的核查工作有关的视察。

1.13 自《公约》生效以来，有 18 个缔约国宣布了老化武，而其中 12 个缔约国宣布了在 1925 年至 1946 年间生产的老化武；11 个缔约国宣布了在 1925 年以前生产的老化武。2019 年，技秘处对比利时王国、法兰西共和国、德意志联邦共和国、意大利共和国、日本国、荷兰王国和大不列颠及北爱尔兰联合王国进行了 8 次老化武视察。多处的销毁作业均取得了可观的进展，但大量老化武的回收仍在继续进行。

第六条核查

1.14 在《公约》的第六条，技秘处于 2019 年核实了 41 个缔约国宣布的在 241 处设施和厂区进行的活动，其中包括附表 1 设施 11 处（占可视察设施的 42%）、附表 2 厂区 42 处（21%）、附表 3 厂区 19 处（5%）和其他化学生产设施厂区 169 处（4%）。

1.15 有 22 个缔约国报称其预计在 2019 年作为出口国或进口国参与在缔约国之间进行的 51 起附表 1 化学品的转让。于 2019 年收到的宣布显示，在 2018 年有 66 个缔约国出口了 10735 吨的附表 2 化学品；122 个缔约国出口了 605316 吨的附表 3 化学品。2018 年，没有任何关于附表 1 化学品的转让的报告，也没有报告任何向非缔约国进行的附表 2 化学品的转让。

优化核查制度

1.16 2019 年，对在美利坚合众国的一个化武销毁设施开展的核查活动进行了精简。为了进一步提高核查活动的效率，利用了 21 世纪初在优化核查的过程中获得的经验。

1.17 在 2019 年，技秘处继续增加了作为节省资源方式的连续视察的次数。在 19 个于 2019 年接受了 4 次或更多工业视察的缔约国中，有 15 个同意在其境内进行连续视察。技秘处在 2019 年总共进行了 57 次连续视察。

1.18 在报告期内，在 9 次第六条视察的过程中进行了采样和分析，其中包括 7 次附表 2 视察和 2 次其他化学生产设施视察。

1.19 技秘处多年来通过核查信息系统方案，其中包含若干信息技术组件和相关项目，扩大了信息技术工具在宣布数据的编制、提交及处理方面的使用。这些工具旨在为技秘处和缔约国双方带来增效。在核查相关信息的处理和有效监督方面，核查信息系统和相关的数据分析工具可谓至关重要，而技秘处亦继续为提高此类能力而就相关手段展开研究。在国家主管部门电子宣布工具取得成功后，技秘处于 2014 年针对宣布相关数据引入了安全传输系统，即资料安全交换系统。该系统为在缔约国与技秘处之间交换包括机密性资料在内的电子宣布和其他资料提供了安全的电子渠道。截至 2019 年 12 月 31 日，共有 59 个缔约国的 105 个用户已在资料安全交换系统中注册。

1.20 不提交或逾期提交宣布的情况仍然对技秘处高效和有效地行使核查职责的能力造成了不利影响，但技秘处和有关缔约国之间的持续互动已于近期在此方面带来了显著改善。

1.21 2019 年，技秘处一共处理了 817 份（共计 8674 页）缔约国来文、宣布及其他与核查相关的文件。

2. 视察

2.1 2019 年，如不将与阿拉伯叙利亚共和国相关联的核查活动计算在内，则技秘处进行了 301 次视察 / 轮换；在 42 个缔约国的 269 个设施投入了 6519 个视察员日。如算上投入到与伊拉克共和国和阿拉伯叙利亚共和国相关的其他行动的视察员日，则 2019 年的视察员日总计为 7225 天。平均每月投入的视察员日为 602 天。

2.2　表 1 记录了在 2019 年完成的视察或轮换的次数、类型以及视察活动的其他汇总统计，而表 2 则列出了自《公约》生效之日至 2019 年 12 月 31 日间完成的视察。

表 1　2019 年的视察活动

设施种类	与化学武器相关的视察			视察员日
	可视察或运行中的设施①	完成的视察②	所视察的设施或现场	
化武销毁设施	6	30	4	3435
化武储存设施	2	3	2	100
化武生产设施	15	7	7	46③
老化武	7	8	7	87
遗弃化武④	27	12	8	224
高危化武的销毁⑤	不适用	0	不适用	0
小计	57	60	28	3892
与阿拉伯叙利亚共和国相关的视察员日				706
与化学武器相关的视察员日总数				4598
第六条视察				
附表 1	27	11	11	189
附表 2	189	42	42	749
附表 3	401	19	19	188
其他化学生产设施	4234	169	169	1501
小计	4851	241	241	2627
总计	4593	301	269	6519
总计数包含与阿拉伯叙利亚共和国相关的视察员日				7225

① 对化武销毁设施和遗弃化学武器销毁设施而言：在 2019 年处于运转中的设施数；对化武储存设施、化武生产设施、老化武和遗弃化学武器而言：2019 年的可视察设施；对第六条设施而言：2019 年的可视察设施。
② 由于技秘处在阿拉伯叙利亚共和国的任务具有独特性，故此列未包含在该缔约国境内进行的视察。因此，这里报告的数字可能与下文各节陈述的内容略有差异，因为在下文中尽可能地涵盖了在叙利亚的行动，特别是与化武生产设施和遗弃化武相关的行动。
③ 原文为 646，参照"2019 年《关于禁止发展、生产、储存和使用化学武器及销毁此种武器的公约》履行状况"及本报告上下文等描述，修正此处数据为 46。
④ 其中包括遗弃化武销毁设施。
⑤ DHCW= 高危化学武器的销毁。

表 2　自《公约》生效以来进行的视察活动[①]

设施种类	与化学武器相关的视察		视察员日
	完成的视察	所视察的设施或现场	
化武销毁设施	1897	45	218160
化武储存设施	510	37	15213
化武生产设施	510	82	9352
老化武	149	39	2365
遗弃化武	136	52	3537
DHCW[②]/EDCW[③]	25	不适用	1734
小计	3227	255	250361
与应急行动相关联的视察员日			13290
与化学武器相关的视察员日总数			263651
第六条视察			
附表 1	303	38	5261
附表 2	868	403	20225
附表 3	488	404	7371
其他化学生产设施	2144	1895	26235
小计	3803	2740	59092
总计	7030	2993	309453
包含与应急行动相关联的视察员日在内的总计数			322743

第六条视察的分布

2.3　2019 年，41 个缔约国接受了第六条视察，表 3 列出了第六条视察的分布情况，表 4 列出了第六条视察在各区域的分布情况。

---

① 对于化武储存设施，与所视察设施的数量相关的数字不包括被宣布为"化武销毁设施中的化武储存设施"的设施，原因是此类设施已被确认为相应化武销毁设施的组成部分，而非单独实体。
② DHCW= 高危化学武器的销毁。
③ EDCW= 化学武器的紧急销毁。

表 3　第六条视察的分布情况

年份	2010	2011	2012	2013	2014	2015	2016	2017	2018	2019
视察数	208	208	219	229	241	241	241	241	241	241
被视察缔约国数	38	39	44	46	50	43	50	48	43	41
占了全部视察一半的缔约国数	6	7	6	7	7	6	7	6	7	6

表 4　第六条视察在各区域的分布情况

区域组	工业视察数	占总数的比例（%）	可视察厂区的比例（%）
非洲	1	0.4	1
亚洲	109	45	59
东欧	12	5	3
拉丁美洲和加勒比	12	5	5
西欧和其他国家	107	44	32

质疑性视察和指称使用调查

2.4　2019 年，没有接到任何根据《公约》提出的进行质疑性视察或指称使用调查的请求。尽管如此，根据执理会第 EC-83/DEC.5 号决定（2016 年 11 月 11 日），技秘处部署了若干次事实调查行动、技术援助访问团和非例行任务。视察局集中精力来改善了进行质疑性视察的常备状态。在大不列颠及北爱尔兰联合王国的代表的协助下，能力建设和应急规划分队为来自各个司 / 办的参与者举办了数次桌面演练。这些司 / 办包括：监察局、核查、法律顾问办公室以及战略和政策办公室。

2.5　根据缔约国大会（以下简称"大会"）第四届特别会议通过的第 C-SS-4/DEC.3 号决定（2018 年 6 月 27 日）第 18 段，技秘处正在制订有关备选方案，用以进一步协助缔约国防范非国家行为方构成的化学武器威胁，并支持缔约国制订用以应对万一发生的化学武器攻击的应急计划。2019 年，在禁化武组织总部开办了跨司业务规划课程，以改善技秘处执行可能的非例行任务的常备状态。

视察员培训

2.6　2019 年，能力建设和应急规划分队协调进行或实际落实了

2502 个培训日。培训方案包括 42 个单独的培训课程，为期 48 个日历周。培训活动包括：实地环境中的安全和保障方法；敌对环境中的意识培训。这两项培训都是部署到高风险地区的技秘处人员所必需的。为禁化武组织工作人员开设的其他专业课程包括：无损评估（NDE）理论一级和二级；无损评估工作许可证一级和二级。这些课程的目的是帮助工作人员维持其认证，并提高其在禁化武组织的已经无损评估核准的方法领域中的知识和技能。技秘处还为缔约国举办了其他能力建设培训班，包括在研修方案下开展的活动以及援助和保护课程。此外，能力建设和应急规划分队还协助国际合作和援助司为意大利托尔韦加塔大学的 CBRNe 硕士课程一级和二级的学生开办了为期 3 天的培训方案。

2.7 2019 年，60% 的培训课程是在荷兰王国境内实施的，而其余课程则在比利时王国、加拿大、捷克共和国、德意志联邦共和国、意大利共和国、塞尔维亚共和国、斯洛伐克共和国、大不列颠及北爱尔兰联合王国和美利坚合众国举办。通过主办、自愿提供捐款或提供技术和 / 或行政支持，这些缔约国协助落实了培训方案。能力建设和应急规划分队还继续开设了强制性视察员进修课程，以使视察员随时了解技术和核查政策方面的发展情况，并参加有关使用防护设备和关于禁化武组织的保密制度的进修课程。新的 R 组视察员参加了为期 11 周的初步强制性培训方案，其中包括有毒化学品培训，以为其传授在有毒环境中安全而有效地开展核查活动方面的知识、技能和经验。技秘处的新的化学武器弹药专家（化武专家）和卫生和安全专家（HSS）接受了以下方面的培训：侦察和储存；老化武和遗弃化武；军械现场识别。还为新晋升的视察组组长开办了 1 期上岗培训班。

3. 化学武器

3.1 技秘处派员常驻在运转中的化武销毁设施内，从而可以监督正在进行的宣布活动，以及对化学武器的销毁进行核查。这可以是现场实地观察，也可以通过现场仪器（包括专供视察员使用的设备）和审查有关文件资料来进行观察。为了核查，视察员获准不受妨碍地进行察看，以便监测设备的工艺参数。通过取样和分析活动，技秘处得以核实所销毁的是何种化学战剂。通过对销毁过程的观察和对所产生的副产品的取样分析和在适用情况下对已抽空并已洗消的弹体进行热处理和切割，技秘处能核实已经彻底销毁的化学武器的宣布数量，核实无化学武器转移。另外，还视察了化武储存设施，以确保除符合《公约》规定外不存在未被发现的转移化学武器的情形。

3.2 2019年，在化武销毁设施视察中投入了3435个视察员日（2018年为1864个）；在化武储存设施的视察工作中共耗时100个视察员日（2018年为62个）。此外，与在阿拉伯叙利亚共和国进行的活动相关的行动共计耗时706个视察员日（2018年为1395个）。

3.3 2019年，经技秘处核实，共计销毁了612.090吨第1类化学武器。这比2018年有所增加，经核实的销毁的总量达到了248.166吨。

3.4 至报告期终了时，经核实已销毁的第1类和第2类化学武器总量（其中包括为《公约》不加禁止的目的从库存中取出的化学武器）共计为70548.620吨，占宣布的化学武器的97.57%（如图1所示）。

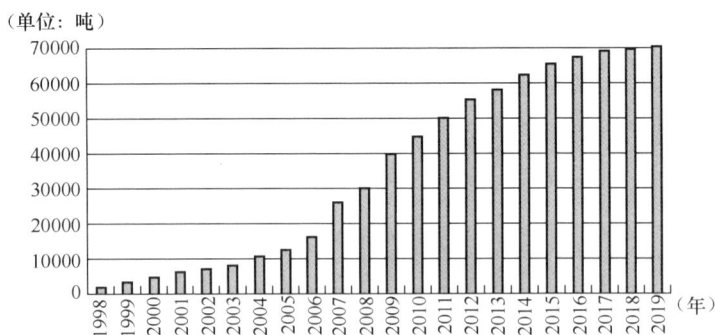

图1 1998年至2019年间经核实已销毁的化学武器累计总量

3.5 至报告期终了时，仅剩美利坚合众国1个缔约国尚未彻底销毁完其宣布的化学武器。

3.6 2019年，有3处化武销毁设施进行了第1类化学武器的销毁。另外1个化武销毁设施没有进行任何销毁作业，而且已于2019年宣布关闭。此外，另有 1 个化武销毁设施正处于在建和 / 或系统化的阶段中，并定于 2020 年 1 月启动销毁作业。2019 年运行中或建造中的化学武器销毁设施见表 5。

表 5　2019 年运行中或建造中的化学武器销毁设施

美利坚合众国	1. 普埃布洛化学剂销毁中试车间（PCAPP） 2. 布鲁格拉斯化学剂销毁中试车间静态引爆室（BGCAPP-SDC）[*] 3. 回收的化学武器销毁设施（RCWDF） 4. 化学转装设施 / 弹药评估处理系统（CTF/MAPS）^{**} 5. 原型引爆测试和销毁设施（PDTDF）^{**} 6. 布鲁格拉斯化学剂销毁中试车间（BGCAPP）^{***} 普埃布洛化学剂销毁中试车间爆炸销毁系统（PCAPP-EDS）^{****}

注　* 设施已于 2019 年 6 月启动了销毁作业。
　　** 设施未在 2019 年进行任何销毁。
　　*** 设施定于 2020 年 1 月启动销毁作业。
　　**** 设施未在 2019 年进行任何销毁。设施已于 2019 年 3 月关闭。

遵守销毁义务方面的进展

3.7　至报告期终了时，某缔约国[①]、阿尔巴尼亚共和国、印度共和国、利比亚国、俄罗斯联邦、阿拉伯叙利亚共和国和美利坚合众国共计宣布了 72304.338 吨的化学武器（70493.636 吨的第 1 类化学武器和 1810.703 吨的第 2 类化学武器），这些化学武器的载体为 8270589 枚（件）弹药和容器。截至 2019 年 12 月 31 日，已核实销毁了上述化学武器的约 97.57%，共计为 70548.620 吨（68737.917 吨的第 1 类化学武器和 1810.703 吨的第 2 类化学武器）[②]。拥有化武的缔约国亦已宣布了 417833 件第 3 类化学武器，这类化学武器已在 2019 年之前全部销毁。

3.8　2011 年，根据执理会第三十一次会议的建议，大会第十六届会议通过了关于 2012 年 4 月 29 日最后延长期限的决定（C-16/DEC.11，2011 年 12 月 1 日）。根据该决定，利比亚国、俄罗斯联邦和美利坚合众国于 2012 年 4 月和 2014 年 10 月［后一次提交的是俄罗斯联邦的增补（EC-68/P/NAT.1/

---

① 该缔约国要求将其国名列为高度保护级的资料。故此，为了本报告的目的，将之称为"某缔约国"。
② 此合计数量包含 2.913 吨为《公约》不加禁止的目的而从第 1 类化学武器库存中取出的附表 1 化学品［见《核查附件》第六部分第 2 款 (d) 项］。

Add.1，2014 年 10 月 6 日）] 提交了关于其各自的剩余化学武器的详细销毁计划，且每个有关缔约国均在其中订明了销毁剩余化学武器的计划完了日期。

3.9　截至 2019 年 12 月 31 日，经禁化武组织视察员核实，上述 7 个宣布了拥有化学武器库存的缔约国的化学武器销毁量如下所述。

（a）第 1 类化学武器：经技秘处核实，已销毁 68735.005 吨此类化学武器。此外，根据《公约》第六条和《公约》的《核查附件》（以下简称"《核查附件》"）第六部分第 2 款 (d) 项，合计取出了 2.913 吨第 1 类化学武器。在上述合计数量中，66472.338 吨为一元化学武器（在 2019 年销毁了其中的 612.090 吨），其中包括：路易氏剂、沙林（GB）、硫芥气（包括 H、HT、HD）、塔崩（GA）、带消泡剂（UCON）的塔崩®、梭曼（GD）和黏性梭曼（GD）、VX 以及一种不明化学剂。装有上述化学战剂的载体为 7540447（件）弹药和容器 [在 2019 年销毁了其中的 115272 枚（件）]、体积小于 $2m^3$ 的其他储存器皿以及更大容量的储存罐。另有 2262.667 吨被宣布为二元化学武器（在 2019 年未进行任何销毁），其中包括：甲基膦酰二氟（DF）、甲基亚膦酸乙基 -2- 二异丙氨基乙酯（QL）、异丙醇和异丙胺的混合物（OPA）、甲基硫代磷酸钠、六胺、二异丙基氨基乙基氯盐酸盐、二乙基氨基乙基氯盐酸盐和异丙醇。经技秘处核实已销毁的二元弹药合计为 785066 枚（件），其中有 415108 枚炮弹、另行宣布的 369958 个 DF 和 OPA 滤毒罐以及 306 个其他二元组分容器。

（b）第 2 类化学武器：经技秘处核实，已销毁了 1810.703 吨的宣布的第 2 类化学武器，其中包括：CNS、硫二醇（TDG）、二氯乙醇（2-CE）、光气、硫化钠、氟化钠、氯苯乙酮（CN）、亚当氏剂（DM）、三氯氧磷、三氯化磷、五氯化磷、氟化氢、盐酸、单异丙胺、二异丙基氨基乙醇、亚硫酰氯、三乙胺、亚磷酸三甲酯、二甲酯、丁醇、甲醇、频哪基醇和三丁胺以及 3847 枚炮弹。

（c）第 3 类化学武器：经技秘处核实，已销毁了向禁化武组织宣布的 417833 枚（件）第 3 类化学武器。

执行理事会的代表进行的访问

3.10　在大会第十一届会议上，由于若干拥有化武的缔约国的最后销毁期限被延长了，大会通过了一项关于由执理会的代表对运行或在建中的化武销毁设施进行访问的决定（C-11/DEC/20，2006 年 12 月 8 日）。根据该决定，此种访问是一种手段，用以解决与一个缔约国关于在其延长的期限内履行销毁化学武器的义务的方案有关的问题或关切。

3.11　根据会议的上述决定，美利坚合众国邀请执理会于 2019 年 4 月 6 日至 11 日访问科罗拉多州的普埃布洛化学剂销毁中试车间。执理会代表团由缔约国代表和技秘处工作人员组成。作为访问的一部分，执理会代表团在华盛顿特区与美利坚合众国的高级官员进行了讨论。

3.12　关于访问的细节以及执理会的参访代表在访问美利坚合众国后得出的一般性意见和结论，其均已提交给执理会第九十一届会议（EC-91/2，2019 年 6 月 14 日）。

3.13　根据执理会第 EC-67/DEC.6 号决定，中国和日本共同邀请执理会于 2019 年 9 月 2 日至 7 日访问哈尔巴岭遗弃化武销毁设施。执理会代表团由缔约国代表和技秘处工作人员组成。作为访问的一部分，执理会代表团在北京与中国高级官员举行了讨论。

3.14　关于访问的细节及执理会的参访代表在访问中国后得出的一般性意见和结论，其均已提交给执理会第九十二届会议（EC-92/3，2019 年 10 月 8 日）。

阿拉伯叙利亚共和国

3.15　根据执理会第 EC-M-33/DEC.1 号决定（2013 年 9 月 27 日），阿拉伯叙利亚共和国向缔约国提供了所有相关的资料。

3.16　经技秘处核实，阿拉伯叙利亚共和国已全部销毁了宣布的第 1 类和第 2 类化学武器。

美利坚合众国

3.17　2019 年，美利坚合众国提交了 2 份对其初始宣布的修订，借以对化学武器的库存量做了调整，为位于阿肯色州的派恩布拉夫军械库的已回收化学武器销毁设施和位于特拉华州的多佛空军基地添加了已回收的弹药项目。

3.18　根据大会第 C-16/DEC.11 号决定，美利坚合众国通过年度和 / 或定期报告的形式向执理会和大会通报了关于在 2012 年 4 月 29 日最后延长期限之后彻底销毁剩余化学武器方面取得的进展。2019 年，已按照上述决定的规定按时向技秘处提交了所有必需的报告。在提交给大会的最新进度报告中，美利坚合众国向技秘处通报了截至 2019 年 10 月 31 日销毁剩余的化学武器库存进展情况，其中包括通报了为使 3 个设施中的两个现场的销毁和活动提速而采取的措施（普埃布洛化学剂销毁中试车间，正在按计划继续安装 3 个静态销毁室；布鲁格拉斯化学剂销毁中试车间的静态销毁室，已于 2019 年 6 月启动了销毁作业；布鲁格拉斯化学剂销毁中试车间，定于 2020 年初开始销毁作业）。

3.19　根据关于 2019 年 1 月 1 日至 12 月 31 日的化学武器销毁的年度报告，已经在以下设施中总共销毁了 612.090 吨的第 1 类化学武器：位于科罗拉多州的普埃布洛化学剂销毁中试车间；位于肯塔基州的布鲁格拉斯化学剂销毁中试车间静态销毁室；位于阿肯色州的派恩布拉夫军械库的已回收化学武器销毁设施。

3.20　在美利坚合众国 2020 年的销毁详细年度报告中，向技秘处通报了以下情况：按照计划，将在普埃布洛化学剂销毁中试车间、布鲁格拉斯化学剂销毁中试车间、布鲁格拉斯化学剂销毁中试车间静态引爆室和各个已回收化学武器销毁设施中销毁 687.971 吨的 HD、H、GB 和一种不明化学剂（第 1 类化学武器）。

3.21　除了上述情况以外，美利坚合众国在 2019 年还提交了以下资料：

（a）关于布鲁格拉斯化学剂销毁中试车间的最终设施协议；

（b）关于布鲁格拉斯化学剂销毁中试车间的最终议定核查详细计划；

（c）关于在派恩布拉夫军械库的已回收化学武器销毁设施中销毁 6 件化学武器的详细设施资料的技术补编；

（d）关于在多佛空军基地的已回收化学武器销毁设施中销毁 1 件化学武器的详细设施资料的技术补编；

（e）关于销毁化学武器的年度报告（2019 年 1 月 1 日至 12 月 31 日）；

（f）载有以下建议的信函：在 2020 年 1 月 13 日至 17 日的那一周，在美利坚合众国的入境点（华盛顿杜勒斯机场）举办 2019 年年度已回收化学武器销毁审查，计划届时将出示有关于 2019 年 4 月和 5 日在已回收化学武器销毁设施中进行的销毁作业的文件资料；

（g）宣布在普埃布洛化学剂销毁中试车间爆炸销毁系统中进行的销毁作业已完成。

3.22　截至 2019 年 12 月 31 日，经技秘处核实，美利坚合众国已销毁或为《公约》不加禁止的目的取出的第 1 类化学武器达到了 26014.109 吨，占其宣布的此类库存总量的 93.68%。该缔约国此前已经完成了对其宣布的第 2 类化学武器（0.010 吨）和全部 81020 枚第 3 类化学武器的销毁。

3.23　2019 年，技秘处对在美利坚合众国的 612.090 吨第 1 类化学武器的销毁进行了核查。这包括：已经在位于科罗拉多州的普埃布洛化学剂销毁中试车间中销毁的装填在 112644 枚弹药中的 598.140 吨 HD 硫芥子气；已经在位于肯塔基州里士满的布鲁格拉斯化学剂销毁中试车间静态引爆室中销毁的装填在 2623 枚弹药中的 13.928 吨 HD 硫芥子气；在位于阿肯色州的派恩布拉夫军械库的已回收化学武器销毁设施中销毁的装填在 5 枚弹药中的 0.021960 吨不明化学剂。

3.24　此外，在进行销毁作业的同时，技秘处已核实了以下情况：在位于亚拉巴马州的安尼斯顿军械库的普埃布洛化学剂销毁中试车间的非毗邻爆炸销毁系统设施中销毁了取出的高能组分。

3.25　2019 年 1 月 28 日至 31 日，技秘处对位于肯塔基州里士满的布鲁格拉斯化学剂销毁中试车间进行了初次访问。拟定了关于布鲁格拉斯化学剂销毁中试车间的设施协定和核查详细计划。此后，这两份文件已在执理会第九十届会议上由执理会成员通过（EC-90/DEC.3，2019年3月13日）。已分别对布鲁格拉斯化学剂销毁中试车间静态引爆室（2019年4月1日至3日）和布鲁格拉斯化学剂销毁中试车间（2019年7月8日至11日）进行了工程终审。

3.26　技秘处于2020年1月初进行了一次视察，以审查关于在派恩布拉夫军械库的已回收化学武器销毁设施中销毁已回收的弹药的文件。根据审查有关销毁的文件的结果，其中包括审看被视察缔约国提供的有关录像，视察组确认了以下情况：在派恩布拉夫军械库的已回收化学武器销毁设施中，分别销毁了装填在1枚M2A14.2英寸迫击炮弹（4月）和装填在4枚德国制Traktor火箭弹（5月）中的一共0.021960吨不明化学剂。

4. 化学武器生产设施

4.1　2019年，技秘处对俄罗斯联邦的两个已改装的化武生产设施进行了2次视察，并根据执理会第EC-M-43/DEC.1号决定（2014年7月24日）对阿拉伯叙利亚共和国已销毁的化武生产设施进行了5次访问。

4.2　截至2019年12月31日，已向禁化武组织宣布的化武生产设施为97处。经总干事核证，这些设施已全部完成了销毁或改装。已核证销毁的为74处。改装为《公约》不加禁止目的23处。

5. 老化学武器和遗弃化学武器

5.1　在老化武方面，技秘处的核查工作包括对宣布有老化武弹药的缔约国所宣布的储存设施进行视察，以检查年度宣布或临时宣布以及其他通知所报告的任何变化（回收、销毁或重新列报）是否一致。

5.2　在遗弃化武方面，技秘处持续视察以跟踪进行中的有关日本遗弃在中国境内的化学武器处理的有关活动。技秘处还在销毁期内开展季度性视察，以对这些销毁作业进行核查。

5.3 2019 年，技秘处在 7 个缔约国（比利时王国、法兰西共和国、德意志联邦共和国、日本国、意大利共和国、荷兰王国和大不列颠及北爱尔兰联合王国）进行了 8 次老化武视察，并对日本遗弃在中国境内的化学武器进行了 12 次遗弃化武视察。7 个缔约国宣布了新发现的老化武为 1391 枚，而报告的已销毁的老化武为 1967 枚。

5.4 2019 年，一共报告了新发现和 / 或确认的将近 12000 枚（件）日本遗弃在中国境内的遗弃化武，并报告了已在两个专门的销毁设施中销毁了 5079 枚（件）遗弃化武。

5.5 日本遗弃在中国境内的化学武器本应按 2012 年 4 月 29 日的期限销毁（EC-46/DEC.4，2006 年 7 月 5 日）。根据执理会第 EC-67/DEC.6 号决定，日本遗弃在中国境内的化学武器的销毁在 2012 年 4 月 29 日后将按照《公约》的规定继续进行。2019 年，位于哈尔巴岭的遗弃化武销毁设施继续进行销毁作业，并一共销毁了 3251 枚（件）弹药。此外，在哈尔滨的移动式销毁设施已于 2019 年 5 月 7 日启动作业，并在 2019 年一共销毁了 1828 枚（件）遗弃化武弹药。至本报告期终了时，仍有存储于 25 个保管库中的接近 26000 枚（件）遗弃化武尚待销毁。

宣布的库存

5.6 从《公约》生效至 2018 年 12 月 31 日，18 个缔约国宣布了老化武。其中，12 个缔约国宣布了 72363 枚（件）在 1925 年至 1946 年间生产的老化武；11 个缔约国宣布了 72724 枚（件）在 1925 年以前生产的老化武。多年来，所有这些缔约国均已向技秘处提供了有关回收和销毁作业的资料以及有关为销毁或处置老化武而采取的措施的资料。

5.7 2019 年，向技秘处报告发现或销毁了老化武的文件的国家有澳大利亚联邦、比利时王国、加拿大、法兰西共和国、德意志联邦共和国、意大利共和国、日本国、荷兰王国、所罗门群岛和大不列颠及北爱尔兰联合王国。

5.8 根据已经收到的资料，截至 2019 年 12 月 31 日，8 个缔约国（比利时王国、法兰西共和国、德意志联邦共和国、意大利共和国、拉脱维亚共和国、荷兰王国、所罗门群岛和大不列颠及北爱尔兰联合王国）的境内仍有老化武或疑似老化武，且仍有大约 36500 枚（件）老化武尚待销毁或予以另行处置。

5.9　截至 2019 年 12 月 31 日，3 个缔约国宣布了其境内有确认的遗弃化武。尤其是在中国，在遍布 18 个省的 90 多处地点发现了 83645 枚（件）日本遗弃在中国境内的化学武器。至本报告的截稿日，经报告已销毁的遗弃化武为 57701 枚（件）。

6. 工业核查

6.1　至报告期终了时，按照第六条核查制度在全球范围内宣布的设施共计为 5347 个，其中的 4853 个须接受系统核查（见表 6）。2019 年，技秘处对 41 个缔约国的 241 个设施和厂区的宣布的活动进行了核查。按照核查制度划分的视察次数同 2018 年记录相同。故此，在 2019 年共进行了 11 次附表 1 设施视察、42 次附表 2 厂区视察、19 次附表 3 厂区视察和 169 次其他化学生产设施厂区视察。

表 6　截至 2019 年 12 月 31 日根据第六条宣布的设施

制度	宣布的设施数 宣布了第六条设施的缔约国数				
	附表 1	附表 2	附表 3	其他化学生产设施	总计
宣布数	26	492	410	4419	5347
应宣布数	26	445	383	4418	5272
可视察数	26	212	353	4262	4853
缔约国数	23	35	35	81	81

6.2　2019 年，21 次第六条视察留下了有关需予以进一步关注的一个或数个问题的记录，其中包括：5 次附表 1 视察、9 次附表 2 视察和 3 次其他化学生产设施视察。在 2019 年进行的任何视察中均没有报告不确定性问题。另外，在"收集进一步资料"的项下，记录了 166 项视察意见（根据技秘处的内部做法，宣布事项通常算不上需予以进一步关注的

问题）。与 2018 年的有关结论相比，这略有减少。尽管如此，技秘处提出的大量相关意见证明了以下做法的重要性：及时、完整和准确地提交宣布；加强对与《公约》的相关的化学品和设施的监控；和／或提高对与有毒化学品相关的风险的认识。

6.3　与 2018 年相比，2019 年的连续视察的数量有所增加。其中的部分原因是所选取的厂区的地理位置，同时也因为在其中进行连续视察的有关被视察缔约国对此予以接受。

6.4　2019 年，事后发现有 3 次其他化学生产设施视察是对不必视察的设施进行的（见第 6.18 段）。

附表化学品的转让

在 2018 年过去活动年度宣布中附表 1 化学品转让的情况。

6.5　有 5 个缔约国在其 2018 年过去活动年度宣布中总计宣布了 6 次附表 1 化学品转让。发送缔约国和接收缔约国对 6 次此种转让都进行了通知。在 2018 年总计进行了 5.985 克附表 1 化学品的转让。

根据 2018 年过去活动年度宣布而在缔约国之间进行附表 2 和附表 3 化学品转让的情况。

6.6　根据在 2019 年收到的 2018 年过去活动年度宣布，总计有 66 个缔约国在 2018 年转让了附表 2 化学品，其总交易量为大约 10735 吨。与此同时，在 2018 年转让了附表 3 化学品的缔约国为 122 个，其总交易量约为 605316 吨。

根据 2018 年过去活动年度宣布而向非《公约》缔约国转让附表 2 和附表 3 化学品的情况。

6.7　根据在 2019 年收到的 2018 年过去活动年度宣布，2018 年没有关于向非缔约国转让附表 2 化学品的报告。6 个缔约国向两个非缔约国出口了 3 种附表 3 化学品。

第六条　视察制度的优化

6.8　2019 年全年，技秘处继续努力优化第六条视察制度的效力和效率。

6.9　视察组的规模与在 2018 年进行同类视察时相当。不过，技秘处将对视察组的规模继续进行评价和再评估，以确保效力和效率尽可能达到最佳水平。

6.10　2016 年 9 月，为附表 1、附表 2 和附表 3 的视察引入了视察报告更新模板。更新后的模板方便了视察后流程的进一步简化，因而减少了在这些设施进行现场视察的时间。在 2019 年，启动了对视察报告模板的全新审查。

6.11　2019 年全年，作为优化人力和物力资源利用的方式，技秘处还继续努力最大限度地增加连续视察的次数（见表 7）。连续视察（1 次任务含两项视察）是一种提高视察工作效率的重要工具，故如有更多缔约国允许在其境内进行连续视察，特别是那些每年接受大量第六条视察的缔约国，效率甚至会进一步提高。在此方面，在 2019 年有 29 个缔约国在其领土上接受了国家内和 / 或国家间连续视察。在 2019 年进行的 62 次连续视察中，有 53 次是在 1 个国家进行的，同时在总计 14 个缔约国进行了 9 次国家间连续视察。由于进行了这 62 次连续视察，技秘处由此节省的旅行费用超过了 543000 欧元。

6.12　2019 年，进行的连续视察次数比 2018 年增加了 5 次。这是因选中的厂区所在的地理位置以及缔约国的分布情况所致。

表 7　连续视察

连续视察（各年的次数）											
年份	2008	2009	2010	2011	2012	2013	2014	2015	2016	2017	2018	2019
次数	37	42	40	47	48	57	51	59	54	58	57	62

6.13　以下 5 个缔约国拥有可视察的附表 3 厂区和 / 或其他化学生产设施厂区但尚未同意以某种方式进行连续视察：阿塞拜疆共和国、格鲁吉亚、巴基斯坦伊斯兰共和国、俄罗斯联邦和越南社会主义共和国。技秘处在继续与这些缔约国进行接洽，以期找到一种方法来最终做到使技

秘处的资源进一步优化。

采样和分析

6.14 技秘处继续例行开展附带采样和分析的附表 2 视察，截至 2019 年年底，共在 26 个缔约国开展了 119 次此类视察（见表 8）。

6.15 2019 年，进行了 6 次附带采样和分析的视察，其中 5 次为附表 2 视察；1 次为其他化学生产设施（后续）视察。在后一种情况下，附带采样和分析的视察在 24 小时内完成。这就使附带采样和分析的第六条视察的总数达到了 119 次（见表 8），而接受了附带采样和分析的视察的缔约国数达到了 27 个，从而拓宽了其地域分布。总计有 22 个缔约国接受了附带采样和分析的附表 2 视察，其中 4 个还接受了附带采样和分析的其他化学生产设施视察。1 个缔约国接受了附带采样和分析的附表 3 视察，另有 4 个缔约国接受了附带采样和分析的其他化学生产设施视察。

6.16 截至 2019 年 12 月 31 日，100% 的拥有现有可视察附表 2 厂区的缔约国（20 个）已接受了至少 1 次带采样和分析的任务。另外两个曾接受附带采样和分析的附表 2 视察的缔约国现已不再有可视察厂区。

表 8 第六条厂区的取样和分析

附带采样和分析的视察数											
年份	2009	2010	2011	2012	2013	2014	2015	2016	2017	2018	2019	总计
次数	9	9	8	9	8	9	11	11	11	9	6	119[①]

6.17 经验证小组验证和执理会核准的分析数据一直不断地被纳入禁化武组织中央分析数据库（中央数据库）。执理会关于增列非附表化学品的衍生物的决定（EC-86/DEC10，2017 年 10 月 13 日）是为改进中央数据库而采取的重要步骤。

对不必视察的第六条厂区的视察

6.18 2019 年，总计有 3 次第六条厂区视察事后发现是不必视察的（均为其他化学生产设施厂区）。该数字低于在 2018 年记录的数目，甚

---

① 包括 90 次附表 2、1 次附表 3 和 3 次其他化学生产设施视察任务。

至低于此前几年记录的数目。近年来，技秘处已设法通过多种方式解决不必视察的问题，其中包括双边磋商和发出澄清请求、内部分析与核对、在为国家主管部门举办培训课程和研讨班时进行教育和外联。此外，还开发了在线学习模块。表 9 显示了一段时间以来对可不接受视察的厂区的视察数发生的变化。

表 9　对可不接受视察的厂区进行的视察

年份	2012	2013	2014	2015	2016	2017	2018	2019
次数	5	7	8	7	4	9	5	3

技秘处对工业和其他第六条事宜磋商的协助

6.19　在 2019 年举行了 3 次非正式磋商，另外进行了 1 次关于厂区选取机制的特别磋商。缔约国围绕若干与核查有关的未决议题开展了磋商，其中包括：2018 年的工业核查和完善第六条视察的开展；厂区选取方法的实施情况；化工行业和国家主管部门代表第五次年会的成果；其他化学生产设施视察频率；从国家主管部门电子宣布工具向电子宣布资料系统过渡；新的宣布平台；区块链作为化学贸易的工具；高活性原料药；技术进步和化学品生产；可见的附表 2 行业发展趋势；及第六条视察期间的采样和分析。

7. 与核查有关的其他活动

履约事宜

7.1　本节介绍了几件对技秘处有效行使核查职责能力构成挑战的事项。有关信息并非详尽无遗。技秘处现着重介绍这些事项，以使缔约国有机会了解技秘处和缔约国采取的补救行动会产生何种效果。技秘处将继续观察这些挑战在今后的演变情况。

拖欠初始宣布

进展和现状

7.2　截至 2019 年年底，193 个缔约国中已有 192 个提交了其完整的初始宣布。2019 年，技秘处仍没有从汤加王国（到期日：2003 年 7

月 28 日）收到其尚未提交的《公约》第三条和第六条规定的初始宣布。技秘处将继续与汤加王国就此进行合作，以促其提交拖欠的初始宣布。

拖欠或逾期提交年度宣布

7.3　为使技秘处能够继续有效地完成核查任务，极其重要的是缔约国继续及时提交过去活动年度宣布和预计活动年度宣布。如果资料已经过时，不仅会导致选错厂区，还会造成对不必视察的厂区进行视察的次数上升的风险，这两种情况都会损害技秘处资源的使用效率。不仅如此，逾期提交全国合计数据的国家可能会造成转让数据出入。

后续行动

7.4　对于技秘处为处理及时提交宣布的问题而采取的行动，尤其强调了应为有关缔约国提供协助。2019 年，在数次双边会晤和磋商的框架内，技秘处向这些缔约国提供了量身打造的技术援助。

进展和现状

7.5　自于 2007 年通过了关于及时提交第六条宣布的决定（EC-51/DEC.1，2007 年 11 月 27 日）以来，已定期请技秘处为执理会编写关于该决定执行情况的现状报告。技秘处在 2019 年提供了 2 份此类报告。此外，在 2020 年发布了关于 2017 年过去活动年度宣布和截至 2018 年 12月 31 日的 2019 年预计活动年度宣布的现状报告（EC-93/DG.6，2020 年 1 月 17 日；及其 Corr.1，2020 年 1 月 24 日）。

7.6　总的来说，有 92 个拥有应宣布设施或活动的缔约国提交了 2018年过去活动年度宣布。其中，84 个缔约国按 2019 年 3 月 31 这一时限至少提交了一部分规定的宣布，而 8 个缔约国在期限过后提交了其 2018年过去活动年度宣布。

7.7　2019 年，有 46 个拥有应宣布设施或活动的缔约国提交了 2020年预计活动年度宣布，其中 44 个在截止日期前做了提交。对于 2020 年附表 1 化学品和设施的预计活动年度宣布，23 个有关缔约国中的 22 个遵守了截止日期（2019 年 10 月 2 日）；对于 2020 年附表 2 和附表 3 化学品和设施的预计活动年度宣布，43 个有关缔约国中的 41 个遵守了截止日期（2019 年 11 月 1 日）。

7.8 按照执理会第 EC-53/DG.11 号决定（2008 年 6 月 17 日），技秘处继续通过双边会议、讲习班上的演示介绍以及年度核对函等渠道和手段，向缔约国强调有必要审查和更新其应宣布的其他化学生产设施清单。由于缔约国对这项请求的回应，截至 2019 年 12 月 31 日，在 81 个有关缔约国中，72 个（88.9%）在其 2018 年过去活动年度宣布中全面更新了其他化学生产设施清单，其结果是在 4418 个应宣布的其他化学生产设施，有 4404 个得到了更新（99.7%）。

转让数据的出入

7.9 第三届审议大会鼓励在进行化学工业及其他第六条事宜系列问题磋商时，就弥合转让数据出入的方式进行磋商；并鼓励缔约国和技秘处继续努力找到第六条宣布的数据出入的原因，诸如有关附表 2 和附表 3 化学品转让的全国合计数据［RC-3/3* 第 9.93 段和 9.95(g) 分段，2013 年 4 月 19 日］方面的原因。

技秘处就转让数据的出入采取的行动

与世界海关组织的合作

7.10 在与世界海关组织（海关组织）的合作框架内，技秘处于 2010 年发起了"协调制度"项目，以便为贸易量最大的附表化学品分配国际通用的 6 位"协调制度"编码，该编码包含在海关组织《关于商品名称及编码协调制度的国际公约》（"协调制度"名词体系）。该项目旨在甄别在全球范围内进行贸易的附表化学品，并最终协助缔约国通过提交完整、准确和及时的贸易宣布来履行《公约》规定的宣布义务。

7.11 "协调制度"项目的第一阶段的重点是 33 种贸易量最大的附表化学品。该阶段已经顺利完成，使得将此 33 种化学品列入了于 2017 年 1 月 1 日生效的"协调制度"名词体系 2017 版之中。

7.12 "协调制度"项目的第二阶段目前正在进行，其目标是在将于

2022 年 1 月生效的下一版"协调制度"名词体系中向另外 13 种贸易量最大的附表化学品分配独特的"协调制度"编码。2017 年 1 月，该建议在世界海关组织的"协调制度"审查分委员会第 51 届会议上获得了暂准通过。技秘处继续与海关组织秘书处保持密切联系，以便顺利完成此第二阶段。

更新用于鉴定附表化学品的禁化武组织工具

7.13　对《化学品手册》进行定期更新和修订，以收录缔约国宣布的任何新的附表化学品，同时补充有关标识物［例如，化学文摘社登记号（CAS RNs）和给予附表化学品的协调代码］出现的任何变化。2019 年版的《化学品手册》取代了 2018 年版，并载有对化学品名称的编辑修改以及将禁化武组织用于部分化学品的符号替换为其相应的化学文摘社登记号。

关于附表 2 和附表 3 化学品的转让数据出入

7.14　虽然技秘处采取了后续行动，但根据 2018 年过去活动年度宣布，附表 2 和附表 3 转让数据仍然存在出入问题[①]，这与上一年度的情况相同。尤其是在缔约国之间的超过阈值的附表 2 和附表 3 化学品转让总次数（841 起）中，存在转让数据出入的占 69%（577 起）。2018 年的过去活动年度宣布显示：上述 577 起附表 2 和附表 3 化学品的转让数据出入涉及 90 个缔约国。在这 577 起转让数据出入中，176 起涉及附表 2 化学品；401 起涉及附表 3 化学品。

规定的宣布的现状

控暴剂

7.15　关于从缔约国收到的为控暴目的而持有的化学品的资料，按照以往年度予以随时更新的做法，技秘处利用一切机会，如双边磋商、后续函件、催缴函等，向缔约国强调更新其有关控暴剂的宣布的必要性。图 2 列出了有关按制剂类型宣布了控暴剂的缔约国数目的最新资料。

---

① 当进口缔约国和出口缔约国各自宣布的附表 2 或附表 3 化学品转让数量之间的差异超过了《核查附件》第七部分第 3 款或第八部分第 3 款为该化学品规定的相关阈值时，就会产生转让数据出入。

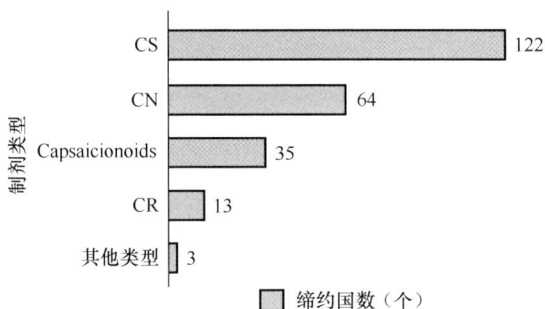

图 2　宣布了控暴剂的缔约国的数目—按制剂类型显示

宣布的处理

对宣布的澄清

7.16　在 2004 年的一项决定（EC-36/DEC.7，2004 年 3 月 26 日）中，执理会促请缔约国对澄清请求从速做出反应，并制定了应在此种请求发出后 90 天内做出反应的时限要求，同时还建议：如若无法判定某设施是否为可视察设施，技秘处应采取后续行动。

7.17　2019 年，技秘处未就设施的可视察与否发出任何澄清请求。在本报告期内，发现了少量与可视察性相关的问题，但这些问题都通过在技秘处和所涉缔约国之间的商谈而迅速得以解决，因而无须发出澄清请求。至本报告期终了时，没有任何此种未解决问题。

7.18　2019 年全年，宣布评估组（宣评组）继续进行有关澄清叙利亚的初始宣布的工作。截至 2019 年 12 月 31 日，该评估组已开展了 22 轮磋商。已就宣评组在 2019 年进行的工作的初步结果向执理会第九十届、九十一届和九十二届会议做了报告（EC-90/HP/DG/1，2019 年 3 月 4 日；EC-91/HP/DG.2，2019 年 7 月 1 日；及 EC-92/HP/DG.2，2019 年 9 月 27 日）。

宣布的处理

7.19　2019 年，技秘处收到了缔约国提交的 817 份文件（纸质和电子版），共计 8674 页。上述文件包括：115 项 2018 年过去活动年度宣布、83 项 2020 年预计活动年度宣布以及其他与核查有关的文件。365 份文件为非机密级（44.68%），其共计为 1798 页（20.73%）。但是，接收的纸面文件大部分仍是带密级的资料：96 份文件（1090 页）为"禁化武组织高度保护级"；159 份文件（5244 页）为"禁化武组织保护级"；197 份文件（542 页）为"禁化武组织限制级"。换言之，55.32% 的收到的文件（2018 年为 56.78%）和 79.27% 的页数（2018 年为 77.27%）是带密级的。技秘处继续确保所有文件的处理均严格按照禁化武组织的保密制度进行。同时，技秘处鼓励缔约国审慎评估各密级，以尽可能地减少带密级的文件数量。

电子宣布

7.20　53 个缔约国完全以电子格式提交了 2018 年过去活动年度宣布（前 1 年为 58 个缔约国）。共有 36 个缔约国以电子格式提交了 2020 年预计活动年度宣布的原件（前一年为 38 个缔约国）。

7.21　在缔约国使用电子宣布工具提交其电子宣布的过程中，技秘处继续向缔约国提供协助。例如，2019 年 2 月，技秘处举办了关于电子宣布的基础课程，作为"面向国家主管部门人员和相关利益攸关方的关于《化学武器公约》的普通培训课程"的一部分。

7.22　2019 年 9 月，技秘处继续开发下一版的电子宣布工具，即电子宣布信息系统。电子宣布信息系统将通过在宣布的编制和提交过程中改进可用性并增加新功能来进一步加强核查制度。于 2019 年 11 月 17 日发布了电子宣布信息系统的测试版，其中包括了所有现有的电子宣布工具功能，以及新的用户管理模块，以便用于该系统的分布式使用和第三条规定的对控暴剂的宣布。

7.23　2019 年，技秘处举办了作为"关于国家主管部门和化学品数据库的培训课程"一部分的电子宣布信息系统培训，由芬兰《化学武器公约》核查研究所于 2019 年 8 月承办。此外，在 2019 年 9 月进行的履行第六条规定的培训（宣布与视察）中举办了电子宣布信息系统培训。

7.24　在 2019 年，技秘处两次注意到缔约国对在 2014 年 7 月提供给缔约国（S/1192/2014，2014 年 7 月 1 日）的资料安全交换系统的兴趣有了显著提高。该系统提供了一个安全的电子交换渠道，可用以在缔约国与技秘处之间交换电子宣布和其他资料，包括机密级的此种宣布和资料。截至 2019 年 12 月 31 日，共有来自 59 个缔约国的 105 名用户已注册使用该系统（相比而言，2018 年有来自 57 个缔约国的 94 名用户）。如在技秘处第 S/1786/2019 号说明（2019 年 8 月 21 日）中向缔约国通报的，与前一年相比，使用资料安全交换系统提交的宣布数量保持了相同水平。该数据也确认了该系统的主要效益之一，即使国家主管部门能够开展关于其宣布的工作，一直到截止日期之前的几天，而不用考虑将涉密信息通过外交邮袋提交给技秘处所需要的时间（通常需要几周）。

缔约国执行关于含附表 2A 和 2A* 化学品的化学品混合物的低浓度阈值的 2009 年大会决定的情况

7.25　大会第十四届会议批准了有关含附表 2A 和 2A* 化学品的混合物的低浓度阈值的准则的决定（C-14/DEC.4，2009 年 12 月 2 日）。这项决定要求缔约国按实际可能尽快执行准则。

7.26　该决定请技秘处最迟从 2012 年 1 月 1 日起，在《核查实施报告》中报告缔约国执行该决定的进展情况。为收集用于编写该报告的资料，总共进行了 9 次调查：2011 年（S/948/2011，2011 年 7 月 6 日）、2012 年（S/1040/2012，2012 年 9 月 18 日）、2013 年（S/1125/2013，2013 年 9 月 17 日）、2014 年 (S/1213/2014，2014 年 9 月 12 日)、2015 年（S/1310/2015，2015 年 9 月 15 日)、2016 年（S/1420/2016，2016 年 9 月 13 日)、2017 年（S/1531/2017，2017 年 9 月 4 日)、2018 年（S/1668/2018，2018 年 9 月 3 日) 及 2019 年（S/1790/2019，2019 年 8 月 30 日)。

7.27　截至 2019 年 12 月 31 日，对 9 次调查的回复的总体情况显示：在 193 个缔约国中，有 61 个至少对 1 次调查进行了回复。在这 61 个缔约国中，有 41 个已执行了该决定，而其余 19 个尚未执行，还有 1 个缔约国正在进行澄清。

7.28　此外，1 个缔约国（巴基斯坦伊斯兰共和国）于 2010 年根据《公约》第七条第 5 款的规定做了提交，该提交表明其已执行了该决定。

8. 对核查活动的技术支持

为核查目的进行的采样和分析

8.1　禁化武组织实验室为 2019 年的 6 次附带采样和分析的视察（5 次附表 2，1 次其他化学生产设施）进行了气相色谱－质谱仪的校准、准备和发送。用于每一次视察的仪器均经过内部监察办公室（监察办）的充分认证。

8.2　在为附带采样和分析的视察进行准备时，向分析化学师视察员提供了协助和支持，其中包括备齐模拟工序流所需的化学品并提供关于结果分析方法的咨询。

禁化武组织正式效能水平测试

8.3　禁化武组织每年为希望参加禁化武组织分析实验室网络的机构举办效能水平测试。在本报告年内，完成了第四十四次禁化武组织关于环境分析的正式效能水平测试，进行了第四十五次测试，同时开始了第四十六次测试。此外，还进行了第四次生物医学效能水平测试。表 10 介绍了这几次测试的详细情况。

表 10　第四十四次、第四十五次和第四十六次禁化武组织正式效能水平测试及
第三次生物医学效能水平测试概览

	第四十四次效能水平测试	第四十五次效能水平测试	第四十六次效能水平测试	第四次生物医学效能水平测试
样品制备	大韩民国国防发展局生化处化学分析实验室	德意志联邦共和国防护技术和核生化防护军事研究所	荷兰王国 TNO 防务、安保和安全实验室	禁化武组织实验室
成绩评定	美利坚合众国劳伦斯利弗莫尔国家实验室	西班牙王国 La Marañosa 技术研究所化学武器核查实验室	大不列颠及北爱尔兰联合王国国防科技实验室	美利坚合众国疾病预防与控制中心
报名数	15	13	22	29
成绩	6 项 A 3 项 B 4 项 C 0 项 D 0 项 F 0 个试参与人员	6 项 A 6 项 B 0 项 C 0 项 D 0 项 F 1 个试参与人员	在 2020 年提供	18 项 A 1 项 B 0 项 C 2 项 D 3 项 F 5 个试参与人员

8.4　至报告期终了时，共有 18 个缔约国的 22 所指定实验室（其

中 4 所实验室被暂时中止了指定资格，无法从禁化武组织获得真实样本）以及 12 个缔约国的 17 所实验室被指定进行生物医学样本分析。附件 2 列出了截至 2019 年 12 月 31 日每一指定实验室的情况。

禁化武组织中央分析数据库

8.5　验证小组在 2019 年召开了两次会议，以从技术上核准了 250 项新的分析数据集。对从 2019 年的第一次验证小组会议中获得的数据进行了处理，然后将其提交执理会核准。执理会第九十一届会议首次核准了对附表化学品和与《公约》相关的非附表化学品使用串联质谱（MS-MS）数据（EC-91/DEC.2 和 EC-91/DEC.1，均为 2019 年 7 月 11 日）。

8.6　执理会批准的总计 344 项新的分析数据集已经纳入了新版的禁化武组织中央分析数据库（22 版）。这些数据现已通过监察办认证，并于 2020 年 1 月向缔约国发布。2019 年，为现场视察的目的而 6 次发布了中央数据库（数据库 / 提取的分析数据），同时为 1 次化武销毁设施视察任务进行了 1 次发布。

8.7　表 11 列出了中央数据库的内容。

表 11　禁化武组织中央分析数据库的内容

中央分析数据库的分析数据量（前 5 个版本）				
	18 版	19 版	20 版	21 版	22 版
MS[1]	5412	5672	6070	6117	6187
IR[2]	988	999	1015	1033	1033
NMR	1391	1391	1391	1392	1396
GC(RI)[3]	4639	4875	5245	5292	5357
中央数据库的化学品种类[4]				
MS	4022	4225	4566	4602	4647
IR	734	745	756	775	775
NMR	298	298	298	299	300
GC(RI)	3878	4089	4439	4482	4543

① MS= 质谱。
② IR= 红外分光。
③ GC(RI)= 气相色谱（保留值）。
④ 中央数据库的化学品种类。

禁化武组织实验室的资质认可

8.8 2019 年，监察办对禁化武组织实验室的 3 个已获得认证的活动领域进行了 2 次内部审计，从而确认实验室遵循了国际标准化组织的 ISO17025 和 ISO17043 标准。

8.9 2019 年 3 月，荷兰资质认可理事会 Raad Voor Accreditatie (RVA) 进行了 1 次外部审计，确认实验室遵循了 ISO17025 和 ISO17043 标准。

多功能培训设施

8.10 在位于莱兹维克的设施中建造的小型多功能培训设施中举办了有关课程。在该场地（约 38m^2）内配备了 4 台通风橱、4 套气相色谱–质谱系统和 1 套液相色谱–质谱联用仪系统。所有设备都安放在移动式桌面上，以使此地也可用于非实验室目的。

8.11 在 2019 年为外部学员开办了 4 次课程，即：

（a）2019 年 4 月 8 日至 12 日，为来自卡塔尔的学员开办了一期培养分析技能课程（5 人）；

（b）2019 年 6 月 25 日至 28 日，一期针对女性化学师的分析化学基础课程（10 人）；

（c）2019 年 7 月 8 日至 12 日，一期针对为海关提供服务的实验室分析化学师的课程（10 人）；

（d）2019 年 11 月 11 日至 15 日，高级效能水平测试课程（2 人）。

8.12 为技秘处的人员提供了为期约 6 周的课程，其课题包括：分析仪器的使用、采样和分析，以及若干安全课程。

附件 2

禁化武组织的指定实验室名单①

	缔约国	实验室名称	获指定日期
1	比利时	比利时国防部实验局	2004 年 5 月 12 日
2	中国	防化研究院分析化学实验室	1998 年 11 月 17 日
3	中国	军事医学科学院毒物药物研究所毒物分析实验室	2007 年 9 月 14 日
4	芬兰	芬兰《化学武器公约》核查研究所	2017 年 3 月 29 日
5	法国	军备总署核生化辐控制化学分析室	1999 年 6 月 29 日
6	德国	防护技术和核生化防护军事研究所	1999 年 6 月 29 日
7	印度	防务研究和发展机构 VERTOX 实验室	2006 年 4 月 18 日
8	伊朗伊斯兰共和国	防化研究实验室	2011 年 8 月 3 日
9	荷兰	TNO 防务、安保和安全实验室	1998 年 11 月 17 日
10	巴基斯坦	国防科技组织分析实验室	2018 年 4 月 18 日
11	大韩民国	国防发展局生化处化学分析实验室	2011 年 8 月 3 日
12	大韩民国	生化辐防卫研究所*	2012 年 9 月 4 日
13	罗马尼亚	CBRN 国防和生态科学研究中心，化学分析与特殊合成实验室*	2018 年 8 月 29 日
14	俄罗斯联邦	军事研究中心化学和分析控制实验室*	2000 年 8 月 4 日
15	俄罗斯联邦	"有机化学和技术国立科学研究所"联邦国立单一企业中央化学武器销毁分析实验室	2015 年 4 月 15 日
16	新加坡	DSO 国立实验中心国防医学和环境研究所核查实验室	2003 年 4 月 14 日
17	西班牙	"LaMarañosa"技术研究所化学武器核查实验室*	2004 年 8 月 16 日
18	瑞典	瑞典国防研究院生化辐核防卫安全部，FOI	1998 年 11 月 17 日
19	瑞士	瑞士核生化防务所施皮茨实验室	1998 年 11 月 17 日
20	大不列颠及北爱尔兰联合王国	波顿达恩国防科技实验室	1999 年 6 月 29 日
21	美利坚合众国	埃奇伍德化学 / 生物法医分析中心	1998 年 11 月 17 日
22	美利坚合众国	劳伦斯·利物摩尔国立实验室	2003 年 4 月 14 日

① 实验室名称旁边的星号（*）是指因最近一次禁化武组织正式效能水平测试中的表现原因，至报告期截止时其禁化武组织指定实验室的地位仍被暂时中止。在这些实验室在今后的禁化武组织效能水平测试中成绩及格之前，将不考虑让其接受现场外分析样品。

禁化武组织的指定实验室名单（生物医学分析类）

	缔约国	实验室名称	获指定日期
1	澳大利亚	国防科技集团	2016 年 8 月 1 日
2	中国	防化研究院分析化学实验室	2016 年 8 月 1 日
3	中国	军事医学科学院毒物药物研究所毒物分析实验室	2016 年 8 月 1 日
4	芬兰	芬兰《化学武器公约》核查研究所	2016 年 8 月 1 日
5	法国	军备总署核生化辐控制化学分析室	2016 年 8 月 1 日
6	德国	药物学和毒理学军事研究所	2016 年 8 月 1 日
7	印度	防务研究和发展机构 VERTOX 实验室	2016 年 8 月 1 日
8	荷兰	TNO 防务、安保和安全实验室	2016 年 8 月 1 日
9	俄罗斯联邦	国防发展局生化处化学分析实验室[*]	2016 年 8 月 1 日
10	俄罗斯联邦	"有机化学和技术国立科学研究所"联邦国立单一企业中央化学武器销毁分析实验室	2016 年 8 月 1 日
11	新加坡	DSO 国立实验中心国防医学和环境研究所核查实验室[*]	2016 年 8 月 1 日
12	瑞典	瑞典国防研究院生化辐核防卫安全部，FOI	2016 年 8 月 1 日
13	大不列颠及北爱尔兰联合王国	波顿达恩国防科技实验室	2016 年 8 月 1 日
14	美利坚合众国	疾病控制和预防中心	2017 年 7 月 11 日
15	美利坚合众国	埃奇伍德化学 / 生物法医分析中心	2016 年 8 月 1 日
16	美利坚合众国	劳伦斯·利物摩尔国立实验室	2016 年 8 月 1 日
17	美利坚合众国	美国陆军化学防护医学研究所	2019 年 8 月 19 日

后　记

中国履行《禁止化学武器公约》年度报告是反映我国履约立场和成就的主要载体，也是体现我国禁化武履约工作成绩的标志品牌，具有重要的参考意义和史料价值。

报告编制组完成了《中国履行〈禁止化学武器公约〉报告（2019）》的编制工作。在编写的过程中继续坚持客观、简洁、实用的原则，力争内容翔实、重点突出。报告的特稿、综合篇、地方篇、企业篇、协会篇、附录继续收录了相关领导关于履约工作的讲话和活动，介绍了我国2019年履约工作的总体情况，记录了各级履约主管部门年度工作情况及相关企业履约工作和接受视察的情况。新增的履约支撑篇，介绍了支撑我国禁化武工作的情况。地方篇收录了新疆生产建设兵团的年度履约情况。

报告的编制得到了多方面的关心和支持，工业和信息化部相关领导及相关部门给予了大力支持和具体指导。外交部军控司、中央军委国际军事合作办公室、中国常驻禁止化学武器组织代表团、各省级工业和信息化主管部门和相关协会、社会组织、履约企业及中国电子产品可靠性与环境试验研究所等参与了本报告的写作和编辑工作，或提出了意见和建议。此外还有很多单位和同志为此报告编写提供了无私帮助，在此一并表示感谢！

由于编写时间仓促，书中难免有疏漏之处，敬请读者批评指正。

编者

图书在版编目（CIP）数据

中国履行《禁止化学武器公约》报告. 2019 / 国家
履行《禁止化学武器公约》工作办公室编. -- 北京：人
民邮电出版社，2023.4
ISBN 978-7-115-55515-1

Ⅰ．①中… Ⅱ．①国… Ⅲ．①禁止化学武器－国际公
约－研究报告－中国－2019 Ⅳ．①D995

中国版本图书馆CIP数据核字（2020）第241591号

内 容 提 要

本报告力求全面反映中国禁化武履约的工作情况，客观展示中国的履约成就，记录履约大事件，收录履约重要文献资料，为各级履约主管部门和履约企业学习交流研究履约经验和做法搭建了一个平台，为增进社会公众了解、关注履约工作提供了一个新的窗口，为国际相关组织和单位认识、了解、熟悉中国禁化武履约工作打好基础，从而更好地树立中国负责任的大国形象和良好的履约形象，进一步激发全国履约工作人员的责任感和使命感。本书适合中国禁化武履约工作的相关从业者、相关监控化学品企业的人士阅读。

◆ 编　　　　国家履行《禁止化学武器公约》工作办公室
　　责任编辑　赵　娟
　　责任印制　马振武
◆ 人民邮电出版社出版发行　　北京市丰台区成寿寺路 11 号
　　邮编　100164　　电子邮件　315@ptpress.com.cn
　　网址　https://www.ptpress.com.cn
　　三河市中晟雅豪印务有限公司印刷
◆ 开本：690×970　1/16
　　印张：20　　　　　　　　　　　2023 年 4 月第 1 版
　　字数：276 千字　　　　　　　　2023 年 4 月河北第 1 次印刷

定价：128.00 元
读者服务热线：(010)81055493　印装质量热线：(010)81055316
反盗版热线：(010)81055315
广告经营许可证：京东市监广登字 20170147 号